页岩气产业开发技术经济

瞿国华　编著

中国石化出版社

内 容 提 要

我国明确提出“促进页岩气等非常规油气资源开发利用”，因此要大力推动页岩气勘探开发，增加天然气供应，缓解供需矛盾，进一步调整能源结，促进节能减排。值此我国页岩气产业开发的起始阶段，上海市石油学会原理事长瞿国华撰写了《页岩气产业开发技术经济》。书中内容涉及页岩气产业链上中下游开发有关的一些重要技术经济问题和开发态势，包括相应的风险分析和政策措施。全书共分为八章，即：导言、资源、页岩气生产工艺、页岩气化工对石油化工经济产生的影响、地区性市场分析、天然气上下游产业链开发若干重点环节、机遇与风险及风险规避、发展规划和产业政策（摘要），书后的附录还介绍了页岩气乙烷海运物流信息。

本书可供能源、石油和石油加工行业的有关人员学习和参考，也可供能源管理部门制订相关规划时参考，也可作为高校相关专业师生的学习参考书。

图书在版编目(CIP)数据

页岩气产业开发技术经济/瞿国华编著．—北京：中国石化出版社，2015.10
ISBN 978-7-5114-3662-7

Ⅰ.①页… Ⅱ.①瞿… Ⅲ.①油页岩资源-天然气资源-矿产资源开发-技术经济-研究-中国 Ⅳ.①F426.1

中国版本图书馆 CIP 数据核字(2015)第 238495 号

未经本社书面授权，本书任何部分不得被复制、抄袭，或者以任何形式或任何方式传播。版权所有，侵权必究。

中国石化出版社出版发行
地址：北京市东城区安定门外大街 58 号
邮编：100011　电话：(010)84271850
读者服务部电话：(010)84289974
http://www.sinopec-press.com
E-mail:press@sinopec.com
北京科信印刷有限公司印刷
全国各地新华书店经销
*
787×1092 毫米 16 开本 10.5 印张 262 千字
2016 年 1 月第 1 版　2016 年 1 月第 1 次印刷
定价：48.00 元

页岩气语录

＊国之将兴，必有“祯祥”(礼记·中庸)。页岩气就是21世纪中国优质能源开发的一个“祯祥”。

＊第二次世界页岩气革命将发生在中国，因为中国页岩气储量为全球之最。

——美国页岩气之父 乔治·米切尔(George Mitchell)

＊回顾世界能源发展史，19世纪石油代替煤成为主力能源，21世纪将不可避免地由天然气代替石油。未来一段时间后，天然气也可能被其他新能源所代替，但估计将是数十年乃至百年以后的事情了。目前世界正处于将天然气逐步代替石油作为一种主要能源转换的前夜。

＊21世纪世界将进入天然气时代，天然气将逐步代替石油和煤作为一种主要能源，页岩气又将是接替常规天然气的主要非常规天然气资源。

＊以美洲地区为核心的西半球“非常规油气中心”的出现将在未来世界能源结构和地缘政治中扮演重要的角色。它的出现总体上带有一定的偶然性，因为5年前，全球还没有人预测到它的出现。它的形成既不是计划的结果，也不是美国“能源独立”政策的成果，而是人们持续深入的基础研究和技术创新的硕果。

＊“页岩气革命”的成功再次说明了一个真理——“知识就是力量”。

＊由水平钻井和水力压裂技术的结合应用带来的油气勘探开采技术革命，促使美国成功开发规模巨大的页岩气田，并进一步延伸到开发出规模巨大的页岩油油田。更十分期待我国通过“页岩气革命”来进一步带动“页岩油革命”，彻底脱掉戴在我国头上“贫油国”的帽子。

＊能源安全已经是影响到我国国家安全的一个重要因素，我国能源结构的调整和优化将不仅影响到国民经济的高效率可持续发展，对于当前的环境尤其是严重的大气污染来说更是一个从根本解决问题的途径和手段。

＊如何借鉴国外经验，同时从中国的实际情况出发，为页岩气等非常规天然气产业发展营造良好氛围，走出一条具有中国特色的非常规天然气可持续发展的道路是当务之急。

＊国有大石油公司理应成为中国页岩油气产业开发的先锋和主力军。

＊要调动一切积极因素，用打“持久战”的方针来对待中国的“页岩油气革命”，争取获得最终的胜利。

前　言

能源安全是国家安全的重要组成部分。

21 世纪世界将进入天然气时代，天然气将逐步代替石油和煤作为一种主要能源，页岩气又将是接替常规天然气的主要非常规天然气资源。根据美国能源信息署(EIA)最新公布结果显示，全球 14 个(不包括美国)地理区域、48 个页岩气盆地、70 个页岩气储层、32 个国家的页岩气技术可采资源量为 163 万亿 m^3，加上美国本土的 24 万亿 m^3，总量为 187 万亿 m^3。技术可采资源量排名前 5 位的国家依次为：中国(360825 亿 m^3，约占 20%)、美国(约占 13%)、阿根廷、墨西哥和南非。我国页岩气发展规划(2011 ~ 2015 年)认为，我国页岩气可采资源量为 25 万亿 m^3，超过常规天然气资源。上述两种出于不同时间估算的具体数字存在一定差距，但都显示我国拥有丰富的页岩气资源这一事实。

纵观近年来世界能源业发生的巨大变化，美国在天然气开发尤其是非常规天然气开发(主要是页岩气、致密气等)方面取得了举世瞩目的成就，对改变美国和世界能源的格局产生重要的影响。以往世界石油版图一直是以中东为中心，然而一张新的世界石油版图正在逐步显现，即将形成两个供油气中心：以中东地区为主的东半球“常规油气中心”和以美洲地区为核心的西半球“非常规油气中心”。西半球“非常规油气中心”将在未来世界能源结构和地缘政治中扮演重要的角色。它的出现总体上带有一定的偶然性，因为 5 年前，全球还没有人预测到它的出现。它的形成既不是计划的结果，也不是美国“能源独立”政策的成果，而是人们持续深入的基础研究和技术创新的硕果。

可以这样认为，页岩气等非常规天然气的成功开发表明当前世界上烃资源不是根本问题，根本问题是勘探开采技术的重大突破，由水平钻井和水力压裂技术的结合应用带来的石油油气勘探开采技术革命，促使美国成功开发规模巨大的页岩气田并进一步延伸到开发出规模巨大的页岩油田。水力压裂法极其灵活，美国在墨西哥湾建一个石油钻井平台可能需要数年时间，但水力压裂技术可在几周内钻一口井并开始采油。值得引起我们高度重视的是，“页岩气革命”还带动了“页岩油革命”。页岩油产量已成为近年美国原油产量增长的主要来源，2012 年，美国页岩油产量超过 200 万桶/d，占美国原油产量的 30% 以上。由于页岩油产量的快速增长，美国原油进口量显著下降。2013 年 10 月，美国原油产量达 770 万桶/d，超过进口量 760 万桶/d，改变了自 1995 年 2 月以来原油产量一直低于进口量的局面。美国能源信息署预测，2016 年美国原油产量将达到 950 万桶/d，原油进口比例将下滑至 25%。它同时预测，美国未来将超过沙特阿拉伯和俄罗斯成为世界上最大的天然气和原油生产国(世界能源展望 2013 - World Energy Outlook 2013)。

美国总统奥巴马在国情咨文中提到，美国的天然气资源将可以保证美国对天然气需求

100 年以上。奥巴马在第二任期首篇国情咨文中说："在谈论多年后，我们终于对掌握自己的能源前途有了自信，我们生产出比以往任何时候都多的天然气，所以几乎每个人的能源账单都更便宜了"。英国政府也宣布其北海区域天然气可以满足英国对天然气的消耗在50 年以上。当前，开采页岩气已经成了全球的趋势，国际能源署 IEA 估计，全球的页岩气储备可供开采 250 年。这些都间接地印证了在当今世界能源结构调整中天然气的重要地位。

中国作为一个世界大国，历史上就曾是世界上最早发现、开采和利用石油及天然气的国家之一，从 3000 多年前周代算起，《易经》中有"上火下泽"、"泽中有火"等记载，说明可燃的天然气在地表湖沼水面上逸出气苗。同时，四川省又是中国最早使用天然气的省份，用天然气作为熬制井盐的燃料。

当今，我国国民经济和社会发展"十二五"规划中明确提出要"推进页岩气等非常规油气资源开发利用"。要求大力推动页岩气勘探开发，增加天然气资源供应，缓解我国天然气供需矛盾，进一步调整能源结构，促进节能减排。所以，我们应该高度重视页岩气等非常规天然油气资源的勘探开发，把它作为一个重大的国家战略去对待。也十分期待今后通过"页岩气革命"来进一步带动"页岩油革命"，彻底脱掉戴在中国头上"贫油国"的帽子。

值此我国页岩气产业开发的起始阶段，我编写了《页岩气产业开发技术经济》一书，虽然它不是一本学术专著，但书中内容涉及到了整个天然气和页岩气产业链上有关的一些重要的技术经济问题，包括相应的政策措施，是一本涉及页岩气产业技术经济方面的书籍，可供有关领导决策和工作人员学习和参考之用。全书共分八章：第一章 导言；第二章 资源；第三章 页岩气生产工艺；第四章 页岩气化工对石油化工经济产生的影响；第五章 地区性市场分析；第六章 天然气上下游产业链开发若干重点环节；第七章 机遇与风险；第八章 发展规划和产业政策(摘要)。全书由瞿国华教授级高工编写，顾约伦高工、江志强先生二位承担部分外文资料的翻译、审核工作，上海石油天然气总公司原总工程师郭揆常教授级高工为本书编写提供了大量参考资料。对本书的不足之处，恳请读者给予批评指正。

目 录

第1章 导 言

页岩气(Shale Gas)是从页岩层中开采出来的一种非常重要的非常规天然气资源。页岩是一种主要由固化的黏土黏结的颗粒构成的沉积岩。页岩气是指从页岩地层中产生的天然气，而页岩层通常兼具天然气储层和烃原岩的双重作用。页岩地层具有多种特征和性质，这些特性随着不同地方的地层而有所变化，甚至在同一地层中也可能不尽相同。其最普遍的特性是页岩的低渗透性，以致这种岩层本身常常构成使储层中的油气无法逃逸到地层表面的封盖，页岩内聚集的天然气仅仅发生了初次运移(在页岩内)及非常有限的二次运移(在砂质岩类夹层内)，正是因为这一原因，使得页岩地层既可以是天然气生成的烃原岩，又可以是气态烃生成后将其密封在储层中的盖层，具有典型的过渡性成藏机理及“自主、自储、自封闭”的成藏模式。与其他聚集类型天然气藏比较，页岩中的天然气成藏机理具有多样性的特点。正由于如此，虽然页岩气和页岩油资源在大自然中早已存在，但因为人类在过去没有掌握从页岩中将它开采出来的经济而又可靠的技术，因此一直没有引起重视，包括一些有关的专业人士也知之不多。

具备最大可渗能力(即渗透性与厚度的乘积)的页岩地层一般埋得并不太深，因而是储层压力较低的那一类岩层。与之相比，储层压力最高的页岩层，例如美国的巴奈特(Barnet)页岩区，则往往是可渗能力最差的。

页岩气是一种主要的非常规油气资源，后者泛指不能用常规方法和技术手段进行勘探开发的油气资源，一般包括致密砂岩气、致密油、油砂、油页岩、页岩气、煤层气、可燃冰等。对于非常规天然气而言，致密砂岩气、页岩气和煤层气是三种主要的品种，不要混淆页岩气与致密气的概念，后者是另一种形式存在的非常规天然气，它是经由各种不同的机理被截留在不渗透的岩石储层中，通常是砂岩储层，有时候也可能是石灰岩储层。

常规油气资源和非常规油气资源之间的界线随着科技的发展和价格的变动而变化，不同国家的界定也不尽相同。如大部分致密砂岩中的石油、天然气，在中国都已经可以被开发，因此不再强调它的非常规性，并往往放在常规油气资源中考虑并统计。

全球非常规石油可采资源量达6000亿吨，是常规石油资源量的1.2倍；非常规天然气资源量达921万亿立方米，是常规天然气资源量的2倍多，在常规油气资源日益枯竭的情况下，非常规石油资源的开发已经提到极为重要的地位，也取得了重要的成果。目前全球油气勘探的趋势是：在油气资源上，从常规向非常规拓展；在勘探深度上，从中浅层向到深层甚至超深层；在勘探地域上，从陆地区域延伸到深水区域。

中国的天然气资源量比较丰富。中国天然气地质资源量近250万亿 m^3，可采资源量约80万亿 m^3。其中常规气地质资源量为52万亿 m^3、煤层气资源量为36.8万亿 m^3、页岩气资源量为134万亿 m^3。无论是资源量还是可采资源量，页岩气均占首位，中国页岩气资源在全球排名也列首位，见表1-1。

表 1-1　中国天然气资源量构成　　万亿 m^3

类型	地质资源量	可采资源量
常规气①	52	32
致密气②	17 ~ 25	8.8 ~ 12
煤层气③	36.8	10.8
页岩气④	134	25
合计	240 ~ 248	77 ~ 85

① 新一轮油气资源评价和全国油气资源动态评价(2010 年)。
② 中国石油勘探开发研究院(2011 年)。
③ 国土资源部(2006 年)。
④ 国土资源部(2012 年)。

总之，非常规油气资源开发以其储量大、分布集中、开发技术日趋成熟等特点，成为西方发达国家(尤其是美国)能源开发的重点，也是国际大石油公司未来发展的重要动力。埃克森美孚、壳牌和道达尔等公司的非常规资源开发在公司资源中所占比例高达 50% ~70%。在支撑大石油公司的中长期增长重大项目中，埃克森美孚非常规类资源高达 91%。壳牌在建项目中，非常规油气产量占比 88%。值得引起我国中石油、中石化和中海油等国有大石油公司重视。

当前应该特别注意到页岩气等非常规天然气开发将在我国能源产业中占有的重要地位。进入 2000 年以来，中国的能源消费总量呈高速增长的态势。从 2000 年的 14.5531 亿 t(标准煤)增长到 2012 年的 36.1574 亿 t(标准煤)(详见表 1-2)，平均年增长率达到 7.9%。据 BP 的统计结果，从 2010 年开始，中国的能源消费总量已超越美国，成为了全球最大的能源消费国。

表 1-2　2000 ~ 2012 年中国能源消费总量及构成

年份	能源消费总量/亿(标准煤)	占能源消费结构的比重/%			
		煤炭	石油	天然气	水电、核电、风电
2000	14.5531	69.2	22.2	2.2	6.4
2001	15.0406	68.3	21.8	2.4	7.5
2002	15.9431	68.0	22.3	2.4	7.3
2003	18.3792	69.8	21.2	2.5	6.5
2004	21.3456	69.5	21.3	2.5	6.7
2005	23.5997	70.8	19.8	2.6	6.8
2006	25.8676	71.1	19.3	2.9	6.7
2007	28.0508	71.1	18.8	3.3	6.8
2008	29.1448	70.3	18.3	3.7	7.7
2009	30.6647	70.4	17.9	3.9	7.8
2010	32.4939	68.0	19.0	4.4	8.6
2011	34.8002	68.4	18.6	5.0	8.0
2012	36.1574	67.5	19.0	5.3	8.2

注：来源于国家统计局《中国统计年鉴》。

1.1 中国能源结构调整与优化

全球一次能源是以石油、煤炭、天然气为三大支柱。就能源结构而言，我国高度依赖于煤炭，而即使对于日本等化石能源基本是进口(进口依存度接近 100%)的东亚国家，它的煤炭所占的比例也不过五分之一左右(见表 7-1)。尽管近年来天然气和可再生能源在我国一次能源消费结构中的比例不断上升，石油所占比例有所下降，煤炭在一次能源消费结构中的比例仍然高达 70% 左右(见表 1-2)。与世界其他能源消费大国相比，我国的煤炭消费比例明显偏高，天然气比例明显偏低[1,2](见图 1-1)。

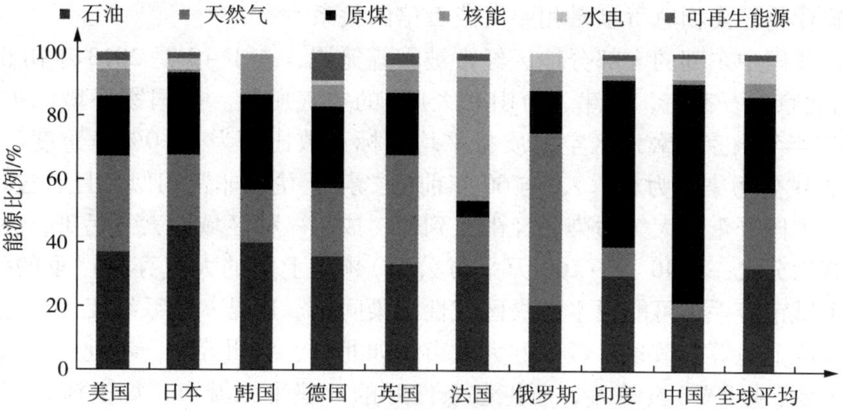

图 1-1 2012 年全球及部分国家能源消费结构

(数据来自 BP 公司)

1.2 能源效率急需提高

由于我国过去长期以粗放式经济增长为主，能源利用技术水平较低，能源结构又以能效最差的煤为主，造成了国民经济能源效率较低，2012 年单位 GDP 能源消费量是世界平均值的 2 倍左右，是发达国家的 3~5 倍(图 1-2)，位于全球排名的倒数第二。导致能源需求与经济发展的矛盾越来越突出，这种局面亟待改观。

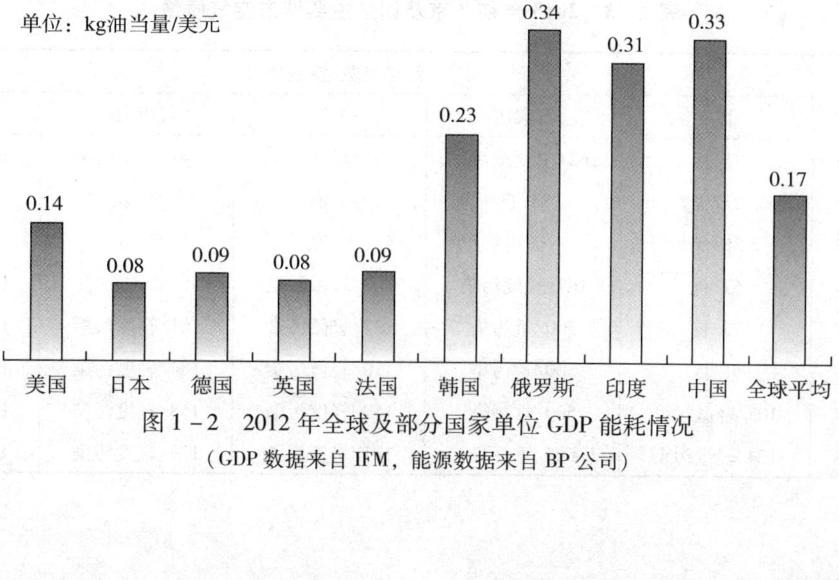

图 1-2 2012 年全球及部分国家单位 GDP 能耗情况

(GDP 数据来自 IFM，能源数据来自 BP 公司)

1.3 大气污染严重，生态环境保护压力大

导致我国环境污染日益加重的根本原因是能源消费规模绝对量的大幅增加和以煤为主的能源消费结构。目前，导致大气环境严重污染的实际原因可能有不同的观点，但大量使用煤炭作为燃料和工业原料是主要原因的观点还是比较统一的。对于煤炭而言，无论是其使用的数量还是煤的质量方面所造成的环境影响都是其他能源不能比拟的。2011 年煤炭全国消费量为 34.2950 亿 t，同年石油消费 4.5378 亿 t，前者是后者的 7.55 倍，如煤炭平均含硫量按 0.8% 计算，石油经过精炼以后，汽油(国 -4)的含硫量只有 50mg/kg，前者是后者的 16 倍，二者对大气硫化物污染物总贡献量相差是成百倍的关系。

近年来，我国中东部的大部分地区经常被雾霾笼罩，表 1 -3 是 2013 年初北京和周边 5 大城市(包括北京、石家庄、天津、唐山和太原)的空气质量。据国家环境保护部公布的数据，2013 年上半年，京津冀地区空气质量平均达标天数比例为 31.0%，重度污染以上的天次达 26.2%，主要污染物为 $PM_{2.5}$，与 60 年前的"雾都"伦敦非常相似，且有过之而无不及。主要原因是：中国严重的大气污染已经由点到面，成为一种区域性大气污染，在 960 万平方公里国土上有六分之一(140 万 ~160 万平方公里)领土上空的大气存在严重的污染。因此，仅仅单从一个城市着手不可能根本解决区域性污染问题。这是一个系统工程问题，对于一些周围处于山区或盆地等扩散条件较差的大城市，如北京、兰州等地，本地产生的污染可能是大气污染的主要(或重要)贡献者，而扩散条件好的一些平原城市，如上海、广州等则主要是输入性的污染物造成当地大气污染。因此，针对当前严重的雾霾问题，人们不仅要研究各种污染物的产生及其在大气中的扩散过程，也要研究整个区域中大气污染物产生后的迁移问题，后者借助于风力输送的推动作用，其速度高于自然扩散速度。也就是说，不仅要研究污染产生的热力学平衡，包括成分分析、原因分析，更要研究污染扩散和迁移的动力学理论及动态平衡。总之，严重的大气污染已经影响到人们的生活、身体健康甚至威胁生命安全，也严重影响到国民经济的正常运转，尤其是交通安全问题，环境治理已经成为当务之急。治理大气污染首要的是要找到产生污染的真正原因，加强对原料、燃料使用的控制，优化能源结构，加快推进以绿色和低碳技术为标志的能源革命是我国改善生态环境的必然选择。

表 1 -3　2013 年初北京及周边主要城市空气质量

时间	污染指数/空气质量				
	北京	石家庄	天津	唐山	太原
2013 -01 -01	71/良	262/中度重污染	151/轻度污染	147/轻微污染	102/轻微污染
2013 -01 -02	27/优	82/良	42/优	56/良	55/良
2013 -01 -03	35/优	100/良	48/优	59/良	68/良
2013 -01 -04	57/良	167/轻度污染	105/轻微污染	93/良	104/轻微污染
2013 -01 -05	79/良	500/重污染	137/轻微污染	161/轻度污染	120/轻微污染
2013 -01 -06	58 良	500/重污染	110/轻微污染	184/轻度污染	131/轻微污染
2013 -01 -07	105/轻微污染	500/重污染	157/轻度污染	158/轻度污染	180/轻度污染
2013 -01 -08	124/轻微污染	500/重污染	181/轻度污染	179/轻度污染	125/轻微污染

续表

时间	污染指数/空气质量				
	北京	石家庄	天津	唐山	太原
2013 - 01 - 09	32/优	372/重污染	63/良	92/良	67/良
2013 - 01 - 10	87/良	437/重污染	126/轻微污染	135/轻微污染	102/轻微污染
2013 - 01 - 11	232/中度污染	500/重污染	216/中度污染	382/重污染	162/轻度污染
2013 - 01 - 12	174/轻度污染	500/重污染	424/ 重污染	458/重污染	82/良
2013 - 01 - 13	498/重度污染	500/重污染	151/轻度污染	295/中度重污	128/轻微污染
2013 - 01 - 14	184/轻度污染	456/重污染	136/轻微污染	185/轻度污染	156/轻度污染

注：数据来源于中华人民共和国环境保护部。

1.4　天然气——一种相对清洁、高效的一次能源

天然气是一种相对清洁、高效的一次能源，西方发达国家有良好的大气环境，得益于天然气和其他清洁能源的广泛使用，即使在能耗最高的俄罗斯，由于能源结构中天然气占到很大比例，因此俄罗斯大气环境也非常好。

在产生相同能量的情况下，使用天然气的二氧化碳排放量分别为煤炭和石油的 56% 和 71%，氮氧化物的排放量为煤炭和石油的 20%，二氧化硫和粉尘颗粒的排放量几乎可以忽略不计，详见表 1 - 4。

表 1 - 4　天然气、油和煤的排放量对比　　磅/10^{12} Btu

排放物	天然气	石油	煤炭
二氧化碳	117000	164000	208000
氮氧化物	92	448	457
二氧化硫	1	1122	2591
粉尘颗粒	7	84	2744

注：数据来自 EIA，1998 年。1 磅 = 0.4536kg，1 英热单位(Btu) = 1055.056J。

与煤炭相比，天然气在各种应用领域的效率均较高。以发电为例，我国火力发电的平均能量利用效率为 35% 左右；整体煤气化联合循环发电技术(IGCC)的能量利用效率在 45% 以上；目前燃气联合循环发电(CCGT)的能量利用效率在 55% 左右；而天然气冷热电三联供(DES/CCHP)的能量综合利用效率可超过 80%，详见表 1 - 5[3]。

表 1 - 5　天然气和煤炭利用效率比较

燃料	发电效率	工业锅炉热效率/%	民用热效率/%	化工能耗/[kg(标准煤)/t(氨)]
煤炭	火力发电 35% 左右，IGCC45% 以上	65 ~ 80	15 ~ 30	1800 ~ 1600
天然气	CCGT55% 左右，DES/CCHP80% 以上	85 ~ 90	55 ~ 65	1200 ~ 990

1.5 中国应加速发展天然气产业

综上所述，在未来的几个五年计划中中国应优先加速发展天然气产业(包括非常规天然气产业)。中国工程院的研究指出[4]，到2030年中国天然气供应量可达到4000亿~5000亿m^3，在一次能源消费总量中的比例为11%~14%。另有研究认为，2020~2030年中国天然气消费量规模最高可以达到6000亿m^3，绝对消费量有成倍的增加，并将产生重大的影响。必须指出的是，即便是达到上述水平，与目前世界能源消费中天然气占的平均水平比例23.9%相比，中国天然气在能源消费结构中的比例仍偏低。而且，在天然气占一次能源消费比例提升的同时，煤炭的消费比例应该下降，总用能效率要有所提高。能源结构调整的方向应该是以气代煤，而不是以气代油，否则仍然不可能解决能效率低下和大气污染严重的问题。

1.5.1 中国天然气产业发展的目标建议

中国天然气产业发展的目标建议(“十二五”天然气发展规划目标见第8.1.2节)是：

①天然气在一次能源中的消费比例中远期目标应超过30%，在国内天然气生产量中非常规天然气将占到重要的份额。

②建成覆盖全国各地、互联互通、高效安全灵活的现代化管网体系和应急调峰体系。

③形成以中国为中心的全球天然气人民币体系。

④对于非常规天然气开发，争取用20年时间赶上世界发达国家水平[5]。

今后，中国天然气产业发展过程中非常规天然气要得到迅速发展，并很快达到天然气总产量的一半左右，继续发展后将逐步超过常规天然气的产量。这方面，美国用了20年时间达到了这个水平，2010年其非常规天然气占当年天然气总产量近60%。中国非常规天然气资源丰富，若攻关顺利，也可以争取用20年的时间使非常规天然气产量占到天然气总产量的“半壁江山”。早期曾有预计认为中国到2010年，天然气产量可达2000亿m^3，其中常规天然气产量1300亿m^3，非常规天然气产量700亿m^3(其中致密砂岩气500亿m^3、煤层气150亿m^3、页岩气50亿m^3)；2030年中国天然气总产量达到3500亿m^3，其中常规天然气产量1500亿m^3，非常规天然气产量2000亿m^3(其中致密砂岩气1000亿m^3，煤层气500亿m^3，页岩气50亿m^3)，届时非常规天然气产量将占中国天然气总产量的近60%。实际发展情况与预测是有差距：2012年国内天然气产量1077亿m^3，同比增长6.5%；天然气进口量(含液化天然气)425亿m^3，增长31.1%；天然气表观消费量1471亿m^3，增长13.0%。2013年，全国天然气产量1209亿m^3，其中常规天然气产量1177亿m^3，净增105亿m^3，同比增长9.8%；煤层气和页岩气分别超过30亿m^3和2亿m^3，2013年天然气产量没有达到预计要求，仅为预计值(2010年)的60.5%；非常规天然气产量和预计值(2010年)相比的差距更大，分别是20%(煤层气)和4%(页岩气)。在天然气勘探方面，四川盆地中部取得重大进展，新增探明天然气地质储量4200亿m^3，是我国目前最大的单体气藏。非常规油气资源勘探开发取得新突破，中国石油在长宁—威远地区、富顺—永川地区，中国石化在涪陵地区页岩气新建产能6亿m^3，年产气超过2亿m^3。

中国一次能源消费长期以来以煤为主，2010年中国一次能源消费量为35亿t标煤当量，其中煤炭消费量为26亿t标煤当量，占总消费量的70%；天然气总消费量折合1亿t标煤当量，占总消费量的4%。今后，若保持石油消费量比重基本不变，由于加快发展天然气和其他清洁能源的发展，中国煤炭在一次能源消费中比重有望下降到50%左右甚至更低，在能源结构得到改善以后它的巨大经济效益和社会效益将会进一步呈现。此外，中国自身天然气的快速发展，将促使中国在进口天然气、能源安全、应对碳排放谈判等方面掌握主动权，为中国经济社会发展创造更为良好的条件。

1.5.2 天然气产业发展举措

(1)充分发挥资源优势，确保天然气供应量快速增长

①立足国内天然气资源基础，系统分析供应潜力。

美国页岩气革命使其在2009年再次成为全球第一大天然气生产国，并且产量还将不断增加，预计2020年将超过7000亿 m^3，实现天然气由净进口国向净出口国的转变，其非常规天然气工业发展历史为我国非常规气开发提供了经验借鉴。目前中国国内天然气产业发展总的情况是：常规气、致密气已实现规模开发，煤层气开发力度不断加大，页岩气勘探开发刚刚起步，天然气水合物正开始探索。对于页岩气开发而言，起始阶段遇到了相当大的困难，虽然2014年3月中国石化宣布将在2017年建成国内首个百亿立方米页岩气田——重庆涪陵页岩气田(资源量为2.1万亿 m^3)。我国国有石油公司在非常规油气领域获得一连串的油气突破和发现，是否标志着我国非常规油气开发已经实现重大战略性突破，提前进入规模化和商业化开发新阶段？是否意味着我国非常规开发工艺技术跻身世界先进水平？是否意味着继美国页岩气革命之后，中国也将进入页岩气新时代？为此需要通过不断实践、不断努力、不断发现来予以证明和解读。

中国已经将天然气作为高成长性的战略能源，天然气供应情况将影响中国能源布局，迫切需要进一步加强研究，深入分析国内天然气(包括非常规天然气)可能的峰值产量以及不同阶段国内天然气供应潜力。

②多渠道、多方式引进国外天然气。

全球丰富的天然气资源量和不断发展的运输技术，为中国天然气大规模引进提供了契机。引进渠道主要有管道气输送和LNG(液化天然气)两种形式，引进管道气的现实资源国有中亚地区、俄罗斯、缅甸等国家。俄罗斯2012年末天然气剩余可采储量为32.9万亿 m^3，天然气年产量为5923亿 m^3，储采比为56，土库曼斯坦2012年年底天然气剩余可采储量为17.5万亿 m^3，年产天然气644亿 m^3，储采比272。另外，哈萨克斯坦、乌兹别克斯坦的天然气资源量也较丰富，具备向中国长期稳定供应管道气的资源基础，地缘政治也要求俄罗斯向中国及东亚地区和国家增加天然气的供应。此外，伊朗也有意向建设一条经由巴基斯坦的管道向印度、中国等国家供气。印度尼西亚、马来西亚、澳大利亚、卡塔尔向中国出口LNG的长期供气合同已经部分实施，巴布亚新几内亚已与中国签署LNG贸易长期合同。安哥拉、伊朗、委内瑞拉、尼日利亚、阿尔及利亚等国LNG潜在生产能力较大，与中国关系良好，有可能成为中国重要的LNG进口气源。

总体来看，中国在未来一段时间内有较多的境外天然气资源可供利用，从安全平稳供气的角度来考虑，应通过多渠道、多方式引进，降低单一项目的供气风险。获取方式包括可介入上游勘探开发产品分成和购买、管道气签订长期合同、LNG签订中短期合同或者购买现货，其中购买LNG现货的经济效益最差。

(2)加大天然气利用力度，在民用燃料方面实施以气代煤，逐步将天然气成为最大消费中心[6]

加大天然气利用力度，在民用燃料方面实施以气代煤，积极调整我国的能源消费结构，

力争2050年天然气消费量达到1万亿 m^3 左右，天然气在一次能源中的消费比例超过30%。在具体措施方面，首先是针对中小型及零散用煤户，由于缺乏先进的清洁燃烧技术，中小型及零散煤炭用户的能源使用效率很低，是造成能源巨大浪费和严重环境污染的主要原因之一，应首先在这些用户中推广使用天然气。英国近60年以来，通过不断调整能源消费结构，大力普及使用天然气，环境逐步恢复，伦敦"雾都"的称谓已经名不副实。英国的成功经验给我国能源利用与环境治理提供了很好的借鉴和样板。

要加大天然气在运输领域的使用比例，逐步取代汽柴油的霸主地位。通过用压缩天然气(CNG)、液化天然气(LNG)、吸附天然气(ANG)等形态来替代成品油作为车用燃料，不但可减少汽车尾气排放对大气的污染，而且因车用天然气价格相对较低，还能降低车辆的运行成本。压缩天然气(CNG)和液化天然气(LNG)在运输领域的利用技术已经相对成熟，需要进一步加大在该领域的政策引导和应用规模，本书第6章(6.3节)将对此展开一定的讨论。

总之，加大天然气利用能够大规模减少二氧化碳和硫化物的排放量。以2050年国内能源消费量50%标准煤为基础进行测算，天然气占一次能源的比例每提高一个百分点(376亿 m^3)，与煤相比二氧化碳排放量就减少0.49亿~0.65亿t，与石油相比二氧化碳排放量减少0.30亿t(图1-3)。

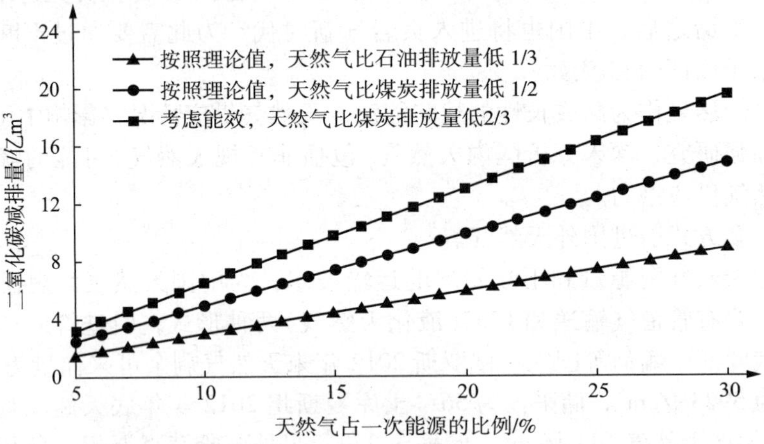

图1-3　天然气占能源消费比例与二氧化碳减排量

(3)加快天然气输配系统建设，形成类似公路网、电网分布特点的天然气管网体系

天然气输配系统是连接气源和市场的桥梁，统筹考虑国产气与进口气、管道气与进口LNG资源，合理布局全国干线和区域管网，并与LNG接收站、地下储气库、煤层气、页岩气、煤制气等项目进行有机结合，加强联络管道建设，形成类似公路网、电网一样进村入户、覆盖全国、互联互通、高效安全灵活的现代化管网体系，为实现安全平稳供气、灵活调气提供保障。此外，还必须加快地下储气库、LNG等多种方式的调峰、天然气战略储备以及应急体系建设，确保稳定供气。

(4)加强合作，全力推进天然气人民币价格体系建设

按照天然气产业中长期发展目标，中国将成为全球最大的天然气消费中心，目前由于亚洲天然气定价权的缺失导致溢价问题突出，随着进口天然气规模越来越大，资金流失问题将越来越严重，谋求定价权已刻不容缓。

未来中国、印度、日本等亚洲国家的天然气消费市场将快速膨胀，增长前景看好，成为

非常具有吸引力的全球天然气出口市场目标。应以此为契机，加强区域合作，促进跨区域管网互联，推动东北亚新天然气定价机制和人民币国际化，推进天然气人民币体系建设，积极发展天然气现货及亚太期货贸易市场，提升中国在国际能源市场上的话语权。

本书章节主要讨论有关页岩气和天然气方面的一些内容，对于其他一些重要的非常规天然气如致密气等也可能稍加评述。

第 2 章　资源

2.1　天然气

天然气是一种埋藏在地下的古生物经过亿万年的高温和高压等作用而形成的可燃气，是一种无色无味无毒(不含硫化氢时)、热值高、燃烧稳定、洁净环保的优质能源。

中国是世界上最早发现、开采和利用石油及天然气的国家之一，从3000多年前周代算起，《易经》中有“上火下泽”、“泽中有火”等记载，说明可燃的天然气在地表湖沼水面上逸出气苗。四川省又是中国最早使用天然气的省份。天然气主要成分是甲烷(CH_4)，还含有少量乙烷、丁烷、戊烷和二氧化碳、一氧化碳、硫化氢等成分。

2.1.1　天然气分类[7]

依据不同的原则，天然气可以有多种分类方式，以下介绍三种天然气分类方式。

(1)按矿藏特点分类

按矿藏特点的不同可将天然气分为气井气(gas well gas)、凝析井气(condensate gas)和油田气(oil field gas)。前两者合称非伴生气(unassociated gas)，后者也称为油田伴生气(associated gas)。

气井气：即纯气田天然气，气藏中的天然气以气相存在，通过气井开采出来，其中甲烷含量高。

凝析井气：即凝析气田天然气，气藏中以气体状态存在，是具有高含量可回收烃液的气田气，其凝析液主要为凝析油，其次可能还有部分被凝析的水，这类气田的井口流出物除含有甲烷、乙烷外，还含有一定量的丙烷、丁烷、C_5及以上的烃类。后者分离出来后是乙烯工业的好原料，同时也提升了其经济价值。

油田气：即油田伴生气，它是伴随原油共生，是在油藏中与原油呈相平衡接触的气体，包括游离气(气层气)和溶解在原油中的溶解气，从组成上将也可认为属于湿气一类。在油井开采情况中，借助气层气来保持井压，而溶解气则伴随原油采出。油田气采出的特点是：组成和气油比(gas - oil ratio，GOR，一般为0 ~ 500m^3气/t原油)因产层和开采条件不同而异，常富含丁烷以上组分。当油田气随原油一起被开采到地面后，由于油气分离条件(温度和压力)和分离方式(一级或二级)不同，以及受气液平衡规律的限制，气相中除含有甲烷、乙烷、丙烷、丁烷外，还含有戊烷、已烷，甚至C_9、C_{10}组分。液相中除含有重烃外，仍含有一定量的丁烷、丙烷，甚至甲烷。与此同时，为了降低原油的饱和蒸气压，防止原油在储运过程中的挥发耗损，油田上往往采用各种原油稳定工艺回收原油中C_1 ~ C_5组分，回收回来的气体称为原油稳定气，简称原稳气。

(2)按天然气的烃类组成分类

按天然气的烃类组成(即按天然气中液烃含量)的多少来分类，可分为干气、湿气或贫气、富气。具体有：

①C_5界定法(干、湿气的划分)。根据天然气中C_5以上烃液含量的多少，用C_5界定法将天然气划分为干气(dry gas)和湿气(wet gas)。

干气：指在$1Sm^3$(CHN)井口流出物中，C_5以上烃液含量低于$13.5cm^3$的天然气。

湿气：指$1Sm^3$(CHN)井口流出物中，C_5以上烃液含量高于$13.5cm^3$的天然气。

注：$1Sm^3$(CHN)是指101.325kPa、20℃下计量的气体体积，中国气体计量采用的标准，有时又称基方。

②C_3界定法(贫、富气的划分)。根据天然气中C_3以上烃类液体的含量多少，用C_3界定法将天然气划分为贫气(lean gas)和富气(rich gas)。

贫气：指在$1Sm^3$(CHN)井口流出物中，C_3以上烃类液含量低于$94cm^3$的天然气。

富气：指在$1Sm^3$CHN)井口流出物中，C_3以上烃类液含量高于$94cm^3$的天然气。

表2-1是由美国石油工程师协会(SPE，Society of Petroleum Engineers)提供的典型干气、湿气和反凝析气组成。

表2-1 典型的干气、湿气和反凝析气组成① mol%

成分	干气	湿气	反凝析气
C_1	96.30	88.70	72.70
C_2	3.00	6.00	10.00
C_3	0.40	3.00	6.00
$i-C_4$	0.07	0.50	1.00
$n-C_4$	0.10	0.80	1.50
$i-C_5$	0.02	0.30	0.80
$n-C_5$	0.02	0.30	1.00
C_6	0.02	0.20	2.00
C_7^+	0.00	0.20	5.00
总计	99.93	100.00	100.00

①含无机气体有N_2、CO_2、H_2O、H_2S。

(3)按酸气(acid gas，指CO_2和硫化物)含量分类

按酸气含量多少，天然气可分为酸性天然气(sour gas)和洁气(sweet gas)。

酸性天然气指含有显著量的硫化物和CO_2等酸气，这类气体必须经处理后才能达到管输标准或商品气气质指标的天然气。

洁气是指硫化物含量甚微或根本不含的气体，它不需净化就可外输和利用。由此可见酸性天然气和洁气的划分采取了比较模糊的判据，具体的数值指标并无统一的标准。在我国，由于对CO_2的净化处理要求尚不严格，一般采用西南油田分公司的管输指标，即硫含量不高于$20mg/Sm^3$(CHN)作为界定指标，把含硫量高于$20mg/Sm^3$(CHN)天然气称为酸性天然气，否则为洁气。

相对于常规天然气而言，通常所说的非常规天然气是指那些难以用传统石油地质理论解

释，在地下的赋存状态和聚集方式与常规天然气藏具有明显差异的天然气聚集。目前科学界对于天然气组分的异同，或原始母质、生成环境、赋存状态差异等方面的认识尚需深入，因而关于非常规天然气概念还有待进一步深化。目前已进行工业规模开采的非常规天然气主要有以下三种：

①致密砂岩气（深盆气）指储层为致密砂岩的气藏，具有孔隙度低（$<12\%$）、渗透率比较低（$1\times10^{-3}\mu m^2$）、含气饱和度低（$<60\%$）、含水饱和度高（$>40\%$）、天然气在砂岩层中流动速度较为缓慢的特点。

②页岩气 主体上以吸附和游离状态同时赋存于暗色泥/页岩、高碳泥/页岩及其间夹层状发育的粉砂质泥岩、泥质粉砂岩、粉砂岩、甚至砂岩中，以自生自储为成藏特点的天然气聚集。

③煤层气 是储集在煤层中的自生自储式的天然气，成因主要为热成因、生物成因。其内涵也包括人们常说的煤矿瓦斯气。

除上述三种可进行工业规模开采的天然气外，非常规天然气还包括天然气水合物。目前天然气水合物的勘探、研究程度尚较低，因为水合物的开发面临巨大的开采技术难题和风险，所以至今不能进行大规模工业性开发，也未能得到自然界天然形成的气水合物样品。此外，非常规天然气还应包括不涉及有机质反应的一切作用和过程生成的烃类或非烃气体，后者属于无机成因天然气。

综上所述，世界三大主要的非常规天然气包括致密气、页岩气和煤层气。图 2－1 是三种非常规天然气的成藏位置示意图。其中煤层气最接近地表，而页岩气和致密气储层有不同的位置。本章主要讨论页岩气资源。

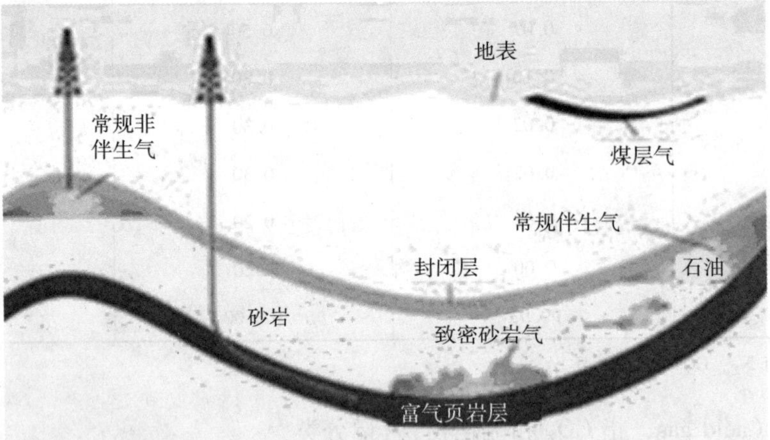

图 2－1　三种非常规天然气的成藏位置示意图

2.1.2　天然气资源评估

美国页岩气资源潜力评价方法如下[8]。

（1）福斯潘法（FORSPAN 法）

福斯潘法是美国地质调查局在 1999 年为连续型油气藏资源评价提出的一种评价方法。该方法以连续型油气藏的每一个含油气单元为对象进行资源评价，假设每个单元都有油气生产能力，但各个单元间含油气性（包括经济性）可能相差很大，以概率形式对每个单元的资源潜力作出评价。福斯潘法建立在已有开发数据基础上，估算的结果是未开发原始资源量，因此，该方法适合于已开发单元的剩余资源潜力的预测。如果缺乏足够的钻井和生产数据，也可以依赖各参数的类比取值进行评估。

(2)单井(动态)储量估算法

单井(动态)储量估算法是由美国 ARI(Advanced Resources Informational)提出的。其核心是以一口井控制的范围为最小估算单元，把评价区划分为若干最小估算单元，通过对每个最小估算单元的储量计算得到整个评价区的资源量数据。

(3)容积法

该法是页岩气生产商常用的评价方法。该法估算的是页岩孔隙、裂缝空间内游离气以及有机物和黏土颗粒表面吸附气的体积总和。影响该方法可靠程度的关键数据有孔隙度(ϕ_g)、含气饱和度(S_g)、吸附气含量(G_f)等。

(4)资源丰度类比法

资源丰度类比法是在勘探开发程度较低地区常用的方法，也是一种简单快速的评价方法。简要评价过程为：首先确定评价区内页岩系统展布面积和有效页岩厚度；其次根据评价区页岩吸附气含量、页岩地化特征、储层特征等关键因素，结合页岩沉积、构造演化等地质条件，已知含气页岩对比，按照地质条件相似程度，估算出评价区资源丰度或单储系数；最终按以下方程估算出评价区内页岩气资源量：

$$Q = Sk \text{ 或 } Q = Sha$$

式中 Q——评价区页岩气资源量，亿 m^3；

S——评价区有效页岩面积，km^2；

h——有效页岩厚度，m；

k——页岩气资源丰度，亿 m^3/km^2；

a——页岩气单储系数，亿 $m^3/(km^2 \cdot m)$。

2011 年 4 月，美国能源信息署(EIA)开展了一项对除美国以外的 32 个国家所拥有的技术上有可能采收的页岩气资源进行调查研究项目。按照 EIA 另一份对美国以外的潜在页岩性盆地进行概况调查报告中的说法，“评估有投资价值的已生成天然气资源量(GIP)时，首先对盆地内某个有开发前景的地块中已生成的天然气资源量给出一个估测值，然后按照专家的咨询意见，用反映当前对相关资源的了解程度和最终能钻透到资源所在深度的技术能力等的各种因子来折扣这一已生成资源量[9]。因此 GIP 浓度可用来评估页岩中气源的含量，以及与其他种类天然气的开发相比较时的投资价值。

EIA 这项研究工作采用所谓的页岩气采收因子进行估计，该因子综合了几种地理因素和与特定地层性质相关的影响，最终得出了总资源量基数的定量化估值，可从中近似地推测未来的天然气产量。

美国地质服务机构(USGS)对印度和波兰的数个有开发潜力的盆地进行了其天然气和天然气凝析油(NGL)未探明量的评估工作。在其评估结论中，USGS 用 F95 来代表有 95% 的概率能至少达到其所推测的储量，而 F50 和 F5 分别代表达到所推测储量的概率为 50% 或 5%。USGS 还对这些有开发潜力的盆地的推测最终采收量(EUR)，即某一特定时点已探明的储量与这一特定时点之前的全部产量的累加值，进行了评估。

2.1.3 天然气/页岩气气藏的资源潜力的评估指标

在有机页岩地层中生成的天然气就其本质而言可以是热源性的和生物质源性的，或热源性与生物质源性相结合的。所谓热源性天然气是指在地层逐步深埋于盆地之下的过程中，随着温度的上升，已经存在于岩石中的有机物质发生气化而生成的天然气；生物质源性的天然气则是在有细菌存在的条件下，一股水流涌入浅部页岩层后生成的天然气。在大多数情况下，这样的天然气中甲烷含量都很高(超过90%)，即使有较重的烃类物质生成其含量也很低。

天然气生成后，可能从烃原岩中被驱赶到其他岩层，也可能被截留在其生成地的页岩层中。如果停留在原来生成地的页岩中，即所谓的页岩气，此时的气体可能有三种存在形式：

①位于页岩地层孔隙空间内的游离气体。

②位于页岩地层内部自然生成的裂缝中的游离气体。

③吸附在有机物质或构成页岩地层的矿物质表面的气体。

因此，为了评价页岩气藏的资源潜力，需要具备关于页岩地质化学的基本知识，而下列参数具有特别重要的意义。

(1)总有机碳(TOC)

这是关于页岩地层中碳素物质数量的一个度量指标，TOC和气态烃总含量之间存在正相关关系。如果页岩地层中包含了砂岩和泥岩等中间层，这样的页岩层通常具有较低的TOC值。而较高的TOC值一般来说有利于烃类的生成。

(2)热成熟度(TM)

这是关于页岩地层中所含的有机碳向天然气转化过程的一个度量指标。热成熟度较高的页岩层指的是已经经历了足以导致天然气生成的高温和高压的岩层，而热成熟度低的页岩中可能只含有页岩油。如果有机物质过度受热，则烃类气体可能分解成不可燃的气体如二氧化碳等。热成熟度一般用某些矿物质的反射度(*Ro*)来衡量，而具有开发前景的地区应当具有至少1%的*Ro*值。理想的页岩气矿藏通常应同时具备相对较高的总有机碳含量和热成熟度，以最大限度地生成气态烃，并具有以下的特性：

①TOC含量在2%～20%之间。

②埋深1000m以上，但不超过5000m。

③具有一定厚度、横向延伸并包含自然形成的内部裂缝的岩层。

④岩层的力学性质应能允许通过人工过程来进行压裂。

⑤较低的水饱和性和较高的气体饱和性。

⑥相当大部分的已生成气体尚未被从岩层中逸出。

小于1000m的埋深通常形成较低的天然气浓度和压力，同时在其裂缝体系内含有水分的风险增加。但是超过5000m的埋深则会降低岩层的可渗透性，并增加钻井费用和总开发成本。

在测定气体含量(即每吨岩石中气体的体积)时，游离气体和吸附气体的体积都必须加以测定。由于页岩地层的非均相本质，这种测量并非像常规天然气藏测定那样直接方便，只有通过对岩芯的取样分析才能得到最精确的测量结果。

2.2 全球页岩气/油资源量

页岩气储量广泛地分布于南北美洲、亚洲、中东、澳洲和非洲。一般认为页岩气储层中技术上可采收量占总储量的比例在10%～20%的范围内，远远低于常规天然气储层75%～85%的可采收率。2011年EIA报告的评估结论涵盖了根据在近期内具有一定开发前景原则所选定的，其国内已经取得充分地质数据足以开展资源分析的盆地中所含的最具希望的页岩气资源。尽管在这项研究报告发表之后，已经有少数储量数据进行了修正，但仍不失为可对大部分被研究国家进行分析的出发点。

随时间进程人们将拥有更多更详尽的资料信息，因而对世界页岩气资源量的估测值很可能发生变化，但 EIA 报告至少表明全球页岩气资源的基数是非常庞大的。据初步估计，作为研究对象的 33 个国家中，技术上可采收的页岩气资源总量接近 162 万亿 m^3，其中已经包括了报告发表后中国、波兰和美国等国家提出的修正数据。世界范围内页岩气资源的地理分布如图 2 -2 所示[10]。

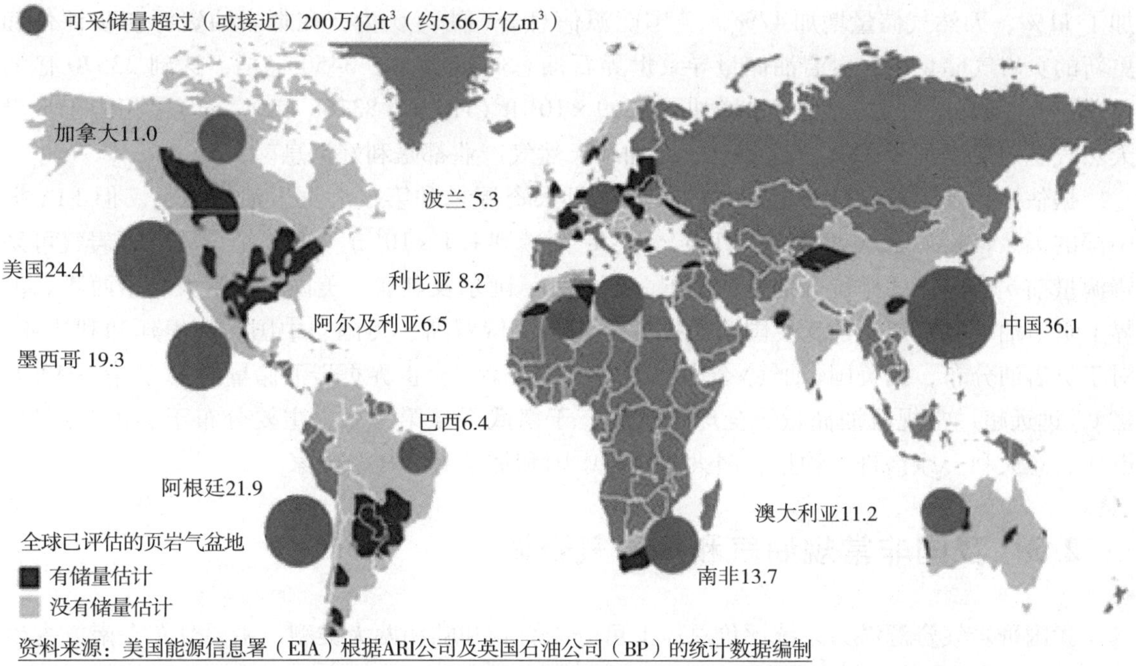

图 2 -2　全球页岩气资源量(单位：万亿 m^3)

北美拥有世界已探明页岩气资源总量的 25%，所占份额最大。而且应该说明，由于北美地区页岩气勘探有相对较长的历史，其储量数据也是比较准确可靠。其他地区还只是刚刚开始调查本地区的资源潜力，而北美地区在过去的 30 年中就已经从页岩矿藏中生产天然气了。资源量位居北美之后的是亚洲(22%)和南美洲(20%)。非洲、欧洲和澳洲则分别占有全球储量总额的 17%、10% 和 6%。图 2 -3 为全球页岩气资源的分布图。

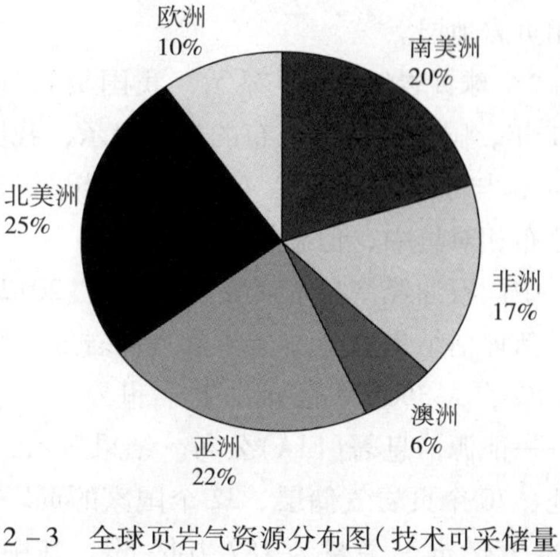

图 2 -3　全球页岩气资源分布图(技术可采储量)

进一步将调研结果深化到每个国家的层面进行分析，目前世界上出现了对页岩气开发可能高度感兴趣的两个国家集团。第一个集团包括那些目前高度依赖天然气进口、至少具有一定规模的天然气生产设施、而且其估测的页岩气资源相对于其当前的天然气消耗规模不算太小的国家。对于这些国家来说，页岩气开发可以充分改变他们未来的天然气供求平衡，从而触发其进行开发的动机。这一集团中所包括的国家有波兰、南非和智利。

第二个集团所包括的主要是页岩气资源量预测值相当巨大(超过 5 万亿 m^3)，且已经建立相当规模的用于自用或出口的天然气生产设施的国家。除了美国之外，这一集团中还包括中国、加拿大、墨西哥、澳大利亚、利比亚、阿尔及利亚、阿根廷和巴西等。现有的基础设施有助于他们及时地将资源转化为产量。

据最近报道(Energy Daily，2013－06－01)，页岩油气资源使世界潜在的石油总储量增加了 11%，天然气储量增加 47%。美国能源信息署(EIA)认为，在页岩油资源初步评估和更新的页岩气储量中，页岩油储量导致世界石油总储量增加了 3450 亿桶，达到 33570 亿桶(1 桶 $=0.1589m^3$)；页岩气储量增加了 $7299\times10^{12}ft^3$($1ft^3=2.83168\times10^{-2}m^3$)，相当于世界天然气总储量增加了 32%。这些对于石油和天然气产业都是利好消息。

据估计，中国拥有世界上最大的页岩气可采资源量和第二大页岩油资源量。但 EIA 把中国的天然气资源量从 2011 年的 $1.3\times10^{12}ft^3$ 削减到 $1.1\times10^{12}ft^3$。EIA 把世界上页岩气可采资源量前 6 位国家的排位分别是：中国、阿根廷、阿尔及利亚、美国、加拿大和墨西哥。世界上页岩油可采资源量前 5 位国家的排位分别是：俄罗斯、美国、中国、阿根廷和利比亚。对于页岩油分布，据美国《油气》杂志公布的统计数字，全世界页岩油储量约 11 万亿～13 万亿 t，远远超过常规石油储量。全球油页岩产于寒武系至第三系，主要分布于美国、刚果、巴西、意大利、摩洛哥、约旦、澳大利亚、中国和加拿大等 9 个国家。

2.3 我国非常规油气和页岩气资源

我国页岩气资源潜力系统评价总体上可分为海相和陆相两大类型，主要分布在南方古生界海相页岩地层，华北地区下古生界海相页岩地层，塔里木盆地寒武－奥陶系海相页岩地层，松辽盆地白垩系湖相页岩地层，准噶尔盆地南缘上二叠统、中－下侏罗统湖相页岩，鄂尔多斯盆地上三叠统湖相页岩油和吐哈盆地中－下侏罗统湖相碳质页岩等。上述含气页岩中，南方地区元古界－古生界发育的六套海相页岩地层中志留系龙马溪组和寒武系筇竹寺组页岩有机质含量高、厚度大，页岩气资源潜力最大，其次为东部凹陷盆地的中生代－新生代湖相页岩地层。

“全球页岩气初评”显示，我国页岩气技术可采资源量为 36.1 万亿 m^3，居世界首位。2011 年，国土资源部公布的数据显示，我国陆上(不含青藏地区)页岩气可采资源潜力 25 万亿 m^3，与陆域常规天然气资源量相当。并优选出有利区勘探域 180 个，面积 111 万 km^2，资源分布相对集中，但总量有所调整。

中国石油经济技术研究院发布的《2012 年国外石油科技发展报告》显示，全球页岩气资源最新评估结果表明，全球总的页岩气可采资源量为 187 万亿 m^3，其中我国约占资源总量的 20%，为 360825 亿 m^3，排名世界第一。此次最新评估结果由美国能源部的统计和分析机构——能源信息署(EIA)公布。结果显示，全球 14 个(不包括美国)地理区域、48 个页岩气盆地、70 个页岩气储层、32 个国家的页岩气技术可采资源量为 163 万亿 m^3，加上美国本土的 24 万亿 m^3，总量为 187 万亿 m^3。其中，资源量排名前 5 位的国家依次为：中国(约占 20%)、美国(约占 13%)、阿根廷、墨西哥和南非。

2012 年 3 月，我国公布的《页岩气发展规划(2011～2015 年)》认为，我国页岩气可采资源量为 25 万亿 m^3，超过常规天然气资源。和美国能源信息署(EIA)公布的数据比较，两种不同时间公布的估算数字差距较大，但都显示我国拥有丰富的页岩气资源。由于我国至今尚未系统开展全国范围的页岩气资源调查和评价，难以落实较为准确的页岩气资源量水平。此外，我国页岩气藏复杂，资源赋存条件差，且多分布在地形复杂、人口密集的区域，为资源认识、开采带来极大的难度，对基础设施建设提出了极高的要求，这也要求在注意到数量的同时，要高度重视质量。

《页岩气发展规划》提出到 2015 年，国内页岩气产量达 65 亿 m^3，相当于 2015 年中国天然气计划产量的 2%～3%，到 2020 年则力争实现 600 亿～1000 亿 m^3。和美国的页岩气产量规模比较，这些数字并不是很高，即使如此，鉴于中国页岩气产业刚刚起步，实现 2020 年的产量目标有很大难度，这是一个“任重道远”的艰巨任务[11]。

2010 年中国天然气消费量为 1090 亿 m^3，据 BP 公司预测，今后中国天然气需求年平均增长率为 7.6%，这样，到 2015 年天然气消费量将为 1572 亿 m^3，当年页岩气产量占总消费量的 4%，比例很小。

从长远来看，中国在发展过程中为应对国家的能源需要、高的能源依存度和气候变暖、大气污染等问题，正在调整以煤为中心的能源结构，若页岩气等非常规天然气能顺利开发成功，到 2030 年天然气初步实现自给自足应该将不是一个梦。

2.3.1 我国含页岩气矿藏九大盆地

普遍认为中国的页岩气储存量相当巨大。中国许多盆地发育有多套煤系及暗色泥、页岩地层，互层分布大套的致密砂岩存在根缘气、页岩气发育的有利条件，有不同规模的天然气发现，但目前尚未在大面积区域内实现天然气勘探的进一步突破。资料显示，中国南方海相页岩地层可能是页岩气的主要富集地区。除此之外，松辽、鄂尔多斯、吐哈、准噶尔等陆相沉积盆地的页岩地层也有页岩气富集的基础和条件。重庆綦江、万盛、南川、武隆、彭水、酉阳、秀山和巫溪等区县是页岩气资源最有利的成矿区带，因此被确定为首批实地勘查工作目标区(注：2014 年 3 月报告重庆涪陵焦石镇发现国内首个整装页岩气田是一个良好的预兆)。

2011 年 EIA 的评估报告将中国列为从地质学观点看最具页岩气开发前景的国家之一。以下 9 个盆地被确定为拥有潜在的页岩矿藏(见图 2－4)：

①四川盆地；

②塔里木盆地；

③准噶尔盆地；

④吐哈盆地；

⑤江汉盆地；

⑥华北中央盆地；

⑦鄂尔多斯盆地；

⑧松辽盆地；

⑨渤海湾盆地。

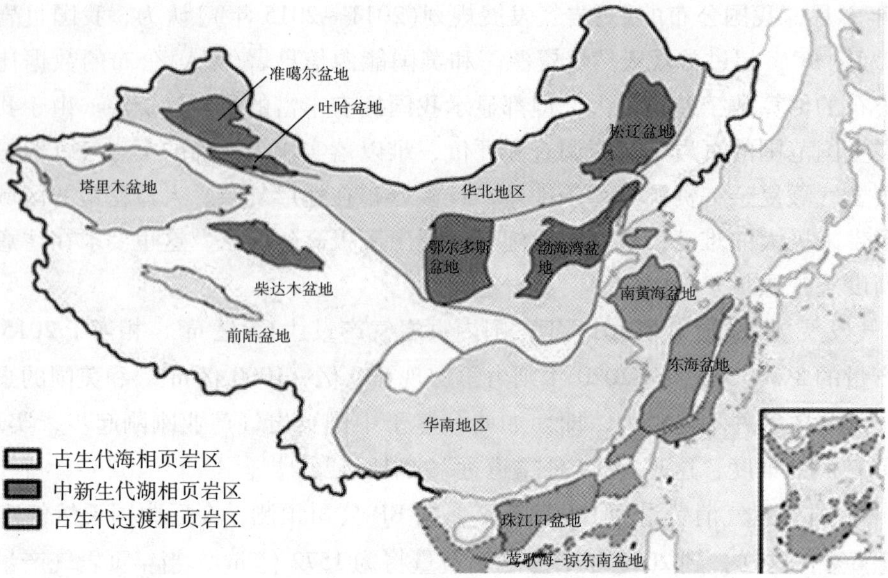

图 2－4 中国的页岩气资源分布

（资料来源：第三次全国资源调查评估）

通过对以上盆地的综合分析，结果表明，四川盆地、鄂尔多斯盆地、中下扬子地区和华北盆地的页岩气资源潜力最好，其次为西部的准噶尔盆地、吐哈盆地和东北的松辽盆地，较差的是柴达木盆地和辽河盆地，详见表 2－2。

表 2－2 中国主要盆地和地区页岩气资源潜力比较

区域或盆地	储层年代	盆地类型	资源潜力等级
四川盆地	Z－T	克拉通	好
鄂尔多斯盆地	T	克拉通	好
中下扬子地区	Z－T	克拉通	好
华北盆地	Pt－O	克拉通	好
准噶尔盆地	P－J	前陆盆地	较好
松辽盆地	K	凹陷盆地	较好
吐哈盆地	P－J	前陆盆地	较好
柴达木盆地	P－J	凹陷盆地	较差
辽河盆地	E	凹陷盆地	较差

EIA 特别指出四川盆地和塔里木盆地具有诱人的开采前景。该报告突出强调了这两个盆地的“潜在有利的储层品质，包括有开采前景的厚度、深度、总有机碳含量、热成熟度、脆性矿物成分”等。四川盆地目前已经是常规天然气勘探和生产（E&P）活动的中心，并已具备天然气运输和其他基础设施，这些设施也可以被用于页岩气的生产。这些条件使得四川盆地对于页岩气投资者来说具有相当大的吸引力。与之相对的是，塔里木盆地虽然同样具备开采前景，但地理位置偏远，至今为止几乎完全没有 E&P 经验，也缺乏相应的基础设施，因此对页岩气开发商的吸引力便差一些。

据报道，中国盆地普遍具有较高的黏土含量，这是引起担忧的原因之一，因为这样的盆地比较难以进行压裂处理。根据 2012 年由中国地质大学（北京）和中国海洋石油总公司

(CNOOC)石油勘探研究院的学者联合发表的一篇论文指出[12]，中国陆相页岩具有热成熟度低和黏土含量高的特征，完全不同于文献中所介绍的美国和世界其他地区的海相页岩。该论文的作者仔细研究了鄂尔多斯盆地东南部的延长页岩岩层，其构成为“典型的陆相页岩”。黏土占据其全部矿物组成中的 40% ~60% 。黏土柔软而可弯折的特性使之与主要由脆性石英石组成的页岩相比更为难以进行压裂操作。

目前还无法知道中国的页岩气矿藏是否有凝析油伴生，但初步研究的结果表明，至少四川盆地的页岩气藏是相对比较干的。以下分别介绍四川盆地和塔里木盆地。

2.3.2 四川盆地

四川盆地占据了中国中南部 211084km^2 的面积，该盆地包括了四川、云南、贵州、湖北等省的各一部分以及湖南的西部。在四川盆地中，图 2-5 和图 2-6 所示的龙马溪和筇竹寺页岩层是主要的目标地层。

龙马溪页岩层的厚度在 91 ~488m 之间，其中富含有机质部分的厚度约为 171m。页岩层的深度在 2408 ~4115m 之间，TOC 值估计为 3% ，而热成熟度 *Ro* 约为 2.3% 。EIA 推算这一区域中有投资价值的已生成天然气资源量(GIP)为 38.91 万亿 m^3(1373 万亿 ft^3)，其中技术上可采收储量为 9.72 万亿 m^3(343 万亿 ft^3)。

筇竹寺页岩层的厚度在 61 ~427m 之间，其中富有机质部分厚度约为 119m。页岩层的埋藏深度在 2590 ~4572m 之间，具有中等的 TOC 值，热成熟度 *Ro* 估计为 2.5% 。该盆地的 GIP 资源量据评估约为 6 亿 m^3/km^2(570 亿 ft^3/mile^2)。EIA 预测这一区域中技术上可采收储量占有投资价值的已生成天然气资源总量的 25% ，具体的有投资价值的已生成资源量和技术上可采收储量的数值分别为 39.606 万亿 m^3(1394 万亿 ft^3)和 9.89 万亿 m^3(349 万亿 ft^3)。

有关专家预测在四川盆地寒武系筇竹寺组、志留系龙马溪组页岩地层中存在丰富的页岩气资源。据初步估算，单这两个组的页岩气资源就可以和整个四川盆地的常规天然气资源总量相媲美。

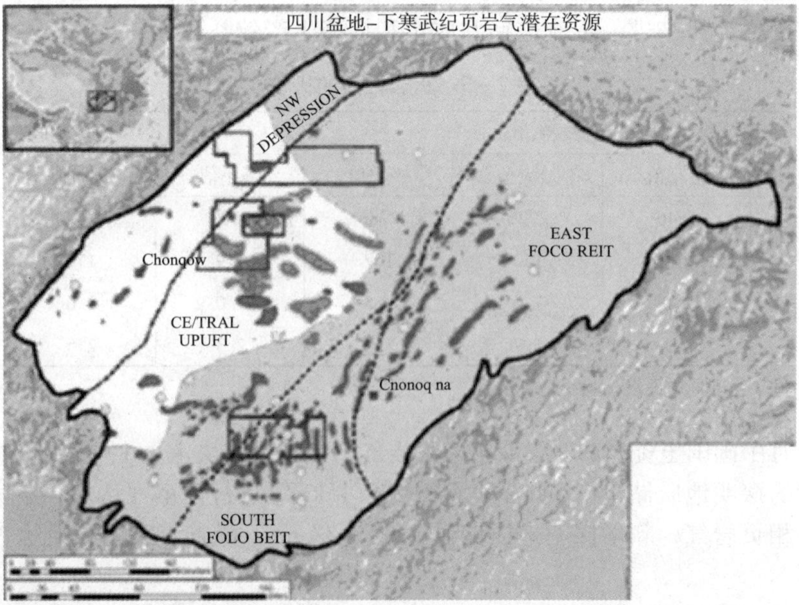

图 2-5 有开采前景的四川盆地龙马溪页岩气区块

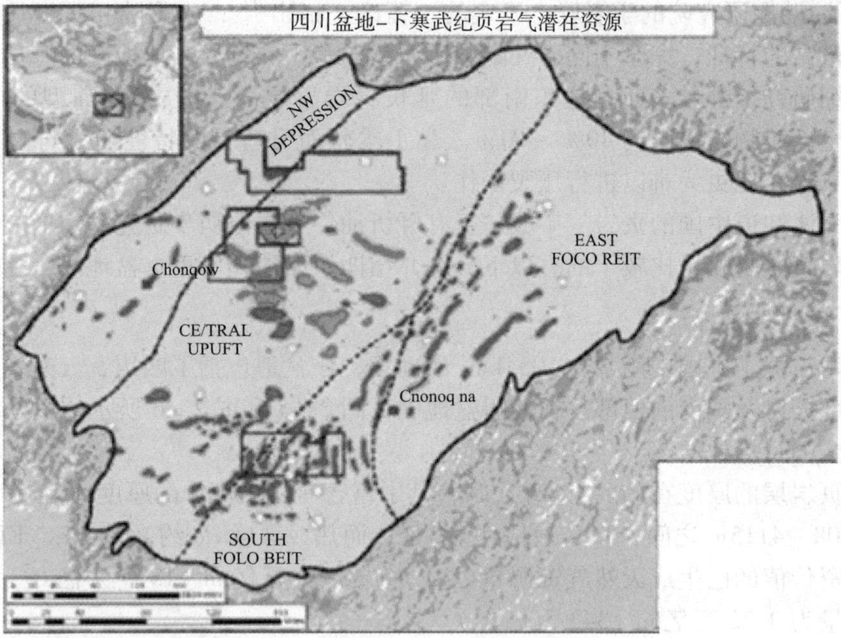

图 2-6　有开采前景的四川盆地筇竹寺页岩气区块

美国巴奈特页岩区块具有成功进行页岩气开发所需的绝大部分关键特质，因此很适宜与目前了解尚不深入的中国境内盆地进行比较。表 2-3 中给出了美国巴奈特和四川盆地之间关于页岩气商业开发关键特性的比较。四川盆地页岩气层埋深要比美国的大，美国页岩气层深度在 800~2600m，而四川盆地的页岩气层埋深在 2000~3500m。页岩气层深度的增加无疑在我们本不成熟的技术上又增添了难度。由于四川盆地页岩的埋深和厚度数据都大于巴奈特，表明在此地钻井因井下的压力和温度条件都较高，会导致更高的钻井成本。而且四川盆地的热成熟度超过 2%，这种情况说明往往产生的是干气，换句话说，上游公司很可能无法依靠凝析油的价格优势来进一步改进钻井成本和提高生产效益。

表 2-3　页岩性质的比较

项目	巴奈特(Barnett)			四川盆地		
	最小值	最大值	平均值	最小值	最大值	平均值
埋深/m	1646	2926	2286	2000	3500	2645①
厚度/m	61	152	107	119	171	145
TOC/%	2.0	7.0	4.5	3.0	3.0	3.0
热成熟度/%	1.1	1.7	1.4	2.3	2.5	2.4

①涪陵页岩气田储气层平均埋深 2645m。

2014 年 7 月中国国土资源部对重庆涪陵页岩气田焦石坝区块焦页 1-焦页 3 井区五峰组-龙马溪组一段的探明地质储量(探明含气面积 106.45km^2)进行评审并认定；涪陵页岩气田是典型的优质海相页岩气，新增探明地质储量 1067.5 亿 m^3，标志着我国首个大型页岩气田正式诞生。

涪陵页岩气田是典型的页岩气田。气田储层为海相深水陆棚相优质泥页岩，厚度大、丰度高、分布稳定、埋深适中，中间无夹层，与常规气藏明显不同，具有典型的页岩气特征，与北美典型海相页岩各项指标相当。

涪陵页岩气田是“两高、两好”优质海相页岩气田。地层压力高、天然气组分好。储气层平均埋深 2645m，地层压力系数为 1.55，气体甲烷含量高达 98%，二氧化碳含量低，不含硫化氢，属于中深层、超高压、优质天然气田。气井产量高、试采效果好。试采单井产量高，稳产时间长。截至 6 月 30 日，29 口试采井合计日产气 320 万 m^3，累计产气 6.11 亿 m^3。其中，第一口探井焦页 1HF 井按日产 6 万 m^3 定产，已稳产一年半，累计产气 3769 万 m^3。

通过重庆涪陵页岩气田的勘探开发，初步形成了我国页岩气勘探开发技术系列。一是在理论认识方面，形成了海相页岩气富集规律认识，总结了深水陆棚相优质页岩气关键参数选取原则。二是形成了以测井综合解释和地震综合解释为主的勘探评价技术。三是形成了页岩气开发关键技术，包括水平井优快钻井技术、长水平井段压裂试气工程工艺技术等，并实施以“井工厂”钻井和交叉压裂的高速高效施工模式。目前试验井最大水平段长 2100m、最多压裂段数 26 段。四是页岩气商业开发的装备和工具研发取得重要进展，其中 2013 年 3 月自主研制成功的 3000 型压裂车，代表了压裂装备技术世界先进水平，目前已投入现场应用。五是重视环境保护，通过钻前水文勘测、表层清水钻井和废液回收处理等措施，实现了零排放、零污染的绿色开发。

中国石化在四川盆地部署的第一口以筇竹寺页岩为目的层的预探水平井——金页 1HF 井已经完钻。探井设计井深 4683m，从开窗侧钻至井深 4623m 完钻，针对筇竹寺优质页岩层厚度薄、地质中靶要求高等技术难点，优化设计了录井新技术，积极试验孕镶钻头 + 弯涡轮定向技术，使用低成本油基钻井液，并克服了二维地震页岩储层预测精度不高等困难，创该区块定向造斜日进尺 62m、水平段日进尺 208m、机械钻速 13.56m/h 等多项纪录。目前该井处于完井作业中，其中水平段优质页岩层钻遇率 100%，全烃最高含量在 50% 以上，有望实现四川盆地筇竹寺组页岩气的商业开发。

2.3.3　塔里木盆地

塔里木盆地位于新疆维吾尔自治区南部的天山、昆仑山两大造山带之间，面积达 56 万 km^2。塔里木台盆区主要发育中下寒武纪、中下奥陶纪和上奥陶纪 3 套主力烃源岩，盆地古生界页岩主要分布在下寒武纪玉尔吐斯组、中上奥陶纪黑土凹组泥页岩、萨尔干组泥页岩以及上奥陶纪的印干组泥页岩。塔里木盆地有页岩气资源潜力的约为 307177km^2。塔里木盆地中的奥陶纪（142558km^2）和寒武纪（164619km^2）是主要的目标地层，如图 2－7 和图 2－8 所示。

奥陶纪页岩层的厚度达到 1585m，其中有 159m 富含有机质，其深度范围在 1981～6005m 之间，平均 TOC 值为 2%，变化范围在 0.3%～2.5% 之间，热成熟度 *Ro* 约为 2%。根据 EIA 的估计，该页岩层具有投资价值的资源量为 25.241 万亿 m^3，其中技术上可采收的储量为 6.348 万亿 m^3。据此测算的 GIP 丰度值为 11 亿 m^3/km^2。

寒武纪页岩层的厚度为 457m，包含 248m 富含有机质的区域，其深度范围在 2286～600m 之间，TOC 值的范围从 1.2～3.3% 之间，平均为 2.5% 左右，热成熟度 *Ro* 约为 2.5%。根据 EIA 的估计，有投资价值的资源量为 40.725 万亿 m^3（1437 万亿立方英尺），其中技术上可采收储量为 10.174 万亿 m^3（359 万亿立方英尺）。测算的 GIP 丰度值为 15 亿 m^3/km^2（1410 亿立方英尺/平方英里）。

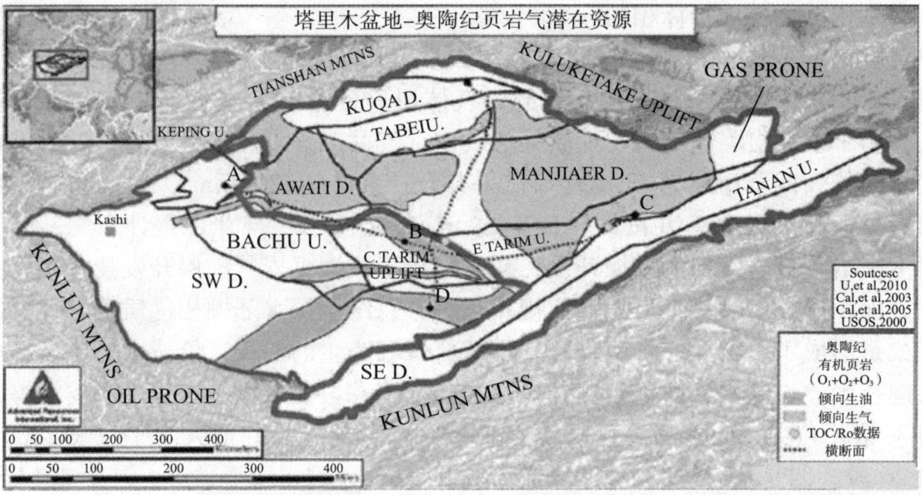

图 2－7 有开采前景的塔里木盆地奥陶纪页岩气区块

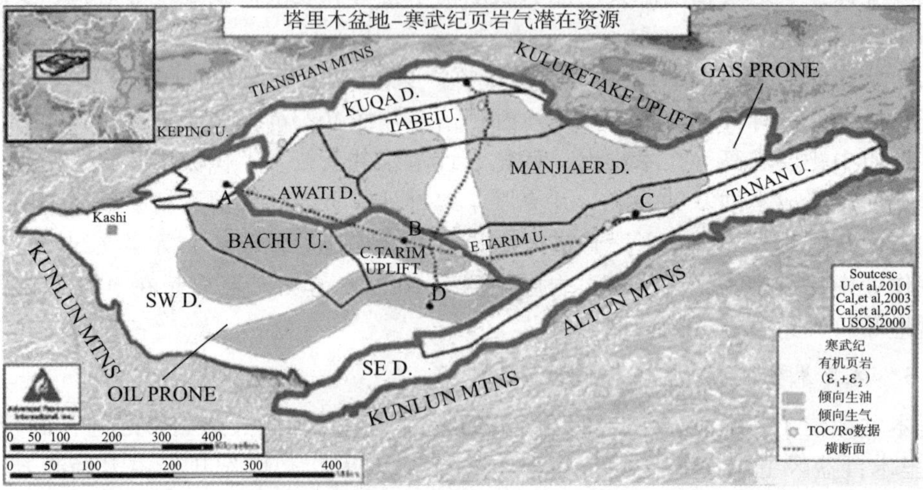

图 2－8　有开采前景的塔里木盆地寒武纪页岩气区块

塔里木盆地以前的勘探开发围绕常规油气藏进行，主要将塔里木古生界碳酸盐烃源岩及泥质烃源岩作为一个整体研究，很少将塔里木古生界页岩作为单独研究对象，对页岩发育厚度、埋深及展布情况研究较少，对页岩储层物性、含气性等相关研究工作还没有开展，因此，加强塔里木盆地古生界页岩气资源量的初步预测与优选，对增加该盆地天然气探明储量具有重要的现实意义。

塔里木盆地古生界页岩气资源战略调查与选区研究课题，目前在中国石化石油勘探开发研究院无锡石油地质研究所全面展开。该课题是全国页岩气资源潜力调查评价及有利区优选子项目西北区页岩气资源潜力调查评价及有利区优选下设课题之一，旨在通过充分利用工区常规油气勘探成果与地质资料，以重点剖面为解剖对象，应用有机地球化学、储层物性、含气性分析等测试手段，研究塔里木盆地古生界页岩气的成藏条件，初步评价塔里木古生界页岩气资源潜力，优选新的页岩气远景区，加快页岩气区的勘探开发步伐，形成规模资源，为中国页岩气开发提供新的增长点。

目前工作主要围绕在收集塔里木盆地古生界富有机质页岩气发育地区的构造特征、沉积环境、沉积相、发育层段、埋深等基础地质资料的基础上，对塔里木盆地古生界页岩层位进行野外地质调查，选取具有代表性的剖面样品进行有机碳含量、成熟度及有机质类型等测试分析。在对该盆地寒武—奥陶纪页岩的纵横向展布特征、有机质丰度、有机质成熟度、有机质类型等基本特征静态研究分析的基础上，以实测剖面为手段，结合相关钻井资料，建立主要页岩层位的地球化学剖面。开展岩石矿物学特征、岩石物性、孔隙度、渗透率、裂缝发育程度等储层特征评价研究，评价泥页岩储集条件。

课题将根据泥页岩地球化学特征和储层条件，开展重点地区重点层位页岩吸附能力测定及气体成因分析，初步评价泥页岩含气性；结合地球化学评价和储层评价结果，描述页岩气有利发育层段。同时，将针对不同地质单元采取不同方法，对页岩气资源进行综合评价并按照不同的经济技术指标进行测算分析，计算主要层位页岩气资源量，厘定页岩气发育的有利区块。

2.3.4　我国启动页岩气资源勘查的 19 个页岩气重点勘探开发区

中国页岩气“十二五”规划已经公布。在总体发展目标上，规划提出，到 2015 年基本完成全国页岩气资源潜力调查与评价，探明页岩气地质储量 1 万亿 m^3，可采储量 2000 亿 m^3，年产页岩气量达 65 亿 m^3。

2001 年中国启动页岩气战略调查，全国分 5 个大区；2004 年，三大油企（中石油、中石化、中海油）追踪分析了我国页岩气的资源状况。2009 年中国启动和实施第一口页岩气战略调查井，优选出 27 个页岩气富集有利区，初步建立了资源评价方法。到 2015 年，中国页岩气将初步形成符合中国地质特点的页岩气勘探开发核心技术体系，形成一系列国家级页岩气技术标准和规范。

“十二五”期间，在页岩气资源潜力调查评价方面，设立“全国页岩气资源潜力调查评价”国家专项，分区、分层次开展最有潜力调查。将中国陆域页岩气区域划分为华北、东北、西北、上扬子及滇黔桂、中下扬子及东南和青藏五个页岩气资源调查评价区。在页岩气勘探开发布局上，以四川、重庆、山西、辽宁等省市为重点，建设鄂西渝东、川西、川东北、南川等 19 个页岩气重点勘探开发区。图 2－9 是全国页岩气资源调查评价分区图。

开展全国页岩气资源战略调查和先导试验区建设主要可发挥四大作用：

一是取得的主要成果为国家制定能源战略、规划提供了依据。为国务院有关部门、石油企业和研究机构等，在开展能源资源发展战略和规划研究、优化配置油气资源和编制油气勘探开发规划研究等方面广泛采用，推动了页岩气勘探开发政策的制定。

二是取得的页岩气地质新认识，对今后页岩气战略调查和勘探起到了指导作用。先导试验区取得的一系列页岩气地质认识和技术成果，为今后开展全国性的页岩气战略调查积累了基础资料和经验。已初步优选出 33 个页岩气远景目标区，引导石油企业进军页岩气领域提供了靶区。同时，也为油气研究机构和大学开展页岩气研究和教学提供了丰富的信息和资料。

三是为在全国开展页岩气资源潜力调查评价与有利区优选奠定了基础。依据该项目研究成果和取得的经验，拟通过 3 年时间对我国陆域页岩气资源潜力进行系统评价，优选页岩气富集有利区，进而推动全国页岩气勘探开发。

四是促进了我国页岩油气勘探开发。自 2009 年国土部油气中心在重庆彭水部署钻控了页岩气战略调查渝页 1 井以来，石油公司已在川南、渝东鄂西、泌阳、济阳和东濮、鄂尔多斯、沁水、辽河东部等开展了大量页岩气老井试气和钻探评价工作，加快了四川、泌阳、鄂尔多斯等盆地页岩气勘探突破。中石化陆相页岩(油)气勘探取得重要进展，泌阳凹陷安深1井(直井)在古近系核桃园组实施特大型压裂作业后，2011年2月17日日产原油达到3.76m^3，目前原油产量已趋稳定，从而成为我国第一口获得工业油气流的页岩油(气)井。

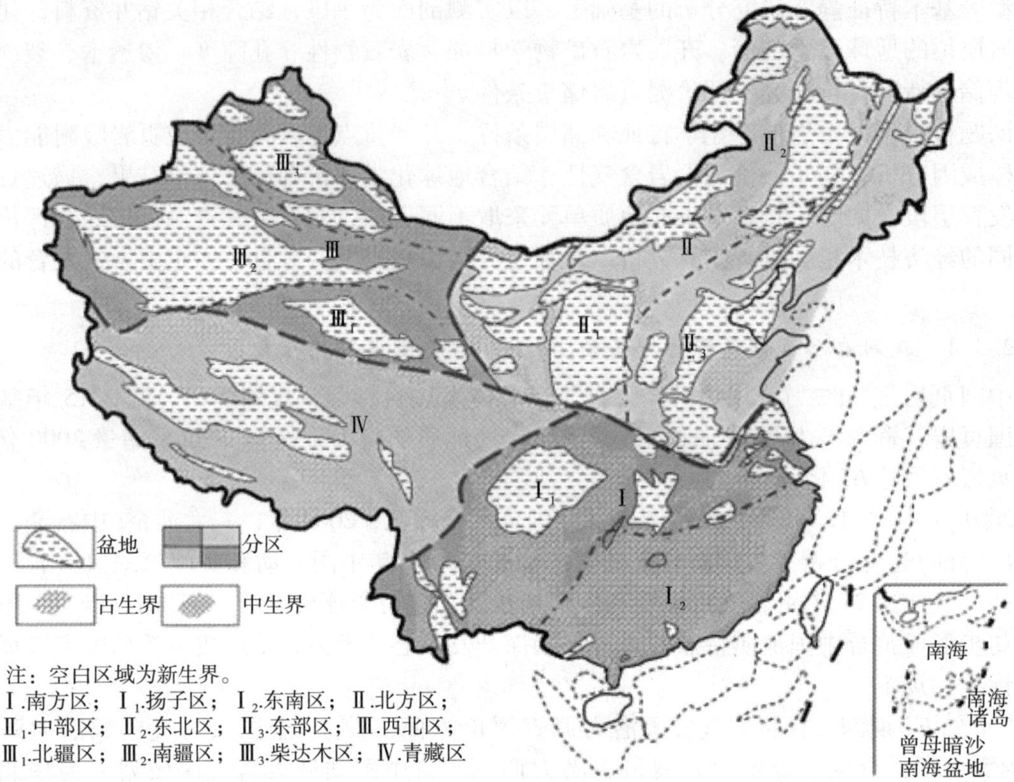

图2-9　全国页岩气资源调查评价分区图

“十三五”期间，中国还将大幅度提高19个重点勘探开发区的储量和产量规模；同时，拓展鄂尔多斯、准噶尔、塔里木、渤海湾等勘探开发领域，到2020年，页岩气年产量力争达到800亿m^3。以下就我国一些主要页岩气勘探开发地区、省份进展情况进行一定的阐述。

2.3.4.1　重庆地区页岩气开发

国土资源部2009年10月份在重庆市綦江县启动了中国首个页岩气资源勘查项目。这标志着继美国和加拿大之后，中国正式开始了这一新型能源页岩气资源的勘探开发。将对中国新型能源建设起到积极的示范作用，在中国油气领域具有里程碑意义。

拥有3000多万人口、坐跨在拥有丰富天然气资源的四川盆地上的重庆市是中国最有希望的页岩气勘探地区之一，重庆市的可采页岩气储量估计在2.05万亿m^3。

(1)中国石化首个页岩油气勘探开发产能建设项目正式启动

2012年5月8日，中国石化首个页岩油气勘探开发产能建设项目——重庆涪陵区块页岩油气勘探开发产能建设项目正式启动，它是中国石化乃至全国首个页岩气产能建设项目，它的实施将对我国页岩气勘探开发进程产生积极的推动作用，具有重要的战略和现实意义。

该项目由中石化江汉油田、勘探南方分公司共同完成，其中江汉油田主要负责产能建设，勘探南方分公司主要负责勘探评价。勘探南方分公司通过前期的勘探、研究，明确了涪陵地区侏罗系自流井组大安寨段是页岩油气勘探的有利层段，并通过钻探，福石1井、涪页

HF－1 井等多口井在大安寨段上部灰岩均钻遇良好油气显示。据研究，大安寨段上部灰岩段在区内分布面积达 516km^2，其中，兴隆 101 井－福石 1 井井区勘探程度较高，是一期产能建设区。

(2)重庆涪陵发现国内首个整装页岩气田，全方位建设国家级页岩气示范区

2012 年 11 月 28 日中国石化在重庆涪陵焦石坝地区实施的第一口页岩气井——焦页 1HF 井钻获高产页岩气，开启了中国页岩气开发的新纪元。以焦页 1HF 井获得商业页岩气为标志，中国石化乃至中国页岩气开发取得了历史性突破，从此进入高速发展阶段。2013 年，国家能源局正式批准涪陵页岩气田为国家级页岩气产能建设示范区。

2014 年 3 月中石化宣布在重庆涪陵焦石镇发现国内首个整装页岩气田，并提前投入商业生产，日产气 200 万 m^3。这是中国首次成功大规模商业开发页岩气，涪陵页岩气田资源量约 2.1 万亿 m^3，预计 2014 年底涪陵页岩气田将实现年产能 18 亿 m^3，2015 年将建成年产 50 亿 m^3 产能，这一产能规模是原计划的 10 倍，2017 年页岩气产能将增加到年产 100 亿 m^3(2017 年要实现百亿方气田开发目标，需在勘探开发、配套设施建设、综合消纳项目建设等方面预计将投资 500 亿元)，相当于建成一个千万吨级的大型油田，其气量可供 4000 万户居民一年的生活用气量。全国有名的榨菜之乡重庆涪陵正在全方位向建设国家级页岩气示范区转变。

(3)涪陵页岩气田开发

焦石坝地处四川盆地边缘武陵山系的西端，是一个不被常规油气勘探看好的地区。2009 年，中石化勘探南方分公司开始在这一地区开展系统的地质调查和基础研究，并对原有地震资料进行了重新解释。出露地表的露头和剖面表明，该地区龙马溪组有优质页岩层发育，该地区虽然整体保存条件差，但海相龙马溪组页岩层稳定性好。在深入研究的基础上，2011 年 9 月，在焦石坝部署了焦页 1HF 井。2012 年 11 月 28 日，焦页 1HF 井试气获日产气 20.3 万 m^3，取得中国石化页岩气勘探重大突破。通过一系列研究和钻探评价认为，川东南地区志留系龙马溪组富有机质页岩分布面积广、厚度大、有机质丰度高、含气性好，具有良好的页岩气形成条件。自此，四川盆地页岩气勘探开始向川东南地区志留系龙马溪组聚焦。值得注意的是，该区稳产形势很好，最早部署的焦页 1HF 井已经采了近 500 天的气，每天产量和压差都非常稳定，至今未见递减。评价井焦页 6－2HF 井于 2013 年 5 月 5 日开钻，8 月 10 日完井，9 月 10 日分 15 段进行水力加砂压裂，9 月 29 日正式投入试产，初期配产 39 万 m^3/d。目前，该井日产气量仍为 33 万 m^3，已累计生产 322 天，成为全国首个产气量超过 1 亿 m^3 的页岩气井。也有力地证明了焦石坝区块页岩气藏具有储量丰度高、储集性能好、开采可持续性强和商业开发价值高的特点，展示了涪陵页岩气田良好的开发前景。

2014 年 3 月 24 日，中国石化在香港宣布：计划到 2017 年将建成年产能 100 亿 m^3 的页岩气田。这说明焦石坝地区的页岩气发现是国内页岩气勘探开发的新开端和转折点，国内首个大型页岩气田——涪陵页岩气田由此诞生，标志着我国页岩气开发实现重大战略突破，提前加速进入大规模商业化发展阶段，比原先预计的用 10 年实现规模开发的时间可望大大缩短。中国石化同时在页岩气资源评价体系、工艺技术体系和压裂装备研发制造等方面取得了重要突破，这些科技成果在涪陵页岩气田得到成功实践。

此外，距离焦石坝 150km 地跨重庆綦江和贵州习水的丁山地区，是中国石化确定的第 2 个海相页岩气勘探突破区。丁页 2HF 井位于贵州省习水县寨坝镇，完井斜深 5451.66m，水平段长 1034.23m，为目前国内埋藏最深的页岩气水平井，也是丁山构造首口测试井。2014

年1月，该井完成12段压裂改造后，以套管排液方式求产，日产天然气4.3万m^3，证实了黔北地区深层下志留统龙马溪组下部为页岩气富集区。目前该井试采日产量为2万m^3，喷口焰高4~5m，初步评价丁山地区页岩气资源量6089亿m^3。这标志着国内埋藏最深的页岩气水平井开始投入试采阶段，对进一步落实丁山区块商业性页岩气价值具有重要意义。可以认为，“焦石坝页岩气田的发现和丁页2HF井的突破，解禁了整个川东南超过1000km^2的页岩气勘探面积，焦石坝龙马溪组海相页岩气层正逐步扩容”。2014年的勘探工作将按照“战略展开、战略突破、战略准备”三个层次继续扩大页岩气储量规模，具体安排是：战略扩大川东南龙马溪组有利含气面积；战略突破川东北和川西南，开辟新阵地；战略准备外围页岩气，优选有利勘探区。

2014年8月部署在涪陵南部的重点页岩气探井——焦页7井正式开钻，标志着涪陵页岩气田新一轮勘探正式动工。焦页7井设计完钻井深3149m，以上奥陶统五峰组－下志留统龙马溪组下部页岩气层段为主要目的层。预测五峰组－龙马溪组下部富有机质泥页岩厚80多米，有望获得工业气流。与焦页7井同时部署的还有焦页5井、焦页6井和焦页8井。新一轮页岩气井的成功钻探，是实现涪陵页岩气田储量升级的重要举措，为进一步扩大焦石坝地区页岩气勘探成果奠定基础。

地质科研人员对该地区提出了系统的试验井组部署方案，包括探索龙马溪组页岩气合理开发技术政策、优化主导储层改造工艺、制定合理生产制度；重点确定了部署区域、水平段方位、水平段长度、水平井井距和井网模式，综合对比优化选择了首批17口井的开发试验井组方案。在这种开发理念的指导下，焦石坝地区高产井一口接一口地出现。2014年3月，焦页11－1HF井测试日产量达到39.5万m^3，成为涪陵页岩气示范区建设中试气成功后的第21口高产井。由于从国外直接引进的技术在实际应用中常常发生“水土不服”现象，针对中国南方海相页岩气层自身的地质特点，自主研发并形成了3500m以内的页岩气勘探开发配套技术系列；成功开发了长水平段多级压裂技术，对裂缝间距、裂缝布局、压裂规模等参数进行优化；成功研制弹塑性固井水泥浆体系；优化套管固井技术措施，强化录井、测井资料分析预测，有效规避了钻井安全风险。目前最长水平段达2130m、最多压裂段数26段。在技术进步的有力支撑下，截至目前，涪陵工区投产的21口井，口口高产，初步解决了海相页岩“龙马溪组”页岩的致密性和物质分布不均匀的问题。

在焦石镇页岩气田的开发过程中特别强调重视安全环保工作。焦石坝地区属喀斯特地貌，地表沟壑纵横，地下多溶洞、暗河、裂缝和漏失层，浅层气含硫化氢且储层规律不清，在这里进行页岩气勘探开发，安全环保风险巨大，因此整个开发过程贯穿了把好“环保关”的要求。为了践行绿色低碳发展战略，在勘探初期就提出了“不安全的进尺一米不打、不安全的工期一天不抢、不安全的效益一分不要”、“勘探发展、环保先行”、“勘探发现是第一要务、安全环保是第一责任”，以及“尊重规律、敬畏法律”等安全环保工作理念。目前，涪陵页岩气示范区建设过程产生的钻井废水回注率和油基岩屑不落地处理率均达到100%。

截至目前，涪陵一期产建区开钻井50口，完成试气投产20口，累计产气2.65亿m^3，年产10亿m^3的集输工程和11座地面集气站已全部建成，基本落实了一期50亿m^3产能阵地。在涪陵国家级页岩气示范区未来的建设中，中国石化将整合优势资源，致力于探索和建立一套适合我国页岩气开发的自主核心技术，力争成为国家标准；通过加快自主研发、引进页岩气相关装备制造企业，将重庆打造成页岩气装备制造产业高地；合资成立中石化重庆涪陵页岩气勘探开发有限公司、中石化重庆天然气管道有限责任公司、中石化重庆涪陵页岩气销售有限责任公司。2014年3月，中石化与重庆市燃气公司共同出资组建合资公司并搭建涪陵页岩气LNG工厂，意味着重庆页岩气开发的脚步正在加快。

2014年开工建设涪陵—忠县页岩气外输管道，通过川气东送管道将部分页岩气输往华中、华东地区；同时，通过加快自主研发、引进页岩气相关装备制造企业，形成一条完整的科技研发、装备制造、生产利用、相关技术服务等页岩气产业链。

2014年3月，重庆市与中石化签署战略合作协议。协议规定双方将在页岩气勘探、开发、利用和输配气系统建设等领域加强合作，力争到2015年在涪陵地区形成年产50亿m^3页岩气产能，建成完整的页岩气工业产业链，不断提高页岩气综合利用水平，推进重庆页岩气装备制造业发展。

(4)重庆涪陵正在全方位建设国家级页岩气示范区，其经验、教训值得很好总结和推广。

从2008年中石化正式对上述区块进行勘探开发以来，重庆涪陵在全方位建设国家级页岩气示范区方面取得了长足的进步，其经验、教训值得很好总结和推广。示范区要在确保完成2017年页岩气产能达到年产100亿m^3的前提下，对一些重要的技术经济指标也要有一个大幅度的提升，如在开发低成本钻井技术、降低钻井成本方面还有许多工作要做，只有降低了钻井成本，才有可能降低页岩气的生产成本，提高页岩气产业的竞争力。

2.3.4.2 四川盆地页岩气勘探开发

(1)2013年四川省采1亿m^3页岩气

四川省境内页岩气资源量约27.5万亿m^3，占全国总量的21%；可采资源量4.42万亿m^3，占全国的18%，这两项指标均居全国第一。

2013年四川制定了省页岩气勘探开发规划，要求到2013年底探明四川探明页岩气储量1000亿m^3，长宁－威远页岩气先导试验区等区块实现产量1亿m^3。

(2)中石化西南油气田首次在川西南地区页岩气藏实现页岩气压裂自主设计施工

2012年9月，中石化西南油气田在金石1井九老洞组页岩储层，采用降阻水成功实施2层分层大型加砂压裂施工，入地总液量3400m^3，入地砂量145m^3，施工排量最大达10m^3/min。这是西南油气田首次自主设计并组织实施的页岩气大型压裂井，该井压裂方案由中石化工程技术研究院设计，井下作业分公司进行压裂施工。

金石1井是西南油气田部署在川西南寿保场－金石构造南翼高点的一口页岩气探井。针对该井目的储层埋深达3520m、页岩有效厚度312m的地质特征，为实现大比表面积“缝网压裂”目标，工程技术研究院在系列岩芯室内实验基础上，调试出了具有“低摩阻、低稠化剂、低伤害”性能的低成本降阻水配方，为大排量缝网压裂提供了液体性能保障；同时，设计人员通过优化射孔方案和优选管柱结构及配套完善的返排措施，确保了重点目标层段的充分改造和压后残液的及时返排，使得该井压后8h内成功实现放喷点火，为评价川西南地区页岩气储层的开发潜力提供了重要的技术支撑。金石1井页岩气藏压裂改造的成功，进一步揭示了川西南地区页岩气藏具备良好的勘探开发潜力；同时也检验了西南油气田在页岩气大型压裂方面的自主设计和组织施工能力，为下一步西南油气田积极推进四川盆地页岩气会战打好基础。

(3)首个央地合作页岩气公司成立

2013年12月，国内首个央地合作页岩气开发公司——四川长宁天然气开发有限责任公司在成都正式挂牌成立。该公司由中国石油天然气集团公司和四川地方四家公司联合组建，总注册资本金为30亿元。截至目前，该区块内页岩气累计产量已达2000万 m^3，2014年将有8口气井正式投产，预计2016年，该公司页岩气产量将达10亿 m^3，2020年将达30亿 m^3，为四川省天然气保障提供重要支撑。

2.3.4.3　中国湖北省第一口页岩气水平井顺利完钻

位于湖北建南地区中国第一口页岩气水平井建页HF-1井顺利完钻，转入完井作业阶段。该井于2011年6月3日开钻，7月15日钻至井深1777.77m完钻，垂深613.58m，水平位移1262.39m，水平段长1022.52m，位垂比2.06。

建页HF-1井是位于湖北建南地区侏罗系页岩气第一口水平井，目的层为下统自流井组东岳庙段，钻探目的是获取建南地区侏罗系页岩气评价参数，了解侏罗系下统自流井组东岳庙段页岩气井的产能情况，为整体评价该区页岩气勘探潜力提供地质依据。该井在水平段钻进过程中，气测显示明显、后效活跃，显示了建南浅层页岩气勘探的良好前景。

2.3.4.4　山西省启动页岩气资源勘查

2011年起，山西国新能源和中国石油大学联合对山西省页岩气进行了先导项目研究，发现鄂尔多斯盆地和沁水盆地具有页岩气的赋存特征。鄂尔多斯盆地山西有利地区页岩气资源量为1.43亿 m^3，沁水盆地资源量为0.65亿 m^3，这些地区的页岩厚度、有机碳含量、有机成熟度、页岩脆性等相关指标符合大规模开采条件，具有良好的开发条件。此次实施的山西省页岩气地质调查及评价项目将主要针对山西省重点层位页岩气、砂岩气有效源层和储层的空间发育特征、综合特征进行研究，全面分析页岩气、砂岩气的资源分布及赋存情况，研究适合当地页岩气、砂岩气气藏条件的勘探开发方法等。

2.3.4.5　国土资源部与贵州省合作推进贵州省页岩气勘查开发

(1)据国土资源部最新公布的“全国页岩气资源潜力调查评估和有利区优选”数据，贵州省页岩气地质资源量为13.54万亿 m^3，可采资源量约1.95万亿 m^3，占全国总资源储量的12.79%。此前，已经在黄平、龙里地区进行了页岩气地震和钻探，有一定的勘探基础。合作周期为2013~2020年，根据总体部署，2013~2015年，贵州要完成重点地区页岩气资源调查评价，设立页岩气勘查开发示范区，提交页岩气地质储量2000亿 m^3，可采储量600亿 m^3，产量1亿 m^3；2016~2010年，提交页岩气地质储量1万亿 m^3，可采储量3000亿 m^3，产量80亿~100亿 m^3，实现页岩气规模化和产业化开发利用，成为我国页岩气主力产区。

(2)贵州页岩气资源量全国第三

贵州省页岩气资源量已经升至全国第三，并将加快开发力度，改变该省“缺油少气”的局面。目前贵州省已自筹资金1.5亿元，在全国率先实施了省级页岩气调查评价，并与国土资源部签订了部省合作共同推进页岩气勘查开发合作协议。据调查，贵州省页岩气资源主要分布在牛蹄塘组等6套地层26个有利区中。依靠在页岩气资源方面得天独厚的优势，贵州省将设置“两区三井”，即建设两个总面积超过1万 km^2 的示范区，布置3口压裂试验井。力争在2014年获得工业气流，在2016年建成包括开采井、输气管网、终端使用在内的页岩气开发实验综合基地。

(3)贵州钻出国内埋藏最深页岩气水平井

国土资源部表示，贵州北部地区已经钻探出目前国内埋藏最深的页岩气水平井，日产气量最高可达10.5万 m^3，实现中国深层页岩气勘探又一重大突破。

这一预探井位于贵州省习水县境内，处下志留统龙马溪组下部泥页岩气层，完井斜深

5451.66m，垂深 4417.43m，水平段长 1034.23m，为目前国内埋藏最深的页岩气水平井。这初步证明了黔北地区深层下志留统龙马溪组下部为页岩气富集区，是继涪陵焦石坝之后，发现的新页岩气勘探开发区块。据悉，这口深部高产页岩气预探井测试日均产气 4.3 万 m^3，日产气量最高可达 10.5 万 m^3，油压和气量稳定。

2.3.4.6 湖南省页岩气勘探开发

(1)湖南省 5 大页岩气区块研究项目即将启动

湖南省页岩气潜力预计 9.2 万亿 m^3，约占全国资源储量的 7%，排全国第 6 位。国土资源部已把省内 5 个区块列入第二轮页岩气招标范围。在我国 2014 年 5 月发布的页岩气(2011 ~2015)规划中，湖南被列为全国 13 个页岩气重点勘探开发省份之一。国土资源部信息显示，湖南页岩气主要分布在湘西北、湘中和湘东南地区，其中湘西北作为优先开发区块，洞庭 - 湘中地区区块已纳入国家页岩气开发利用规划。通过研究，湖南省境内 3 个有利勘探区浮出水面，分别位于涟源、桑植和石门。

(2)湘西北首口页岩气钻探井

位于张家界市慈利县的慈页 1 井是湘西北地区的第一口页岩气预探井，这是中国地质调查局油气资源调查中心在湘西北地区部署的第一口页岩气预探井，设计井深 2810m，于 2013 年 12 月 26 日开钻，钻探工作由湖南省煤田地质局第一勘探队承担。中国地质调查局油气资源调查中心 2014 年 4 月 28 日发布的数据，该井已钻至井深 2615m，部分井段层段见气测异常，显示出较好含气性。在现场实验室对慈页 1 井取出的第一筒页岩岩芯解析气进行点火并获得成功，这直接证实了湖南西北地区页岩气的存在。该井的成功钻探对湘西北地区的龙山、保靖、花垣、桑植、永顺 5 个页岩气招标区块具有重要的引领和指导作用，对推动中下扬子地区页岩气勘探开发具有重要的探索及指导意义。

“湘西北石门 - 慈利地区页岩气钻探工程”属于“全国油气资源战略选区调查与评价项目”中的“中下扬子地区油气资源综合调查与评价”课题。该工程选择湘西北寒武系的页岩地层，开展页岩气地质调查井钻探，确定重点含气页岩层段，获取系统的页岩气参数数据资料，深入研究主要含气页岩层段的岩石、地层和沉积特征以及有机地球化学特征、含气性和分布规律。

(3)湖南省境内涟源市桥头河镇第一口页岩气探井——中石化湘页 1 井探明为大储量页岩气资源，2012 年试验阶段最高日产气超过 1000m^3，商业开采期可望达日产气 2 万 ~10 万 m^3。湘页 1 井的开采将缓解湖南以及周边地区的能源压力。

2.3.4.7 延长石油陆相页岩气开发获突破性进展

2012 年 2 月，国内第一口陆相页岩气水平井——延页平 1 井完井后与延长设计院顺利完成交接。我国重要含油气盆地鄂尔多斯盆地伊陕斜坡构造上第一口页岩气水平井——延页平 1 井在陕西省延安市甘泉县下寺湾完钻，标志着我国陆相页岩气勘探开发取得新进展。该井由延长石油集团自主设计施工，于 2011 年 11 月 22 日开钻，2012 年 2 月 2 日完井。该井最大井深 2344m，自 1067m 开始造斜，水平段达到 605m，延页平 1 井钻井完成了设计要求，达到了设计目的。针对页岩地层极易破碎、液相侵入容易造成力学失稳和水平井段失去垂直力学支撑极易垮塌的特点，该公司在施工中采用油基钻井液钻进、分井段优化钻井参数、综合制订井眼轨迹控制方案和强化钻井中的井眼清洁措施，实现安全快速钻进。

在陕西延安召开的全国页岩气资源(储量)评价及相关技术研讨会上获悉，作为国家首批矿产资源综合利用示范基地之一的陕西延长石油集团，继去年在延安甘泉地区打成中国第一口陆相页岩气井并成功压裂产气之后，又相继压裂6口页岩气井并均获井口气流，标志着我国在页岩气勘探开发技术领域取得了又一个重大突破。

国土资源部组织实施了陕西延长页岩气资源和贵州黄平页岩气资源综合利用示范基地建设。延长石油在鄂尔多斯盆地打成我国第一口陆相页岩气井并成功压裂产气，证实了我国陆相页岩气的存在。截至目前，延长石油集团已完成页岩气井16口，成功压裂7口。到"十二五"末，该集团页岩气规划储量将达到2500亿~3000亿 m^3，年产量5亿 m^3。

2.3.4.8　江西页岩气勘查开发进入实质性阶段

江西省是全国页岩气发展13个重点规划省份之一，页岩气资源丰富。据省地矿部门调查显示，仅赣西北及萍乐坳陷部分层系的页岩气地质资源量为1.18万亿 m^3，可采资源量为0.25万亿 m^3，相当于2012年全省规划利用天然气总量的250倍。

根据江西省页岩气发展目标：到2015年，全省要基本完成页岩气资源潜力调查与评价，力争探明页岩气可采储量20亿 m^3，全省页岩气年产量达到1亿 m^3。

目前，江西省煤田地质局成立了江西省页岩气勘查开发有限公司，这标志着江西页岩气勘查开发将进入实质性阶段。

2012年1月，江西省丰城市湖塘镇萍乐坳陷地区页岩气丰页1井正式开钻。萍乐坳陷是该省页岩气资源最丰富的地区，丰页1井的开钻，将摸清这一区域的页岩气资源储量及为将来规模化开采采集各类数据。丰页1井的钻探期约2个月，设计深度为1000m，实际钻探深度可能达到1200m，这也是该省首口超千米的页岩气调查井。

2013年3月江西省首个页岩气探矿权区块赣西北修武盆地区块已经正式开工勘查，下半年进行施工探井。

国土资源部公布第二轮页岩气探矿权招标结果，江西省煤田地质局的合作企业江西天然气控股有限公司在该省修武盆地页岩气区块中标。

修武区块是全国20个页岩气区块之一，勘探开发面积598km^2，有3000多亿 m^3 的资源量。其中赣西北的早寒武系地层分布范围广、厚度大，分布面积达3400km^2，厚度一般大于100m；富含脆性矿物，易于压裂，岩石裂缝、微孔隙和微裂隙非常发育，可以吸附和储存大量气体，保存条件较好，埋深适中，具备页岩气成藏条件的基本要求。

根据项目实施方案，先期投资10亿元，勘查设计施工11口井，力争2015年出气，打成华东地区第一口页岩气井。同时香港陆海天然气公司、美国哈里伯顿公司等已有合作的意向。

2.3.4.9　江苏省列入国家"十二五"页岩气重点勘探开发区

国家"十二五"页岩气发展规划将全国陆域划分为包括"下扬子"在内的5个大区开展页岩气资源和潜力调查评价工作，建设19个页岩气勘探开发区，江苏与新疆、四川等省市被列为页岩气重点勘探开发区。

江苏省启动编制"页岩气勘查开发利用专项规划(2013~2018)"及"页岩气资源调查评价2013年度工作计划"，这意味着江苏正式起步开发利用页岩气工作。

据国土资源部调查，江苏10万 km^2 的地表之下，分布有3套可形成页岩气的黑色泥页岩层系，是难得的能源宝藏。以江苏为主的下扬子地区与四川、重庆等所在的上扬子地区，处于同一个构造板块，具有一致的发展演化历史和基本相同的沉积层序。江苏的页岩气甲烷含量超过90%。

目前，江苏已被确定为全国页岩气勘探开发的五大优选地区之一，可采资源量约有

1.55 万亿 m^3，在各省市区中排第 6 位；页岩气勘探开发有利区面积 5.07 万 km^2，占全省面积一半，在各省区市排列第 6 位。目前，江苏金湖、兴化、常州、溧水等地均已列入全国重点有利目标区页岩气调查评价，高邮列入全国页岩气勘查示范工程建设。

江苏天然气对外依存度超过 99.6%，预计到 2020 年天然气需求量达 200 亿 m^3。该省初步拟定 20 条勘查路线，主要分布在南京幕府山、六合、汤山等地，钻井深度在 2000m 左右。目前，中石化与英国石油公司合作，初步选择黄桥老区 1000km^2 为页岩气合作意向区块。

2.4　中国页岩气探矿权招标和中外合作

2.4.1　中国页岩气探矿权招标

中国已经将某些含有页岩的地块的页岩气探矿权授予了一些开发公司，包括不少民企已经参与到石油、天然气、页岩气等大型能源项目中来。就页岩气探矿权来说，2011～2012 年，我国已进行了两轮页岩气招标。2011 年 6 月举行的首轮页岩气招标活动给出了 4 个地块供投标，主要位于重庆、贵州等省市，面积共约 1.1 万 km^2。国土资源部邀请了 6 家公司参与投标，分别是中石油、中海油、中石化、陕西延长石油、中联煤层气和河南煤层气开发利用公司。结果中石化赢得了贵州省的南川地块，河南省煤层气开发利用公司赢得了邻近重庆直辖市的秀山地块。2012 年 9 月，中国举行了第二轮页岩气矿权竞标，这一次拿出了 20 个地块，总面积为 20239km^2，分布在重庆、贵州、湖北、湖南、江西、浙江、安徽、河南 8 个省市。与第一次招标不同，外国公司被允许以中方控股的合资公司的方式参与投标，由于有富有经验的外国投资方帮助，使中国的页岩气勘探和生产（E&P）有更大的成功机会。参与招标企业 83 家，最后除安徽南陵页岩气区块因投标企业不足 3 家而流标外，17 家国企与 2 家民企分别中标 19 个区块。经过了第一轮和第二轮的招标，不少民企已经参与其中，也有部分企业中标。第三轮页岩气招标，招标规模或与第二轮相当，区块资源条件或更好。初期的招标区块定在湖南、贵州、四川、云南等省。在第三轮页岩气探矿权招标中，国土资源部主导起草的页岩气储量评价标准规范也已接近尾声，有望于最近公布。为了弥补前两轮的招标结果的不足，预计在第三轮页岩气探矿权招标时会有一些更有利于民企的变化。因为一口页岩气勘探井的成本高达 2000～3000 万元，有的甚至更高，高勘探成本，导致高的风险，这是前两轮页岩气中标区块开发停滞不前的主要原因。为此，国土资源部将采取投资勘探井和提供部分招标区块地质资料的方式，可为中标企业降低成本和规避巨额勘探风险。

截至 2013 年 9 月，第二轮页岩气招标初步统计完成的工作量有野外地质路线调查 5069km，完成工作量的 46%；野外剖面实测约 280km，完成工作量近 59%；二维地震采集处理 1258km，完成工作量约 14%；钻井 5 口，完成工作量不到 3%；分析测试 6750 项次，完成工作量不到 7%。2013 年我国两大石油公司页岩气勘探开采情况较为顺利。中国石油、中国石化两大集团均上调了页岩气开采指标，预计 2015 年两大公司合计开采页岩气量可达 75 亿 m^3，超过全国规划 65 亿 m^3 的目标，这相当于美国页岩气 20 世纪 90 年代末产量水平。对第三轮页岩气探矿权招标会有较大的推动作用。

第三轮页岩气招标依然会向中小型民企开放，为民营资本参与页岩气投资开发提供平等机会。目前，第三轮页岩气招标工作一直在稳步推进中，至今仍未开始，原来计划已经被推迟，原因是能否抛出有吸引力的区块？目前，被认为资源好的优势区块大部分在中国石油和中国石化两大石油公司手中，涉及扩权流转是很难落实的事。由于中国页岩气开发勘探程度低、区块资源情况不清、开发成本高、具有较大的开发风险，这些都是我国页岩气开发面临的制约因素和需要解决的问题，本书将对此进行讨论。

2.4.2 中国页岩气开发过程的中外合作

中国页岩气开发的中外合作工作体现在走出去和引进来两个方面。

已经有多家中国公司开始寻求购买北美的页岩气 E&P 经验，希望能将相关技术移植到中国的页岩气领域中。例如中海油已经建议成立两家注册在美国的页岩气合资企业，一家与切萨皮克能源公司合作，另一家则购买了加拿大的上游公司 Nexen 公司，后者在加拿大阿尔伯塔省有油砂业务，在不列颠哥伦比亚省有页岩气矿，还在墨西哥湾有深水租赁权。中石油与握有加拿大西部 Montney 页岩矿控制股份(还有其他相关资产)的壳牌公司建立了全球联盟，而中国石化也拥有了 Devon 能源公司在北美的五处新开发矿产的三分之一股权，这些矿产分别位于密西西比、尼奥布拉拉、尤迪卡、图斯卡卢萨和密执安盆地。

多家外国石油公司则直接或间接地参与了中国的页岩气业务开发，其中壳牌公司的态度积极。2010 年初，壳牌和中石油就四川盆地金秋致密气区块签署为期 30 年的产品分成合同，壳牌担任作业者。2012 年底，壳牌收购四川梓潼致密气区块权益，并签订为期 30 年的产品分成合同。在该项目的勘探和开发阶段，壳牌持有 90% 参与权益，三菱瓦斯化学株式会社持有其余 10% 的权益。壳牌担任作业者。

2012 年 3 月 20 日，壳牌公司已经与中国石油签署了一份产品分成合同(PSC)，将在中国四川盆地的富顺—永川区块进行页岩气勘探、开发及生产。两家公司对页岩气的开发还处于勘探阶段，暂并未进入实质性开采。2013 年 3 月，中国政府已批准壳牌在中国的首个页岩气产品分成合同(PSC)，壳牌与中国石油天然气集团公司在四川盆地富顺 - 永川的页岩气区块共同勘探、开采和生产页岩气。这也是中国首个正式获批的页岩气产品分成合同。

2013 年和 2014 年，壳牌在富顺 - 永川项目将有大量钻井计划，目的主要是了解地质状况。未来将根据勘探结果制订开发计划。从现有评估看，中国页岩气资源比北美还要多，但地质条件更为复杂，未来还存在寻找其他机会的可能。

其他西方石油公司参与中国非常规油气开发活动的业绩还有：

①雪佛龙公司：2008 年美国雪佛龙公司取得了四川盆地拥有潜在页岩气资源的东北区块的 49% 股权份额。作为与中石化的合作研究项目(覆盖面积 3804km^2)的一部分，雪佛龙已经在中国钻了第一口页岩气井。

②Dart 能源：2012 年 3 月，澳大利亚 Dart 能源与第一轮页岩气竞标中秀山地块的中标者河南省煤层气开发利用公司签署协议，给予这家公司在四个煤层气地块和一个页岩气区块中拥有股份的权利。

③埃尼公司：2011 年意大利埃尼公司与中石油签署了谅解备忘录，双方将合作评估在中国开展非常规油气项目的可行性。

④EOG 资源公司：2008 年 7 月，美国 EOG 资源公司从康菲石油取得了覆盖四川盆地中的川中地块的石油合同的相关权利。该公司已经在 2011 年的第 1 季度钻成了第一口水平井。该地区拥有致密气资源，同时也拥有页岩气开采的前景。

⑤Hess 公司：美国 Hess 公司与中石化签署了一项合作研究协议，对面积为 6880km^2(170 万英亩)的地块中的非常规油气资源进行评估。

第3章 页岩气生产工艺

3.1 引言

在本书第2章有关资源部分的讨论中提到了世界上页岩油气资源有着广泛而又丰富的存在，但真正能够将它开采出来为人类使用确仅仅只有几十年甚至更短的时间，这和页岩的超低渗透性有关，它意味着滞留在页岩内部的天然气不可能很容易地在页岩内部迁移，使人们对于这一类能源可望而不可即。因此关键问题就取决于页岩油气勘探开发技术的突破。

页岩(Shale)是一种沉积岩，成分复杂，但都具有薄页状或薄片层状的节理，主要是由黏土沉积经压力和温度形成的岩石，但其中混杂有石英、长石的碎屑以及其他化学物质，根据其混入物的成分，可分为钙质页岩、铁质页岩、硅质页岩、炭质页岩、黑色页岩及油母页岩等，其中铁质页岩可能成为铁矿石，油母页岩可以提炼石油，黑色页岩可以作为石油钻井的指示地层。页岩形成于静水的环境中，泥沙经过长时间的沉积，所以经常存在于湖泊、河流三角洲地带及在海洋大陆架中也有页岩的形成。页岩一个重要特性是低渗透性，往往成为不透水层或隔水层。

页岩钻井以水平井为主，从技术层面分析和常规钻井没有本质的不同。过去20年中，各种先进勘探和生产技术的应用对非常规天然气的开发产生了巨大的影响，使得某些气田的产量增加了100%，相关成本降低了25%，非生产性时间的损失则减少了30%以上。水平钻井和裂缝诱发技术方面取得的突破最终使得页岩气开发在经济上具备可行性。尽管有这些技术进步，但页岩气生产的成本通常仍然高于常规天然气的生产，页岩气产品定价在3~4美元/10^6Btu(1Btu=1055J)以上时才能做到有利可图。

页岩的可渗透性在水平方向受到一定限制，在垂直方向更是受到极大的限制。这种低渗透性意味着滞留在页岩内的气体不能很容易地在页岩内部迁移，其迁移活动只有在地质学的时间长度(成百万年的数量级)内才有可能实现。正是由于页岩的低渗透性，商业规模的页岩气生产需要有裂缝存在来提供渗透的可能性。利用天然生成的岩层裂纹生产页岩气虽然已经颇有些年头，但北美天然气产量(其绝大部分来自于美国)只是在最近的5年中由于水力压裂和水平钻井技术的进步才取得了快速增长。水力压裂是用泵将数百万加仑(1美加仑=3.7853L)的压裂液在高压下注入井中，从而在岩层中以人工方式产生新的裂纹。这种技术使天然气或石油能够沿着裂纹进入井孔。水平钻井常用于页岩气井，其水平段在页岩层内的横向长度可长达3000m，以尽可能扩大钻孔与页岩层接触的表面积，如图3-1所示。

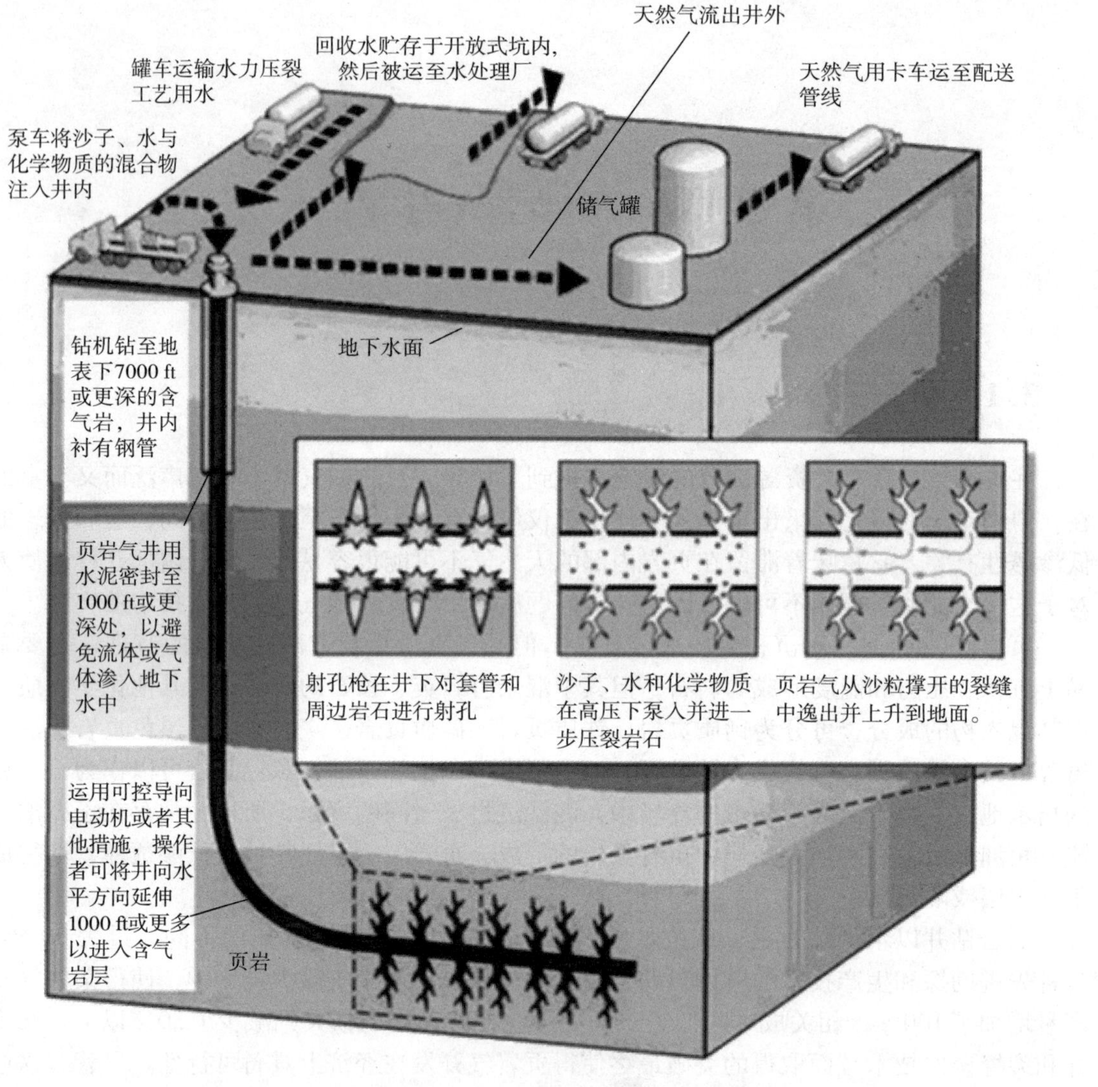

图 3－1　页岩气水平钻井和液力压裂技术的示意图

一旦完成压裂处理后，页岩气储层的形成方式与常规天然气井的生成是一样的。然后用管道将页岩气连通送到下游市场，与来自其他气源的产品完全混同后出售。如果不采用水力压裂，就需要在同一区域内钻许多口常规井，但这种做法往往在地理上不可行或经济上不可取，对于那些经济性本来就较低的非常规油藏来说更行不通。在化学组成上，页岩气一般都是主要由甲烷构成(甲烷成分在90%以上)的干气，不过也有某些气藏是生产“湿”气的。湿性天然气中含有某些较重的烃类，且因可从中提取更具价值的轻烃，后者可用于乙烯裂解的原料，对发展页岩气化工有重要意义。以下是对某些最具创新性、应用最为成功技术的简要介绍[13]。

3.2　地震成像

所有烃类矿藏的勘探、开发和生产都离不开对各种资料信息的评估，从而对地表以下的地质状况形成直观图像或对数据进行解释，增强人们成功选择钻井位置并最终采收更多资源的能力。用来获取此类资料信息的有以下各种技术。

3.2.1 三维(3D)地震

利用3D地震成像和解释技术已经在世界范围内大大提高了钻探活动的成功率。这种技术有些类似于医学领域中所使用的超声分析或核磁共振(MRI)技术。这种技术可提供地表以下地质状况的三维图像，为地质科学家揭示岩石储层的特征性质和以前未能检测到的、滞留在深处的烃类物质。为能在一个较大的面积中以足够的密度来记录数据，必须配置非常多的记录通道，因此3D地震调查是一项比较昂贵的技术。但其优点是能够提供关于非常规天然气矿藏的全面信息，可以更精确地选定钻井位置，并可用来指导水平钻井的过程。尽管3D地震成像技术目前还不能完全避免勘探和开发的风险，但确实能提高非常规天然气开发的商业可行性。

现代3D地震技术已广泛应用于所有的上游生产活动中，包括勘探、开发和生产运行。通过3D数据的加工和成像，可以对储层进行表征和建模，从而更好地策划现场开发过程，设计出采收率更高的项目，甚至跟踪流体在储层中的流动情况。

3.2.2 二维(2D)地震

通过引爆火药或在地表产生一个强烈的振动波后，捕获从地下岩层反射过来的声能信号并由此获取需要的信息资料。各种不同的岩石地层都能以其特征速度正面反射能量波。利用高灵敏度的地震检波器－奇奥风(geophone)能够测得以直线形式穿透地表的信号。将这种信号记录下来并经过加工处理后便能得到地下地质情形的2D解释。

3.2.3 测录井

钻成一口井后，将测量装置连同信号连线设备一起沿着井孔放下，由此得到电子信号并转换成所需的信息。测量装置的读数可以提供钻井所穿透的一个特定区域内的地质条件的详细信息，这里所谓的被穿透区域通常是指围绕井孔1m范围内的区域。通过对从数口测录井所得数据的关联和外延，就能解析出包括井与井之间区域在内的地下地质状况。

3.2.4 四维(4D)地震

通过在一段时间内重复多次进行的3D地震检测所得的信息，对储层特性和流体性质随开发过程的延伸而演变的情况进行跟踪。采用这样的做法，可对流体在储层中的流动加以跟踪和预测。由此可以将井位定在储层中还没有被采尽的区段，从而增加产量和提高采收率。

3.2.5 跨井地震

在一口井的井筒中设置一个地震性能量源，而在另一口井的井筒中记录能量波的增长情况，从而取得所需的信息。这一技术能够提供连续而高分辨率的数据，用于对地层裂痕、裂缝的走向以及储层的连续性和非均相性等进行成像分析。了解流体在储层中的流动情况并检测出妨碍流动的限流或阻隔物体的位置，对于提高天然气的采收率是至关重要的。

3.3 裂缝诱发

从20世纪40年代起钻井工程裂缝诱发(Fracture stimulations)技术就已经在美国广泛使用了。这项技术曾经在油气工业中频繁用来改进油井和气井的生产效能。现代技术的发展使得拓宽的井下裂缝能够用于致密气和页岩气的开发活动。增加地层产生裂缝能力的主要是两项性质：

①地层中含有能够像玻璃那样开裂的硬质矿物材料，如氧化硅等。

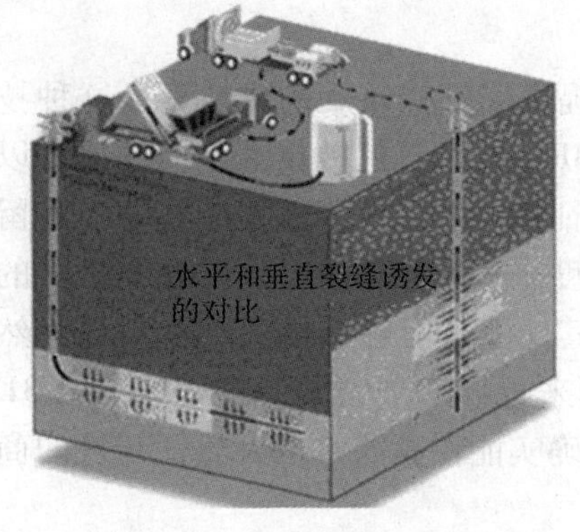

图 3－2　裂缝诱发处理图示

②产生裂缝或有助于裂缝增长的内部空腔压力。

压裂液是一种用来使地层开裂的液体，它还起到输送支撑剂的作用，使得裂缝能保持张开状态以让流体通过。图 3－2 用图示方式对裂缝诱发操作进行了介绍。

裂缝诱发操作包括图 3－3 中所示的 6 个基本步骤：

第 1 步：用泵将少量压裂液打到井下，以充灌井孔并确认井身的机械完整性。

第 2 步：初期注入的液体渗入地层，并在初步施加压力后开始引发储层中的裂纹。

第 3 步：提高压力并注入更多压裂液，使裂纹增长并延伸到地层中。

第 4 步：用泵将压裂液与支撑剂调配成的浆料注入到裂隙中，使裂隙保持张开的状态。

第 5 步：采用黏度足够大的压裂液将支撑剂均匀地运载到裂隙的深处并防止其沉降。

第 6 步：采用化学助剂降低流体的黏度，使压裂液返回，并使地层在支撑剂的作用下封合，同时保持已经生成的裂隙。

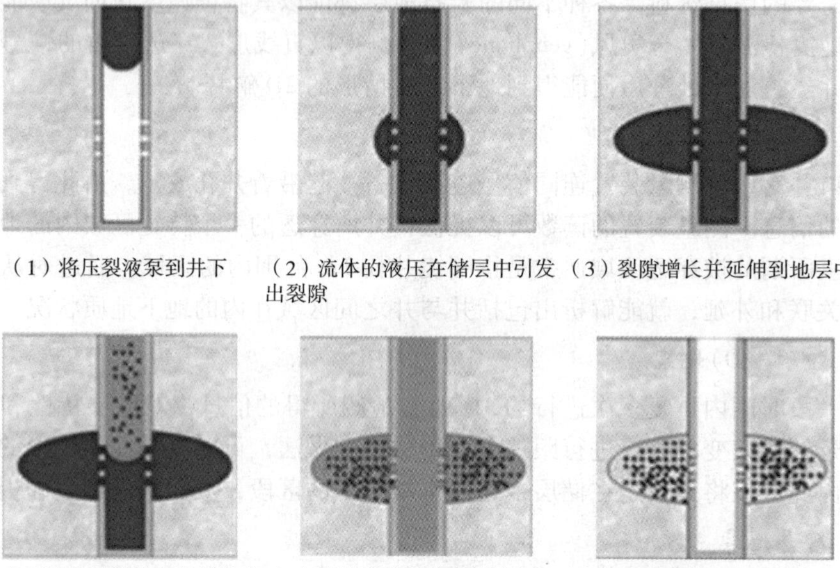

（1）将压裂液泵到井下　（2）流体的液压在储层中引发出裂隙　（3）裂隙增长并延伸到地层中

（4）用黏性流体将支撑剂输送到裂隙中　（5）黏性流体将支撑剂均匀地分布到裂隙深处　（6）黏性流体分解降黏后返流出井，地层为支撑剂所封合并形成伸展很长的裂缝

图 3－3　裂缝诱发操作过程

某些因素可能对裂缝诱发的效果产生不利影响。在进行诱发操作之前，必须对储层的特性有充分的了解，从而能设计出可使裂缝的长、宽、高度都达到最大化的操作程序。如果裂缝伸展到另一地层中，则会降低压裂的效果并产生污染其他地层的风险。

效果不好的压裂液不能将支撑剂输送到裂缝中足够深的地方，而且不能分解使黏度降低，从而容易返流出井。压裂液也可能造成地层膨胀或使裂缝崩塌，因而减少天然气的流量。为确保成功的裂缝诱发处理效果，理想的压裂液必须具备能够满足以下关键要求的特性：

①与地层和储层中的流体性质相容。

②在储层中的温度条件下能保持足够大的黏度，使支撑剂悬浮于其中并被输送到裂缝深处。

③在地层中压裂液的损失量必须很小。

④摩擦造成的压力降较小，因而能很容易地泵入到井孔中。

⑤能很容易地从地层中抽出且不破坏支撑剂和地层的结构。

⑥配制方便，使用安全。

⑦合理而又较低的使用成本。

有许多种类的压裂液可供选择。最早的裂缝诱发试验是在 Hugoton 的石灰岩质气田中用凝固汽油来进行的。到 20 世纪 60 年代中期，对低渗透性的天然气井普遍使用成本低廉的水作为压裂液。70 年代初期，开始应用能够载送高浓度支撑剂的黏性流体，此后在 80 年代则使用线性聚合物配制的水凝胶。90 年代中出现了用交联聚合物配制的水凝胶，而最新的成果则采用了滑溜水与交联水凝胶的组合压裂液(a combination of slick water and cross - linked gel)。滑溜水(slick water)也有称减阻水，是清水压裂页岩气开发常用的一种压裂方式，即采用添加一定减阻剂的清水作为压裂液。这种压裂液的主要成分是水，以及很少量的减阻剂、黏土稳定剂和表面活性剂等，常见的压裂液体系是清水，在其中加入了聚丙烯酰胺降阻剂或低浓度的线性胶。国外实际的页岩气压裂滑溜水的降阻成分还是比较复杂的，除了有良好的清水摩阻降阻性能，另外一个重要特点就是速溶，要求配置非常方便。

受大量开采页岩油气的影响，北美地区油田化学品行业已成为受益最明显和发展最快的终端市场，上述水力压裂法需要使用大量的压裂液就是一个典型的案例。许多公司已加大在北美地区油田化学品领域的投资力度，2013 年，美国苏威公司斥资 13.5 亿美元收购北美油田化学品供应商 Chemlogics 公司，将油田化学品业务视为公司快速发展的重要业务。

3.4　液力压裂

3.4.1　技术概况

在致密气和页岩气矿藏中，利用天然裂缝和液力压裂是提高生产效率并使采收率最大化的理想方案。裂缝能使地层产生所需的压力降，从而帮助天然气流入井孔(任何以勘探或采收为目的而钻的孔洞)。构成非常规天然气矿藏的某些地层中已经有天然生成的裂缝，这种裂缝是由其上叠压的岩石施加的超大压力或因地壳的大陆板块运动而形成的。但由于应力负载的诱导，天然裂缝往往集中在某个特定的方向上或与之相平行，而且裂缝的排布常常不是连通到储层基体的所有各部分的，这样就限制了最终可以采收到的天然气的量。为了提高储层基体的连通程度并改进其排流效果，可以通过液力压裂技术来人工生成新的裂缝。

在液力压裂技术中，将流体增压到 55.2MPa(8000lbf/in^2)，然后用多台泵车联合工作将压裂液注入到地下的岩层中。每一次压裂操作需要注入数百万加仑的水。注入岩层中的液体通常是水、支撑剂和化学助剂配制成的混合液，有时也加入凝胶、泡沫和压缩气体等其他物质。从事页岩气开发的上游厂商一般都非常严格地对其压裂液配方保守秘密，而且美国法律也不要求厂商透露其混合压裂液的确切成分。混合液中所用的化学助剂是因地制宜用来使注入地下的物料与当地特定的地质条件最相适应并加强操作效果的，因此，上游公司可能在每口井上都使用不同的混合液配方。典型的压裂液配方是约 90% 的水、9% 的支撑剂和不到 0.5% 的化学添加剂。天然气生产厂商在压裂操作中有时还使用含有天然放射性矿物的砂粒作为支撑剂，以便确定沿井孔分布的微小裂缝的数量。

施加在岩层上的压力逐步增加，最终将超过岩石的抗张强度。此时岩层将沿着大致与最小应力方向相垂直的平面裂开，裂痕的长度可达到从井孔位置向周围散发到接近915m(3000ft)的距离。裂缝的尺寸在最接近井孔处可大到6mm(0.25in)，但随着其延伸到远处而渐渐缩小。支撑剂可以是氧化硅砂粒或用树脂包裹的沙粒抑或是人造陶瓷，其作用是在液体的压力释放后仍停留在裂隙中将其撑开，其种类取决于岩层的渗透性或对颗粒强度的要求。图3-4显示了两口穿透非常规天然气目标矿藏的竖井及其中的压裂操作。由此可以看出，通过岩层的压裂，为其中所含的气体提供了额外的通道进入井筒中，从而增加产量并提高最终采收率。

图3-4　竖井的压裂诱发操作

3.4.2　**环境影响**

在美国，公众对页岩气钻井活动的环境影响的担忧包括有对地表水的污染、空气质量受影响的风险、瓦斯气和液力压裂液中化学物质扩散到地表的影响以及可能发生的废弃物处理不当事件等。

其中水质污染在美国是远比其他事件更为引人注目的问题。尽管液力压裂是在地下深处进行的，其深度远远超过饮用水源的抽出点，但仍然发生过现场压裂操作所使用的水进入邻近居民点的地表水的事情。水污染可能通过不同的途径造成，包括水储存及管理不当、跑料等或因井身密封不善而导致喷料等原因。

3.5　水平钻井和分支钻井

这项技术的实质是在钻一口或多口井的同时控制其方向偏离垂直方向。尽管井孔通常都是沿垂直方向开钻的，但有些时候沿偏离垂直方向的一个角度来钻井往往更有利于储层的采出。如果井孔偏离垂直方向超过80°，就称之为水平钻井技术。传统的导向钻井和最新的水平钻井技术之间的差别在于，现代水平钻井技术能够在几英尺的距离内从垂直方向转过90°，而传统的定向钻井却需要长达610m(2000ft)才能使井身实现直角转弯。

大多数非常规天然气储层都是在水平维度上伸展到更大的面积超过其在垂直维度上伸展到更大的厚度，因此钻一口井并使之在与储层底面平行的井身长度方向与储层相交，便能使更大的储气岩层表面与井孔相接触，从而提高气井的产率和经济效益。

为了引导钻井的行程，我们将井下仪器装置设置在钻具上靠近钻头的位置，以便将各种传感器读数传递给地面上的操作人员。这种名为随钻测量(Measurement While Drilling, MWD)的井下测量仪器能够提供多种读数，包括钻头前进相对于正北的方位角(地平精度)和相对于垂直方向的角度(倾角)，使钻井机组人员能够随时确定钻头的x、y、z坐标。利用安装在紧靠钻头上方的井下方向可控电机，便可以在钻井过程中控制井身的行程。

3.5.1　**水平井**

水平井可分为三种主要类型：短半径型、中半径型和长半径型。短半径水平井技术能实现角度最小的快速转弯，特别适用于非常规天然气矿藏的开发，因为采用这种技术可以从现有的竖直矿井向外继续钻进，从而收集还没有采尽的天然气。最新一代的水平钻井技术能够建成最长、最深、定位最精确的多层井孔(多层面钻井)，用于尽量开发具有天然裂隙的岩石储层或用来完善液力压裂技术的成果。

中半径和长半径型技术指的是转弯的曲率半径在300~4500ft(90~1370m)范围内，通常用于地下的钻达目标和地上的井口位置距离较远，或从单一的海上钻井平台向外周方向打孔以达到采用竖直钻井方式无法靠近的位置。其横向井段长度可达数千英尺，从而增加井身的排流半径，并减少为提高最终采收率而需要的井孔数目。

在水平井内进行液力压裂的概念与竖直井中的情况不同，具体如图3-5所示。由于天然气储层的长度方向总是大于其宽度方向，所以水平井孔穿透岩层的长度也比较长，因而裂缝能够接触到更大的目标区段面积，由此提高了天然气进入井孔的流量。

根据美国经验，水平井的日均产气量及最终产气量是垂直井的3~5倍，产气速率则提高10倍，而水平井的成本则不足垂直井的2~4倍。因此，水平井的推广应用加速了页岩气的开发进程。由于页岩气发育规模较大单口井的控制可采储量高(可达6000万m^3)，采取措施后的单井日产量可达3万m^3，容易实现30~50年的稳产时间，因此能达到相对高产的经济价值。

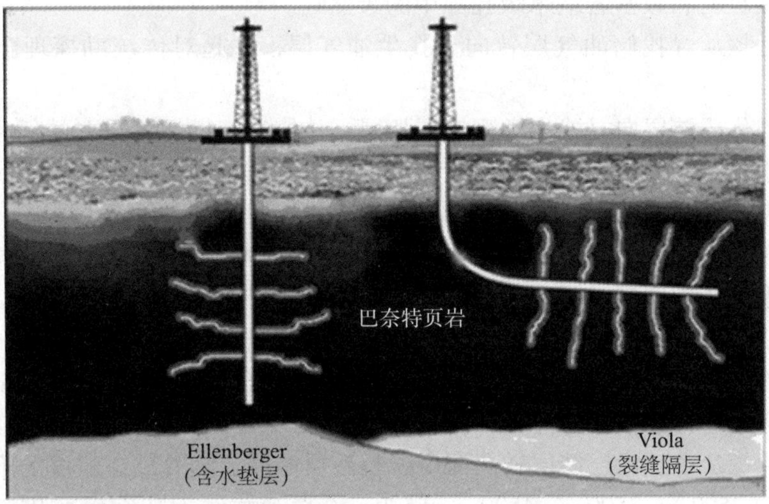

图3-5 水平井的液力压裂

3.5.2 多分支井

分支井钻井的目的是通过增加与储层接触的面积来提高单口井的生产效率，同时通过减少所需井孔的数量来降低对环境的影响。这种类型的井对于使井孔穿透岩层并和天然裂隙相连通是特别有利的。分支井钻井的结构可以是简单的两个分支井孔，也可以是如图3-6那样的许多井孔在一个平面扇形上构成的复杂组合。通过应用分支井钻井技术，气井组可以有效地抽采储层中各个区段中的天然气，而不再需要另外钻很多的气井，从而使对环境的影响以及人类活动的碳足迹降低到最低程度。

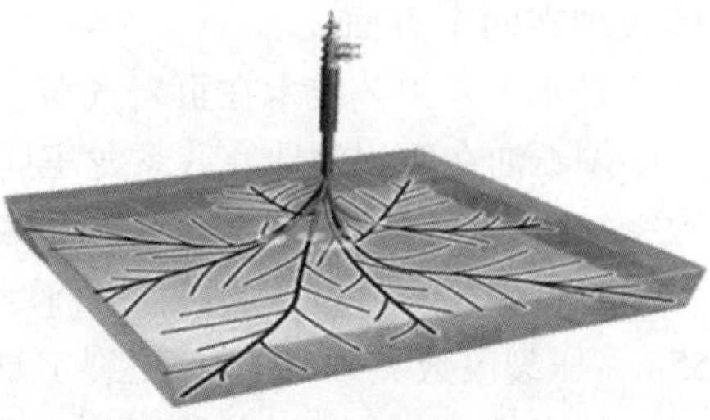

图3-6 分支井钻井

3.5.3　其他

除了上面所讨论的改变钻井工业步骤的应用技术之外，其他一些核心技术的改进也使得上游能源工业能够继续通过应用现代化的钻井器具、优化井位布置和采用新的钻头设计结构等方法来提高成本效益水平。不仅如此，信息技术、数据整合和遥感等方面的进步也被综合起来用于控制运行成本。

3.6　赶超世界非常规油气勘探开发技术的高水平

和世界非常规油气勘探开发技术的高水平比较我们还存在很大差距，需要加大各方面的投入，尤其是科研开发方面的投入，以便迅速赶上世界先进水平。

3.6.1　页岩气革命颠覆了传统的石油理论，带来技术和理论上的突破与创新

这方面具体表现在以下几个方面：

一是水平井分段压裂等核心技术的广泛应用，突破了传统油气成藏理论有效储层下限，使原有的低勘探区难动用资源得到有效动用。现在石油工作者已开始利用纳米级测试分析技术，寻找隐藏在页岩和致密岩纳米级孔隙中的天然气。

二是油气勘探从寻找储油气层转向寻找生油气层，这是对传统勘探理念和理论的巨大挑战。

三是从寻找优质储层向寻找多类型储层拓展。传统油气勘探最重要的任务就是寻找优质砂岩和碳酸盐岩孔隙性储层。现在，储层评价理念已突破了孔隙度和渗透率羁绊，更加关注储层的含油气性。

四是油气勘探从高点转向下凹(洼)领域、从局部构造圈闭转向大面积岩性和全盆地领域。传统油气理念认为油气以局部构造圈闭为储集单元，这些单元自然成了勘探的靶区。但在非常规油气勘探中，地质工作者却在传统构造负向区找到了规模油气聚集，其分布范围远远超出原有的构造圈闭。这些成功的勘探实践改变了传统“高点找油”理论，让“富油洼陷”、“富含油斜坡”及“盆地低部位”岩性油气藏进入人们的视野，解放了很多勘探禁区。

五是油气勘探从中、深层储层转向深层、超深层储层。随着勘探程度的不断加深，传统油气理论划定的2500m、3500m、4500m、5500m孔隙死亡线不断发生变化，目前，塔里木盆地、四川盆地碳酸盐岩、碎屑岩勘探深度已延伸至8000m以下。

3.6.2　我国在非常规油气资源勘探开发技术方面取得了一系列发现和突破[14,15]

经过多年的探索和实践，我国石油企业在非常规油气资源领域取得一系列发现和突破，具体表现在两个方面：

一是水平井工艺技术在页岩气藏、致密气藏开发中初步实现规模化应用，开发效果不断增强。中国石油在四川盆地寒武系龙王庙组、震旦系灯影组，中国石化在浊积岩致密油藏、大牛地致密气藏、川西新场沙溪庙致密气藏，都是通过水平井工艺技术获得高产工业油气流的。

二是钻完井和分段压裂技术水平大幅提升。目前我国油企施工的水平井水平段最长达到2055m，压裂段数突破20段；压裂工具自主研发成效显著，套管射孔管内封隔器+滑套压裂工具完全国产化，水力喷射分段压裂工具也实现国产化，裸眼投球滑套、泵送桥塞已在现场应用，效果良好；胍胶替代产品、滑溜水压裂液、油基钻井液等材料已进入现场试验阶段；3000型压裂机组及储液罐等辅助配套设备研制取得阶段性进展；裂缝检测等配套技术也日趋成熟。

三是随着国内页岩气开发的进展，在一些大型的页岩气田上不仅管理水平有所提高，在技术上也有重大突破。中国石化围绕涪陵页岩气田一期产建工作目标，在气田开发力度不断加大、压裂试气任务十分繁重的情况下，为了大幅提高压裂施工时效，实现平台规模效益开发，该公司积极探索实施“井工厂”压裂模式，即在一个平台上集中对多口井进行压裂作业，以密集的井位形成开发“工厂”，流水线式集中压裂，2014 年 8 月在涪陵页岩气田焦页 42 号平台由 38 台压裂车对最大规模的 4 口井“井工厂”进行同步交叉压裂施工并取得成功。具体是将焦页 42 号平台 4 口井的 4 个水平段分成 75 段，开展两套机组同步交叉压裂作业，创造了国内页岩气单平台压裂连续压裂施工段数最多(75 段)、总加砂量最多(4321m^3)、总加液量最多(13.3 万 m^3)、平均单井压裂周期最短(4.25 天)，以及单日压裂施工段数最多(8 段)、单日加液量最多(1.29 万 m^3)、单日加砂量最多(339m^3)7 项施工纪录，提高施工效率 50%，减少压裂车辆动用 35%。此次成功施工开创了国内页岩气开发先河，标志着该气田“井工厂”压裂技术日趋成熟，管理水平日益提高，为页岩气田的高效开发提供了有力的技术支撑，在页岩气田开发工程中具有里程碑示范意义。

3.6.3　与世界先进水平相比我们尚存在很大差距

经过 30 多年的发展，以美国为代表的北美地区非常规油气开发已经形成了成熟的水平井分段压裂技术系列，创造了多项分段压裂工艺世界施工纪录：裸眼封隔器 + 滑套压裂技术最高施工纪录超过 90 段；泵送桥塞分段压裂技术最高施工纪录超过 40 段；套管射孔管内封隔器 + 滑套分段压裂技术最高施工纪录超过 42 段；连续油管环空加砂压裂技术最高施工纪录超过 43 段。目前我国的分段压裂施工最高记录在得到国外石油公司技术服务下仅为 20 多段。

我们在非常规油气领域的基础研究还很薄弱，压裂工具、材料、配套设备的国产化、自产化程度低，主体技术尚未成熟，配套技术尚不完善，工程成本居高不下，难以满足实际的生产需求。这一切既反映了我国在高新材料、精工制造等基础工业领域与国外先进水平的差距，又折射出我们的技术攻关工作有待进一步提升，需要全方位开展非常规工艺理论的技术攻关、试验及推广。

以页岩气革命为代表的非常规油气理论技术创新，正在推动世界石油工业新的科技革命。目前全球除了美国外中国也正在快速进入非常规油气战略的突破区，非常规油气产量占总产量的比例将得到提升。

必须清醒地认识到，我国常规石油工业体系基本成熟，但与之协同发展的非常规油气工业化体系尚未全面建立，还面临多方面的挑战。与北美页岩气商业化开发相比，我国页岩气大开发尚存在资源、技术、理论、基础管网、产业链及政策等多方面的差距。

要想在较短时间里实现技术赶超，需要加大各方面的投入，尤其是科研开发方面的投入，同时相关政策支持必不可少。美国政府对页岩气的开发和利用实施税收优惠并给予一定补贴。相对而言，我国对页岩气的开发和利用还缺乏系统性支持，包括缺乏合理的战略规划及配套战略规划的支持政策；需要加快天然气管网建设，并在天然气消费市场附近和管道沿线配套兴建大型地下储气库、接收站等调峰设施，形成点线互联的天然气输配气管网，实现资源多元化、供应网络化、调配自动化的多气源、多用户供应格局，在这方面进行系统和持久的努力是十分必要的，绝对不能因一时、一处遭遇到失败和挫折而退缩。

寻求对外合作是加快非常规天然气开发的重要途径。壳牌、BP、道达尔、斯伦贝谢、哈里伯顿等大型油气公司及服务公司都参与了北美非常规油气的勘探开发，积累了丰富的经验。我们应该针对非常规气勘探开发中的关键技术，依托重大攻关试验，与这些先行者开展广泛的合作与交流，实现互利共赢。

第4章 页岩气化工对石油化工经济产生的影响

页岩气革命已经对全球石油化工经济尤其是美国、加拿大等国开始产生重大影响，这种影响将随着在更多国家和地区成功开发页岩油气资源后得到进一步加强。页岩气主要成分是甲烷，逻辑分析页岩气化工应该属于一碳化学也就是常规天然气化工的范围，即一方面由于页岩气革命的成功促使天然气产量增加和价格下降，从而推动了美国甲醇工业、化肥工业和天然气制氢等一系列化工业的复苏，但更主要的是另一方面它为北美石油化工业提供了大量廉价的乙烷和轻烃（主要从湿气中分出），后者带来了巨大的化工原料成本优势。导致北美化工行业的活力增强，竞争优势地位更加稳固，出现乙烯、氯碱、甲醇新一轮投资热潮，尤其是乙烯工业的复苏和发展。

4.1 引言

4.1.1 传统的以石脑油为裂解原料的石化工业正遭遇到页岩气化工和近代煤化工的冲击

近年来传统石化工业在经过一定的发展以后，当前正（即将）遇到页岩气化工（现代煤化工）的严重冲击。

纵观全球化学工业，由于受全球宏观经济状况预期改善的影响，2013 年全球化学工业已有所恢复增长，亚洲将继续担当化学工业增长的引擎，亚太地区（日本除外）的化学品产量 2013 年增长 8%。其中中国等市场的石化产品需求激增正在不断改变着化工行业发展的周期性特点。2012 年全球基础化学品需求仅增长了 2.7%，但中国占到全球基础化学品需求增长部分的 60%。中国和印度作为亚洲地区两个最大的经济体，也是世界人口最多的两个国家，其化学工业在 2013 年有上佳表现。

受需求成长性好的带动，大量石化新建产能还在一些新兴国家建设。据相关机构预测，到 2015 年，中国乙烯总有效生产能力将达到 2700 万 t，即今后 3 年中国将新增乙烯产能 1000 万 t。到 2015 年，中国乙烯的产量将达到 2500 万 t 左右，年均增长率超过 11%。未来几年，东南亚、南美以及俄罗斯等市场成长较快地区的乙烯及衍生物产能也将快速增长。预计到 2018 年，世界基础化学品和塑料树脂产量将超过 9.5 亿 t，平均年增幅 5%。

总之，自 1990 年以来，全球基础化学品和塑料树脂的需求以年均 4.5% 的增速不断扩大。受欧债危机以及中国宏观经济放缓影响，2012 年全球石化产品需求增速明显减慢，但有预测，到 2014 年全球基础化学品和塑料树脂需求增速将反弹至 5.8%，之后随着需求成熟而再次放缓。

中东地区化工产能将继续扩大，但是扩能重点将从基础化学品转移至高附加值的下游产品；另一方面，随着乙烷等轻烃原料供应紧张和成本不断上升，加之中东地区一些新建项目推迟及原有设施关闭，中东石化产品价格将受到影响。据有关机构预测，2013 ~ 2016 年，海湾合作委员会(GCC)地区的石化产品产量有望增长 12%，2016 年该地区的石化产品产量将达到 1.444 亿 t。GCC 地区目前的乙烯年产能为 2450 万 t，占全球总产能的 16%。2016 年之前该地区还将继续有新增乙烯产能。

美国化学委员会(ACC)宣称，近年美国来在页岩气相关的化工项目方面已投资达千亿美元，有关新建、扩建和技术改造项目 148 个，这些项目在 2023 年前将给美国化工业增加 810 亿美元的产值以及 63.6 万个永久工作岗位，同时页岩气产业也带动了相关制造业的发展。在乙烯裂解资源方面，主要表现为北美的乙烷过剩，从 2007 年开始北美石化企业一方面将封存的乙烯装置恢复生产，同时加快扩建和新建乙烷裂解装置，目前美国 90% 的乙烯产自于轻质原料，其中 60% 以上是乙烷。在 2016 ~ 2018 年预计有 8 套世界级规模的乙烷裂解装置投入运行，每套装置需乙烷 8.5 万 ~ 9 万桶/a，所增加的乙烷大部分来自于马塞勒斯(Marcellcus)和尤蒂卡(俄亥俄州东北部的尤蒂卡/Point Pleasant 页岩区)页岩区(Chem. Week，March 19，2013)。IHS 咨询公司《2014 年世界乙烯分析》报告指出，美国页岩气生产得到的廉价乙烷推动了乙烯生产商投资改造和新建裂解装置。乙烷是价廉物美的裂解原料，成本仅为石脑油的 30% ~ 40%，且乙烯收率高达 82%，预测一批在 2016 ~ 2018 年间投产的乙烷裂解装置，将得到更好的利润。2017 ~ 2025 年美国乙烷裂解乙烯的生产现金成本将为 810 美元/t，同期预测东南亚国家石脑油裂解乙烯的生产现金成本为 1281 美元/t，充分说明了上述乙烷为原料的乙烯装置有良好的现金成本优势。2007 年来，美国石化企业在加快乙烷裂解装置建设的同时，对原有的裂解装置实施原料轻质化改造。例如，巴斯夫道达尔石化公司去年完成了蒸汽裂解装置的原料适应性改造，使这套装置 40% 的乙烯生产来自乙烷。2013 年 3 月，埃克森美孚化工公司计划对贝城的炼化一体化基地进行扩能，新建一套 150 万 t/a 的乙烷裂解装置和两套各 65 万 t/a 的聚乙烯生产装置。雪佛龙菲利普化学公司(CPChem)管理委员会计划建一套 150 万 t/a 的乙烷裂解装置，预计 2017 年竣工。目前一般新建以乙烷为原料的乙烯裂解装置规模都比较大，产能为 120 万 ~ 150 万 t/a。表 4 - 1 是美国部分拟建和扩建的以乙烷为原料的乙烯项目[16]。

表 4 - 1 美国部分拟建和扩建的以乙烷为原料的乙烯项目

公司	产能/(kt/a)	投产日期
雪佛龙菲利普斯化学	1130	2016 ~ 2017
索萨	1000 ~ 1400	2015 ~ 2017
壳牌	900	2016 年后
台塑	790	2015 年后
利安得巴塞尔	650	2012 ~ 2014 年
	110	2015 年
	>110	2015 年后
	360	2015 年
陶氏化学	360	2012 年 4 季
	1890	2014 ~ 2017 年
威廉姆斯烯烃公司	279	2013 年 3 季
西湖化学	100	2012 年

续表

公司	产能/(kt/a)	投产日期
英力士	100	2013 年
	1350	2018 年
埃克森美孚化学	1500	2016
合计	>10620	

注：根据美国“Chemical Week”2011~2012 年报道汇总。

近年来，美国三种类型的化工公司获得好的投资回报，其中发展势头最好的化学公司是在页岩气开发中获得较多利好的公司，例如利安德巴赛尔(LyondellBasell)、西湖化学(Westlake)和亨斯迈化学(Huntsman)等。同时，与美国房地产市场有紧密联系的公司表现也比较好，比如部分涂料生产企业。此外，利润继续增加的一些专用化学品企业前景可期。

在化学品的生产中，原料占整个现金生产成本中的主要部分，因而不能提供有竞争力原料的化工生产装置将面临关闭。日本和欧洲的情况就反映了这一点，如日本石油化学工业协会发布的统计数据显示，由于石脑油乙烯生产成本缺乏优势，2012 年日本乙烯装置产能利用率仅为 82.3%，乙烯产量为 614.6 万 t，为 20 年来新低，产量比 2011 年减少 8.1%。近几年来，由于日本市场需求疲软，加上来自中东和美国这些具有低成本原料的同行竞争，日本化工公司最近纷纷选择关厂。住友化学公司宣称将关掉一套为几个下游装置供料的老乙烯裂解装置，宇部工业公司则将关停位于大阪附近堺市的一套已内酰胺生产装置。此前，三菱化学公司也表示，受预期需求疲软的影响，于 2013 年永久性关闭位于日本鹿岛的年产能为 37.7 万 t 的 1 号石脑油裂解装置，并永久性关闭当地的 1 号纯苯生产装置。三菱化学公司称，未来几年日本乙烯年产量还将进一步降至 500 万 t。

受欧元区债务危机持续恶化影响，2012 年整个欧洲化学工业表现不佳，全年化学品产量预计比经济衰退前水平低 8%。欧洲化学工业委员会表示，为解决主权债务过高的问题，欧盟各国已经采取了经济紧缩计划，这将对化学品需求产生负面影响，2013 年欧洲化学工业除个别行业或有亮点出现，整体仍难有抢眼表现。

4.1.2 为了提高石化工业竞争力必须使用有价格竞争力的原料

在当今欧洲为了提高化学工业的竞争力，一个方向就是寻找能提供有竞争力的原料。由于美国国内乙烷等需求疲软，北美以外的生产商已开始拓展乙烷海外市场，如马塞勒斯的乙烷生产商已将乙烷销售到加拿大和英国、欧洲一些乙烯生产商，瑞士的英力士公司(Ineos)、意大利 Versalish 公司、奥地利 Borealis 公司都考虑引进美国乙烷作为裂解原料。

目前美国乙烷等轻烃出口课题已经引起广泛注意，这是国际石化业的一个很重要的动向。2014 年 6 月在休斯敦召开的 Benposium 大会上 Bentek 能源公司表示了这样的信息，美国包括乙烷、丙烷和丁烷在内的天然气液体出口量将从当前的 48 万桶/d 增加至 2019 年时的近 150 万桶/d。虽然一旦美国墨西哥湾沿岸和东北地区计划中的乙烷蒸汽裂解装置在 2017 年和 2018 年陆续建成投产，美国国内天然气液体需求也将出现增长，尤其是乙烷需求。但当前美国乙烷产量水平很高，因此未来 5 年内乙烷的价格仍将保持较低价格，预计 2019 年前将维持在低于 50 美分/加仑水平。实际上目前美国乙烷已经严重过剩，30% 都要回注，因此未来 3 年乙烷过剩量预计将会从目前的 1500 万 t 扩大到 6500 万 t，唯一的途径可能就是出口。据美国能源安全分析公司最新研究报告显示，受页岩气产量快速增加的影响，美国新建天然气凝析液(NGL)分馏产能得到大幅增加，2013 年美国 NGL 分馏能力约 260 万桶/d，比 2012 年增加 57.5 万桶/d。2013 年美国乙烷剩余产能达 6 万桶/d，该报告称，即便对现有乙烯装置进行改造后能加工更多的乙烷原料，2013 年美国乙烷供应过剩的局面也要比 2012 年更加严峻。供应过剩将令美国乙烷价格继续疲软，从而对石化工业形成利好局面。同时，美国分馏能力和输送至墨西哥湾沿岸的 NGL 管线输送能力的大幅提升，将令美国生产出更多的乙烷产品。2013 年，美国乙烷产量达到 111 万桶/d，比 2012 年增加 12.5 万桶/d，因此从资源角度分析，将乙烷出口设想是有资源条件的。

近年来，美国丙烷一直都在出口，出口丙烷前期投入比较小。但如果出口乙烷前期投入很大，估计需要新建基础设施 7.1 亿美元，是丙烷的 2 倍。同时要新造专用冷冻运输船(单船高达 1.2 亿美元)。由于美国丙烷过去几年出口量大幅增长了接近 3 倍，其价格和全球逐步接轨，导致乙烷与丙烷价格比从 2012 年初的 75% 下降至目前的仅为 30%。相比之下，目前乙烷出口套利空间预计是丙烷的 5 倍以上，有望将成为美国未来轻烃出口的主力军。美国乙烷出口的第一步可能将是欧洲，和油头路线相比，欧洲乙烯装置用美国乙烷作原料的生产成本可以下降 363 美元/t，因此进口乙烷作为乙烯裂解原料的经济效益很好。2013 年英力士公司已经从美国进口了 100 万 t 乙烷，2014 年欧洲已有 4 套装置改造成乙烷进料，预计总计可以消耗乙烷 400 万 t/a。如果欧洲全部另外 21 个沿海的炼厂都改造成乙烷进料，则预测总计乙烷需求可以达到 1000 万 t/a。据了解，全球第一份美国乙烷出口合同——英力士公司进口美国的页岩气，用于其位于英国格兰茅斯(Grangemouth)的石化厂和位于挪威拉夫内斯(Rafnes)的乙烷原料裂解装置。运输方案是从丹麦气体运输商 Evergas 租赁了 6 艘 2.75 万 m^3 LNG 船，这将有利于英力士公司长期以优势价格从美国采购乙烷。据此，Evergas 公司将原与总部设在上海的“太平洋海洋工程公司”合同订造的 3 艘该型新船，现在已相应增至 6 艘。此外，我国上海江南长兴重工也能制造大型 LPG/LNG 运输船。这说明了我国上海已经能够制造全球最大型、最先进的多用途气体运输船，可同时运输液化天然气(LNG)、液化石油气(LPG)、乙烯、乙烷等石油化工气体。目前这批船只在上海太平洋海工正按计划建造中，未来将为英力士公司的乙烷运输提供更具灵活性的解决方案。据说这批双燃料船将在“Tier III 型”主机上使用 LNG 燃料，符合未来低排放和低耗能的国际标准，先进的设计使该型气体运输船兼具高效性、高灵活性，继续保持长久的市场竞争力。对于从美国向亚洲出口轻烃问题，实际上日本已在规划之中，预计美国 LNG 有可能从 2017 年前后开始出口到日本，从目前价格看，美国产的 LNG 价格 4 美元/10^6Btu 左右，加上液化和运输增加 6 美元/10^6Btu 成本，预计未来日本从美国进口的 LNG 价格为 10 美元/10^6Btu(作者注：从美国墨西哥湾到远东的海轮航线一般有两条航线可走，走非洲好望角比较远，运费高，但风险小，如图 4－1。还有一条走巴拿马运河，可能是今后比较有希望的一条航线。100 年来，巴拿马运河为全球能源经济和贸易做出了重要贡献。巴拿马运河的存在，使得从亚洲到美国东部的海上航运更加便利，每年由美国东部港口如休斯敦、纽约、诺福克、波士顿等地出发，经由巴拿马运河开往中国的船只至少达到 500 多艘。当前，美国凝析油对日本等地的出口运输中，日本载重 7.6 万 t 的油轮 BW Zambesi 号货船由新奥尔良港口装船，借道巴拿马运河，将凝析油运往日本。如果耗资 52.5 亿美金的巴拿马运河拓宽工程完工，实行商业开放，装载百万桶原油的油轮将可以通过巴拿马运河，使得来自非洲西部的石油和其他矿产资源可以直接运往中国。对中国而言，制成品从中国运到美国东海岸的成本将降低约 30%)。2012 年日本进口天然气的平均价格 17 美元/10^6Btu(日本能源经济研究所调查数据)，如从美国进口价格可降低

4 成[17]，这对我国石油化工界来讲是一个很重要的信息。当然，美国天然气出口采取审批制，对亚洲的乙烷出口是否有影响尚需调查进一步确认（1 Btu = 1055J，1kg LNG 热值 50.24MJ，1t LNG 热值相当于 47.62×10^6Btu）。

欧洲已经用了美国页岩气乙烷作为乙烯裂解原料，中国石化业怎么办？

中国石化业近期内要使用国产的乙烷裂解原料是有难度的，考虑到借鉴英国、欧洲一些乙烯生产商引进美国乙烷作为裂解原料的事实，值得中国等以石脑油为原料的国家考虑用进口乙烷来代替部分石脑油作乙烯裂解原料。我国许多大乙烯装置都建设在沿海地区，不少厂如上海石化、镇海石化、茂名石化等已经掌握深冷乙烯罐储存技术（-104℃）和乙烯贸易运输经验，有关 LNG 储存和海洋运输（-160℃）贸易也已经发展到相当水平（详见本书第 5.8 节），但至今我们还没有使用新鲜乙烷作为裂解原料事实。如果能借鉴欧洲一些国家的做法，在价格合理的前提下，可以考虑引进北美乙烷为裂解原料，则对提升中国乙烯工业竞争力也许有所帮助。具体实施这个方案涉及到生产、运输、销售和外贸等多个部门，是一个复杂的系统工程。首先是研究进口美国乙烷的经济可行性，据有关单位初步询价结果，如果走非洲好望角航线，从美国东部墨西哥湾到上海，乙烷运费为 135 美元/t 左右，乙烯生产的现金成本组成中，乙烷原料价格将由 395.7 美元/t 上升到 530.7 美元/t，原料成本上升为 665.5 美元/t，原料净成本为 368.8 美元/t，乙烯生产现金成本为 689.6 美元/t，比石脑油裂解的成本（1086 美元/t）还是低很多，详见表 4-9。建议政府有关部门可先进行项目的预可行性分析研究，以供进一步决策之用。

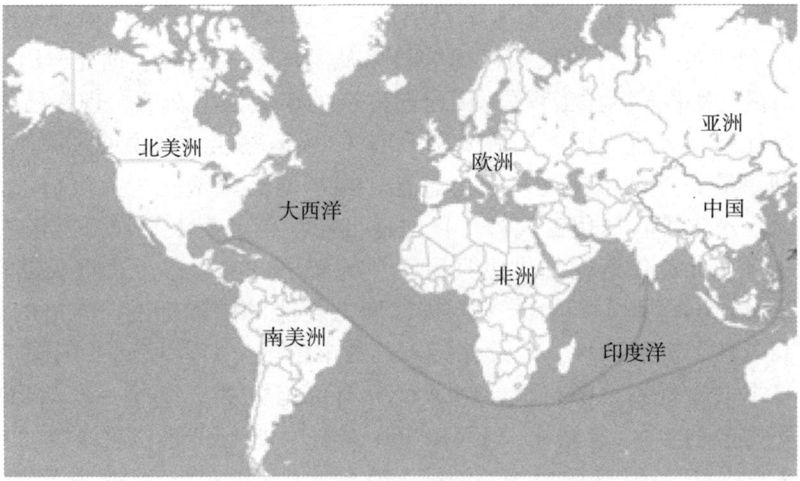

图 4-1　美国乙烷海运航线（走好望角）

另有报道指出，2013 年至 2018 年中国新增乙烯产能 1038 万 t，其中 60% 用煤化工路线生产，传统石脑油路线仅占到 30%，这一组数据说明了一点，就是以石脑油为原料的传统乙烯工业今后将面临着巨大的挑战。日本、欧洲石化工业遇到的问题对于中国乙烯工业及其下游衍生物主要是聚烯烃工业同样也将受到影响。虽然目前页岩气开发我国还处于初创阶段，也没有报道发现大量的“湿气”能提供作为页岩气化工乙烯裂解原料的乙烷，但中国煤化工尤其是一体化煤化工正在迅速发展，这些都将可能成为中国常规石化工业未来的强劲竞争对手，为了提高中国石化工业竞争力就必须研究使用有价格竞争力的原料。

页岩气化工高竞争力主要来源于低的原料成本优势［美国有不少地区，如伍德福德地区

(Woodford)生产含有大量凝析液的“湿气”。通常天然气被称为“干气”，主要成分是大于90%的甲烷，我国目前在重庆涪陵发现的页岩气也属于“干气”，含98%的甲烷]。湿天然气中包含乙烷、丙烷、丁烷和轻烃，美国页岩气中平均含轻烃量12%，最多达到16%[18]，它是页岩气化工的重要原料，用于乙烯裂解过程制取乙烯等烯烃和轻芳烃。表4－2是美国历年来各种不同裂解原料乙烯产量，由表可知，由于页岩气提供了大量的乙烷原料，从2005年起美国乙烷制乙烯产量增加，同时石脑油乙烯量急剧下降。

表4－2　美国历年来各种不同裂解原料乙烯产量　　100万t

年份	炼厂废气	乙烷	丙烷	丁烷	石脑油	瓦斯油	合计①
1990	0.5	8.2	2.4	1.0	4.2	0.7	17.1
1995	0.7	10.2	3.3	1.1	4.8	1.4	21.3
2000	0.8	11.5	2.9	0.8	7.5	1.6	25.1
2005	1.0	11.1	3.9	0.8	5.9	3	24.0
2006	1.1	12.4	4.4	1.0	4.7	1.4	25.0
2007	1.2	13.2	4.4	1.0	4.6	1.1	25.4
2008	1.2	12.6	4.0	0.9	3.1	0.7	22.6
2009	1.0	14.4	4.0	0.9	1.6	0.8	22.6
2010	1.0	15.4	3.9	0.8	2.1	0.7	24.0
2015	0.9	17.6	4.0	0.7	0.8	0.2	24.1

①由于四舍五入导致合计和分项不等。

4.1.3　以乙烷为原料的乙烯裂解特点

页岩气化工的特点主要表现为以湿页岩气中分离得到的乙烷或冷凝液(NGL)可作为乙烯裂解原料，实质就是乙烯工业原料的高度轻质化。在中东、北美许多乙烯裂解装置很早以前就使用过乙烷等轻烃原料，它自裂解以后的总流程和常规的石脑油为原料的石油化工基本是相似的，但在下游产品结构方面有不同的特点。

以页岩气乙烷、冷凝液(NGL)为原料的裂解装置具有“三低、一高”的特点，就是在相同处理能力时页岩气化工表现为产品成本低、装置投资低、产品复杂度低以及乙烯收率高的特点，这一类装置具有很高的经济竞争力[19]。表4－3是公称能力为453 kt/a的乙烯装置不同原料得到的产品量。由表可知，乙烷裂解产品中丙烯、丁二烯、芳烃很少，主要得到乙烯，这样对下游乙烯衍生物是有利的，同时一些较重的烯烃产量很少，尤其如丙烯、丁二烯等，后者主要是橡胶工业的主要原料，已出现市场供应紧张，价格上涨的局面。丙烯也受到很大的关注，为补充传统石脑油裂解在丙烯产量方面的不足，目前首选技术是发展丙烷脱氢(PDH)，已有多套PDH装置投产和处于建设之中，其中的先行者是Petrologistics公司，在2010年底在休斯敦投产了一套产能为658kt/a的PDH装置。以丁烷脱氢生产丁二烯也有进展，TPC集团宣布翻新一套位于休斯敦的产能270kt/a丁烷脱氢装置，预计将于2016年启动。

此外，由于乙烷裂解装置的副产物很少，因此此类装置构成和设备数量简单，下游配套装置也少，无论是装置投资还是全厂总投资都比较低。

表 4-3 不同乙烯原料得到的产品量①　　kt

产品	乙烷	丙烷②	正丁烷③	石脑油④	AGO
苛刻度	高	中到高	高	中到高	中到高
富氢	33	17~21	14	11~14	12~26
甲烷氢	40	263~297	250	199~222	183~196
乙烯	454	454	454	454	454
丙烯⑤	11	166~293	186	181~260	243~283
丁二烯	11	18~32	39	56~77	76~82
丁烯/丁烷	5	13~22	75	59~128	76~88
裂解汽油	10	47~71	80	183~494	294~342
苯	5	17~26	29	51~84	96~109
甲苯	1	5~6	13	20~72	51~54
C_8 芳烃	0	0	5	26~43	20~43
其他	4	25~39	33	86~295	127~136
燃料油	0	4~10	19	29~51	289~377
总计	574	1029~1270	1197	1356~2193	1922~2190
乙烯收率/%	80.5	39~42.6	40.4	27~37	24~28

①装置公称能力为453kt/a，自产乙烷和丙烷回炼。

②丙烷回炼。

③异丁烷一般不作为乙烯裂解原料，异丁烷浓度高的原料主要生产丙烯、丁烯、苯和甲烷氢。

④石脑油根据其馏程范围可以有不同种类，情况复杂，重石脑油的裂解苛刻度影响到产品平衡，工业上趋向于使用轻石脑油，如油田凝析油。

⑤聚合级丙烯。

本章以下讨论的内容是评价以目前所使用的各种原料生产乙烯和高密度聚乙烯(HDPE)的经济性，以及在目前使用重质原料(石脑油)的国家中如果能改用页岩气原料后可能带来变化的影响。重点以虚拟的建于中国的乙烯裂解装置为对象，采用从页岩气中得到的乙烷为裂解原料，按2012年上半年的运行条件来评估页岩气对乙烯和HDPE生产经济性的潜在影响。这些虚拟的案例假定中国已经开始生产含有乙烷/天然气凝析油(NGL)的页岩气，并且已经拥有专用于乙烷裂解的裂解炉。就目前所能得到的资料表明，还不能非常确定中国将来是否会有能力大量生产富含乙烷的非常规天然气，因此重要的一点是中国开发页岩气时必须从一开头起就重视所开发的页岩气的组成中有没有大量的乙烷或轻烃，并将寻找富含湿气的页岩气田作为勘探重点之一，如果今后有乙烷或轻烃的话将可成为中国发展页岩气化工的乙烯裂解原料，这样，就极大地提升页岩气开发的经济价值。应该说明的是，由于目前大部分以石脑油为原料的裂解装置都有乙烷炉，所以如果要扩大裂解乙烷等轻烃原料量，主要是增加乙烷裂解炉能力，在技术方面是没有困难的。

4.2　乙烷和石脑油裂解乙烯生产成本

4.2.1　成本会计基准

成本分析中已包括了出厂时的生产成本，但不含以下项目：

①原料采购交易成本；

②产品配输、销售和市场开发成本；

③研究和开发(R&D)成本；

④公司(总部)管理成本；

⑤基本投资产生的利息和其他财务费用。

4.2.2　投资测算基准

一套工艺装置可以看作由两种类型的设施所构成。第一种是包含将原材料直接转化为产品所需的所有工艺设备的生产装置区，这一类设施通常被称为界区内部(ISBL)。第二类则包含了界区外部(OSBL)的设施，其中包括一般公用工程(仪表风和工艺风、氮气、消防水等)、办公楼、蒸汽发生装置、冷却水系统、配电系统、三废处理设施等。

本书中讨论的所有案例，投资费用指的是“一次性发生”的建设费用，即在指定的年份中完成项目实施过程所需的投资。这是一种简化的方法，因为事实上工程前期准备、设计和施工一般需要几年时间才能完成。但为了针对某一时点进行分析，需要将分阶段的投资和相关的财务费用全部综合到一个指标中，即项目总投资。

除了生产装置的基本投资外，通常还需要支出其他与项目有关的费用，如项目管理、开车费用等等。计算流动资金则是为了反映原材料、副产品和供应库存、应收账目和现金储备等，并从中扣除应付账款。

4.2.3　定价基准

表 4 – 4 中列出了以下经济分析中所采用的定价基准。对于美国海湾价格(USGC)，采用的是整体报价，即交易所公布的报价，而不是买卖双方讨价还价后的结果，因为后者一般都是保密的。中国价格是指中国国内使用的出厂平均价。在为中国的虚拟乙烷裂解炉进行分析时，采用相关国家国内天然气价格加上溢价后作为乙烷测算价的做法。

表中所列出的工人薪资数据只能作为简化的指标使用。因为工人薪资可能因种种原因而发生较多的变化无法准确统计。

表 4 – 4　原材料、产品、公用工程和劳动力价格(2012 年上半年)

项目	中国价(1 美元 = 6.3103 人民币)	美国海湾价
原材料	美元单价②	美元单价①
乙烷/t	395.7③	359.5
石脑油/t	959.7	
1 – 己烯/t		1411.0
氢气/t	64278.8④	7180.3
异丁烷/t		889.5

续表

项目	中国价(1 美元 =6.3103 人民币)	美国海湾价
1 - 丁烯/t	2041.0	
己烷/t	1817.7	
副产品		
丙烯(炼厂级)/t	1074.4	1257.7
丙烯(聚合级)/t	1297.5	
燃料气/t	873.5	97.6
氢气(裂解出口)/t	1825.3	402.0
氢气(重整级)/t	3541.9	
丁二烯/t	3059.0	
抽余油 - 1/t	947.7	
苯/t	1075.8	
甲苯(车用汽油)/t	1045.8	
二甲苯(车用汽油)/t	1038.2	
C_9 芳烃/t	1029.9	
裂解燃料油/t	708.0	
抽余油(苯抽提)/t	947.7	
PE(低相对分子质量)/t	337.3	
公用工程		
电力/(kW · h)	78.3	45.1
冷却水/kt	55.4	26.3
锅炉给水/t	1.3	0.56
氮气(惰性气体)/t	73.2	51.2
燃料气/t	873.5	97.6
蒸汽(高压)/t	30.7	12.1
蒸汽(中压)/t	23.7	10.7
蒸汽(低压)/t	23.1	10.5
装置员工年薪		
操作工人	6813	51690
领班	9483	58672
管理人员	12663	70798

①除非另行注明的情况，指到岸合同价。

②除非另行注明的情况，指中国国内市场平均出厂价。

③在天然气价格之上增加溢价部分。

④原文中氢气(纯氢)价格似偏高。

4.2.4 生产成本基准

原料成本、公用工程成本和副产品进项应归入可变成本，因为这些项目在很大程度上是与装置的开工率相关的。

直接和摊派的固定成本从其项目名称上即可看出是基本上与开工率无关的。劳力成本是根据典型的人工费率计算的，而直接管理成本(边际效益)和维修费用等都采用行业的常规水平。应当注意到，劳动力的需求量取决于所在国家的政府法令、公司政策和当地工人的技能水平，可能有巨大的差别。而后面表中所列出的数据只是为了能对劳力成本进行大致的估算而已。分析中所包含的其他固定成本项目如一般管理费和保险费/财产税等也都是根据行业的常规水平测算的。

变动成本和固定成本的总和定义为“现金成本”(cash cost)。这是在将折旧及任何投资回报(ROCE)包括到成本计算中去之前直接从业主的现金账目中发生的支出。

界外设施的折旧率按 20 年计算，界内则按 10 年计算，其中包含了折合到总投资中的其他项目费用(OPC)。

开工率取 100%，并以每年 8000h 计划开工时间为准。以不同投运时间提供的数据均规整到 8000h 基准。

一般来说，对于新建或相对较新的生产装置，生产成本是重要的成本指标，因为这些装置的成本中还需要考虑到折旧的因素，而对于折旧已经提完的老旧装置，则考虑现金成本更为妥当。

4.2.5　乙烯生产成本(现金成本)分析

原料是生产成本中的主要构成成分，石化工业的原料通常来自于原油炼制或天然气加工过程。不过近年来开发了采用煤炭、生物质和非常规天然气尤其是页岩气的替代性原料路线，这些作为新的或潜在的原料品种引起了越来越广泛的注意。

原料的可得性和价格无疑是生产成本中最重要的要素，考虑到地区范围内的竞争力则更提高了其重要程度。在不同国家和地区之间，所消耗的原料品种和所使用的价格基准往往是大相径庭的，而这也是决定各国石化工业基本竞争力最为关键的因素。

对乙烯生产装置来说，原料成本也是影响装置竞争力的最重要因素。此外，裂解装置的产能规模水平也会通过其对固定成本的影响而提高或降低装置竞争力。乙烯生产可以采用多种裂解原料，每种原料所得的副产品分布有很大不同。一般来说，对原料的选择主要取决于装置的所在地点，是否具备炼化一体化(refinery - chemical integration)优势，而不同地区之间的差别是相当大的。本章所讨论的乙烯原料主要是天然气生产中所伴生的廉价的乙烷和来自石油中的较重烃类原料如石脑油等。

乙烯生产成本是基于传统的蒸汽裂解工艺测算所得的。乙烯生产特别是石脑油裂解生产乙烯的工艺中将同时生成分布很宽的副产物馏分，如何使副产物的效益最大化对于提高竞争力也是非常重要的。本章所讨论的装置规模和所用原料如表 4 - 5 中所列。这里所列的装置代表了相应地区/国家中目前先进乙烯装置的水平。讨论中假定建于中国和巴西、印度的虚拟乙烷裂解装置的能力与各自国家作为评估基准的石脑油裂解装置具有同等的产能。为了能使所作的比较更显标准，石脑油裂解炉也选用同样的类型和操作苛刻度。具体来说，选用的是低苛刻度的裂解炉运行条件，丙烯对乙烯的产出比为 0.57。表 4 - 6 至表 4 - 8 是中国和美国有代表性的乙烯装置(乙烷蒸汽裂解/石脑油蒸汽裂解)的生产成本测算结果，读者可以从中进行分析和比较。

表 4-5　有代表性的乙烯装置产能(2012 年上半年)

地区/国别	裂解原料	产能/(kt/a)
北美		
美国海湾地区	乙烷	950
加拿大西部地区	乙烷	1200
南美		
巴西	石脑油	800
	乙烷	800
亚太		
中国	石脑油	800
	乙烷	800
印度	石脑油	850
	乙烷	850

表 4-6　乙烯生产成本测算(乙烷蒸汽裂解)——美国墨西哥湾沿岸地区

装置概况		项目	基本投资费用/10^6 美元
装置开工日期	2012 年上半年	界区内(ISBL)	689.09
装置地点	美国墨西哥湾沿岸地区	界区外(OSBL)	273.57
装置能力	95 万 t/a	装置投资总额	962.66
开工率	100%	OPC(其他项目费用)	240.66
产量	95 万 t/a	项目总投资	1203.32
		流动资金	74.57
		资金占用总额	1277.89

项目	单耗/(单位/t)	单价/(美元/单位)	成本美元/t	年总成本/(10^6 美元)	成本/(美元/lb)
原料					
乙烷/t	1.2500	359.5	449.4	427.0	
催化剂+化学品	1.0000	2.1	2.1	2.0	
原料小计			451.6	429.0	0.20
副产品进项					
丙烯(炼厂级)/t	(0.0190)	1257.7	(23.9)	(22.7)	
燃料气/t	(0.1507)	97.6	(14.7)	(14.0)	
氢气(裂解出口)/t	(0.0794)	402.0	(31.9)	(30.3)	
副产品进项小计/t			(70.5)	(67.0)	(0.03)
原料净成本			381.1	362.0	0.17
公用工程					
电力/(MW·h)	0.0169	45.1	0.8	0.7	
冷却水/kt	0.1726	26.3	4.5	4.3	
锅炉给水/t	0.0830	0.5	0.0	0.0	
燃料气/t	0.3158	97.6	30.8	29.3	

续表

项目	单耗/(单位/t)	单价/(美元/单位)	成本美元/t	年总成本/(10^6 美元)	成本/(美元/lb)
公用工程小计			36.2	34.3	0.02
原料和公用工程净成本			417.2	396.4	0.19
变动成本			417.2	396.4	0.19
直接固定成本					
工人					
领班					
管理人员					
维修、材料+劳务(3%×界区内投资)			19.6	18.6	
直接管理费(45%×工人/管理人员工资)			1.4	1.3	
直接固定成本小计			24.0	22.8	0.01
摊销固定成本					
总厂管理费(60%×直接固定成本)			14.4	13.7	
保险费/财产税(1%×装置投资总额)			10.1	9.6	
环保费用(0%×装置投资总额)			0.0	0.0	
摊销固定成本小计			24.5	23.3	0.01
固定成本总额			48.5	46.1	0.02
现金成本总额			465.7	442.4	0.21
折旧[10%×(界内+OPC)+5%×界外]			112.3	106.7	0.05
生产成本			578.0	549.1	0.26

表 4-7　乙烯生产成本测算(石脑油蒸汽裂解)——中国

装置概况		项目	基本投资费用/10^6 美元
装置开工日期	2012 年上半年	界区内(ISBL)	788.78
装置地点	中国	界区外(OSBL)	313.20
装置能力	80 万 t/a	装置投资总额	1101.98
开工率	100%	其他项目费用(OPC)	275.49
产量	80 万 t/a	项目总投资	1377.47
		流动资金	180.48
		资金占用总额	1557.95

续表

项目	单耗/(单位/t)	单价/(美元/单位)	成本美元/t	年总成本/(10^6 美元)	成本/(美元/lb)
原料					
石脑油/t	3.3640	959.7	3228.5	2582.8	
催化剂+化学品	1.0000	4.0	4.0	3.2	
原料小计			3138.1	2667.4	1.42
副产品进项					
丙烯(聚合级)/t	(0.5700)	1297.5	(739.6)	(591.7)	
氢气(重整级)/t	(0.0160)	3541.9	(56.7)	(45.3)	
丁二烯/t	(0.1460)	3059.0	(448.1)	(358.5)	
抽余油-1/t	(0.2340)	947.7	(221.8)	(177.4)	
苯/t	(0.1690)	1075.8	(181.8)	(145.4)	
甲苯(车用汽油)/t	(0.1130)	1045.8	(118.2)	(94.57)	
二甲苯(车用汽油)/t	(0.0620)	1038.2	(64.4)	(51.5)	
C_9(芳烃)/t	(0.0580)	1029.9	(59.7)	(47.8)	
裂解辅助燃料油/t	(0.0970)	708.0	(68.7)	(54.9)	
抽余油(苯抽提)/t	(0.4250)	947.7	(402.8)	(322.2)	
副产品进项小计			(2361.6)	(1889.3)	(1.07)
原料净成本			870.9	696.7	0.40
公用工程					
电力/(MW·h)	0.1070	78.3	8.4	6.7	
冷却水/kt	0.4350	55.4	24.1	19.3	
锅炉给水/t	0.2490	1.3	0.3	0.3	
燃料气/t	0.1470	873.5	128.4	102.7	
公用工程小计			161.2	129.0	0.07
原料和公用工程净成本			1032.1	825.7	0.47
变动成本			1032.1	825.7	0.47
直接固定成本					
工人					
领班					
管理人员					
维修、材料+劳务(3%×界区内投资)			26.6	21.3	
直接管理费(100%×工人/管理人员工资)			1.1	0.8	
直接固定成本小计			28.7	23.0	0.01
摊销固定成本					
总厂管理费(50%×直接固定成本)			14.4	11.5	

续表

项目	单耗/(单位/t)	单价/(美元/单位)	成本美元/t	年总成本/(10^6 美元)	成本/(美元/lb)
保险费/财产税 (1% ×装置投资总额)			11.0	8.8	
环保费用 (0% ×装置投资总额)			0.0	0.0	
摊销固定成本小计			25.4	20.3	0.01
固定成本总额			54.1	43.3	0.02
现金成本总额			1086.2	869.0	0.49
折旧[10% ×(界内 + OPC) +5% ×界外]			152.6	122.1	0.07
生产成本			1238.8	991.1	0.56

表 4 –8　乙烯生产成本测算(乙烷蒸汽裂解)——中国

装置概况		项目	基本投资费用/10^6 美元
装置开工日期	2012 年上半年	界区内(ISBL)	493.01
装置地点	中国	界区外(OSBL)	195.72
装置能力	80 万 t/a	装置投资总额	688.73
开工率	100%	其他项目费用(OPC)	172.18
产量	80 万 t/a	项目总投资	860.91
		流动资金	84.87
		资金占用总额	945.78

项目	单耗/(单位/t)	单价/(美元/单位)	成本美元/t	年总成本/(10^6 美元)	成本/(美元/lb)
原料					
乙烷/t	1.2500	395.7	494.6	395.7	
催化剂 + 化学品	1.0000	2.1	2.1	1.7	
原料小计			496.8	397.4	0.23
副产品进项					
丙烯(炼厂级)/t	(0.0190)	1074.4	(20.4)	(16.3)	
燃料气/t	(0.1507)	873.5	(131.6)	(105.3)	
氢气(裂解出口)/t	(0.0794)	1825.3	(144.9)	(115.9)	
副产品进项小计			(296.9)	(237.5)	(0.13)
原料净成本			199.9	159.9	0.09
公用工程					
电力/(MW・h)	0.0169	78.3	1.3	1.1	
冷却水/kt	0.1726	55.4	9.6	7.7	
锅炉给水/t	0.0830	1.3	0.1	0.1	
燃料气/t	0.3158	873.5	275.8	220.7	

续表

项目	单耗/(单位/t)	单价/(美元/单位)	成本美元/t	年总成本/(10^6 美元)	成本/(美元/lb)
公用工程小计			286.8	229.4	0.13
原料和公用工程净成本			486.7	389.3	0.22
变动成本			486.7	389.3	0.22
直接固定成本					
工人					
领班					
管理人员					
维修、材料+劳务(3%×界区内投资)			16.6	13.3	
直接管理费(100%×工人/管理人员工资)			0.8	0.6	
直接固定成本小计			18.2	14.5	0.01
摊销固定成本					
总厂管理费(50%×直接固定成本)			9.1	7.3	
保险费/财产税(1%×装置投资总额)			6.9	5.5	
环保费用(0%×装置投资总额)			0.0	0.0	
摊销固定成本小计			16.0	12.8	0.01
固定成本总额			34.1	27.3	0.02
现金成本总额			520.8	416.6	0.24
折旧[10%×(界内+OPC)+5%×界外]			95.4	76.3	0.04
生产成本			616.2	492.9	0.28

表4-9和图4-2给出了美国用乙烷为裂解原料生产乙烯的现金生产成本(指未计入折旧)和中国建设的乙烷裂解炉的测算结果。出于比较的目的，分析中也包括了在巴西、印度建设的乙烷裂解炉的测算数据，以显示如果上述国家开始生产页岩气并且这些地方也建设了专用的乙烷裂解炉的话，由于天然气凝析油的价格对乙烯生产成本产生的潜在的巨大影响，乙烯生产的现金生产成本可能降低一半以上，这说明页岩气开发不仅对各国能源供应有巨大的影响，对于提高乙烯工业的竞争力也有重大的促进作用。

由上可见，位于加拿大西部的乙烷裂解装置在2012年上半年由于其独有的优势性乙烷价格而表现出强大的成本竞争力，在该时段内该装置产生的现金生产成本最低(152美元/t)。

相对低廉的天然气价格也为美国的乙烷裂解装置提供了便宜的公用工程和具有吸引力的乙烷供应，使之与分析中所纳入的任何石脑油裂解装置相比都表现出更具竞争力的经济性，它的乙烯现金生产成本为456美元/t。由于比较有代表性，如果将其作为基准，则中国以石脑油为原料乙烯现金生产成本将是美国以乙烷为原料乙烯现金生产成本的 2.3 倍(表 4－9)。

由于明显高企的石脑油价格，建在中国和印度的石脑油裂解炉与虚拟的同地区乙烷裂解装置相比要承受高得多的现金成本，中国石脑油裂解乙烯现金生产成本为 1086 美元/t。这类装置所增加的原料成本无法完全由丙烯、丁二烯和芳烃等副产品带来的收益抵消。据测算，如果有页岩气资源，中国和印度的乙烯现金成本可望分别比相应的石脑油装置下降 565 美元/t 和 568 美元/t，中国乙烷裂解的乙烯虚拟现金生产成本为 521 美元/t，略高于美国。

巴西石脑油裂解装置产出的丙烯、丁二烯和其他副产物在本国市场上的价格较高，从而压低了其原料净成本，使之与建在巴西的虚拟乙烷裂解装置相比仍具有一定竞争力。如果巴西有来自于页岩气生产的乙烷供应，其虚拟的乙烷裂解炉与石脑油裂解炉相比的成本经济性优势仅为 32 美元/t。

表 4－9　乙烯生产的现金成本汇总(2012 年上半年)

生产地点	裂解原料价格/(美元/t)	原料净成本/(美元/t 产品)	公用工程/(美元/t 产品)	固定成本/(美元/t 产品)	总现金成本比例①/%
加拿大西部地区	乙烷/108.6	71	34	47	152/32.7
美国墨西哥湾岸	乙烷/359.5	381	36	48	465/100
巴西	乙烷/575.7	559	138	60	757/162.8
巴西	石脑油/978.2	602	92	95	789/169.8
印度	乙烷/392.0	269	211	37	517/111.2
印度	石脑油/931.0	900	125	59	1085/233.3
中国	乙烷/395.7②	200	287	34	521/112.0
中国	乙烷/530.7③	368.6	287	34	689.6/148.3
中国	石脑油/959.7	871	161	54	1086/233.6

①以美国墨西哥湾岸乙烯生产(乙烷作原料)总现金成本的相对比例为 100%。

②如果从美国进口乙烷应计入海上运输＋贴水费用。

③使用美国进口乙烷，运费 135 美元/t(好望角航线)。

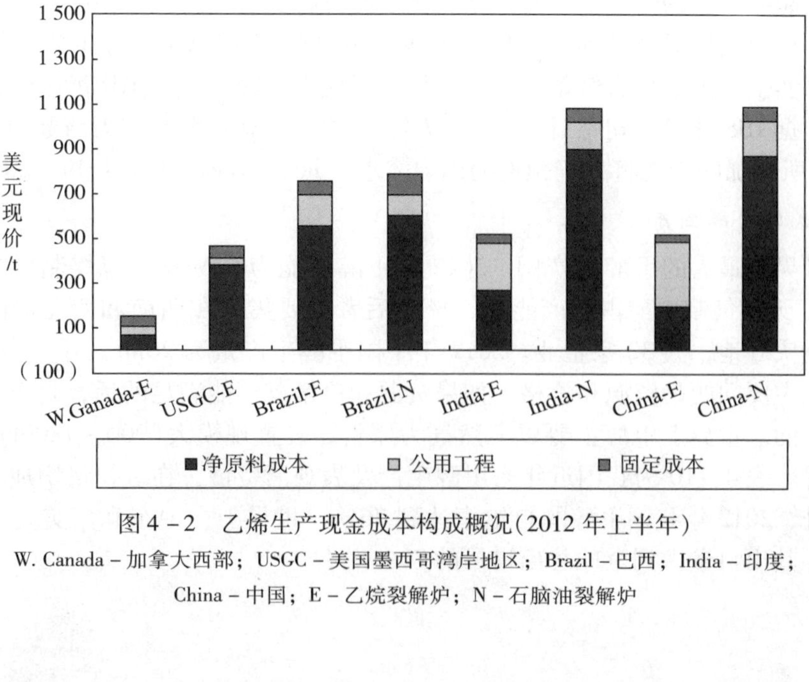

图 4－2　乙烯生产现金成本构成概况(2012 年上半年)

W. Canada－加拿大西部；USGC－美国墨西哥湾岸地区；Brazil－巴西；India－印度；China－中国；E－乙烷裂解炉；N－石脑油裂解炉

4.2.6 小结

对于乙烯裂解工业，原料成本是乙烯和丙烯生产成本中的主要构成部分。目前，巴西、印度和中国的乙烯生产装置都严重依赖石脑油作为裂解原料，与建于加拿大西部和美国的以乙烷为裂解原料且与下游衍生物装置实现一体化的乙烯/聚乙烯生产相比明显缺乏竞争力，因为后者大大得益于美国页岩气发展所带来的低廉的乙烷和天然气价格。

由于上下游一体化的聚乙烯装置的现金成本主要受到原料成本的影响，不同地区的聚乙烯生产成本的竞争力也随该地区乙烯成本的竞争地位而定。在加拿大西部与乙烷裂解炉同建的 HDPE 装置，由于享受该地低廉的乙烷价格表现为最低的现金成本。而建于巴西和亚洲、与石脑油裂解装置结合在一起的 HDPE 装置则因明显高得多的石脑油原料价格而在成本竞争中呈现劣势。

如果中国和印度开始页岩气生产同时得到大量乙烷和天然气凝析液(NGL)作为乙烯裂解原料，其境内的 HDPE 生产可能因乙烷与石脑油相比低得多的价格而大受裨益。不论在中国或是印度，HDPE 生产总现金成本可因此下降 570 美元/t 左右，这样可极大地提升整个乙烯工业的经济效益和竞争力。

4.3 间接法发展页岩气化工

本章以上分析都是基于页岩气开发过程中可得到大量廉价的乙烷或天然气凝析液直接作为乙烯裂解原料基础上的，在北美地区许多以乙烷为原料的乙烯装置也证实了这一事实。对于中国而言，页岩气开发尚处于早期，能否从页岩气中得到大量的轻烃有待证实，从已有的天然气开发结果看，中国大部分天然气属于“干气”，含乙烷和轻烃量很少，最近中石化重庆涪陵国家级页岩气示范区试验井所产页岩气的甲烷含量超过 98%，不含硫化氢，也是一种“干气”，无法从这种页岩气直接得到制取乙烯的裂解原料。

间接法发展页岩气化工的思路就是在一些页岩气资源丰富但由于属于是“干气”而无法得到大量乙烯裂解原料的情况下，可根据资源情况先将页岩气转化为甲醇，后者是比较容易运输的液体，可以就地或外运到化工厂将甲醇通过“MTO”或“MTP”等工艺再加工制备成乙烯和丙烯。事实上，由于页岩气革命导致甲烷原料成本下降，在美国甲醇生产已经得到迅速恢复和发展，据 IHS 化学公司估计，到 2017 年美国国内甲醇生产能力将超过 6Mt/a，可能达到 8Mt/a，所增加的产能将大于预期的国内需求(Chem. Week，March 19，2013)。

4.3.1 我国甲醇生产

中国是世界上最大的甲醇生产国。2012 年甲醇产能为 52Mt/a，以煤制甲醇为主，占总产能的 67%，天然气制甲醇占总产能 23.9%，后者主要集中在西南和西北地区的内蒙、海南、陕西和重庆等地，共 32 家企业。2012 年中国甲醇生产量为 26Mt，开工率较低(50%)。天然气制甲醇主要问题是资源和价格，如果资源和价格有可能满足的话，它作为甲醇原料还是有发展空间的。世界上甲醇主要以天然气为原料，装置规模大(900 ~ 1800kt/a)，具有较强的成本优势。表 4 - 10 为我国近年来甲醇生产及表观消费量。在进口量增加的同时，自给率也同步上升，2012 年我国甲醇的自给率达到 76%。世界上，中东和南美是全球最大的甲醇出口地区，其出口量占到全球总出口量的 70% 左右。

表 4 – 10　我国近年来甲醇生产及表观消费量

年份	产能/(kt/a)	产量/kt	进口量/kt	出口量/kt	表观消费量/kt
2008	23380	12850	1434	368	13916
2009	26280	11300	5288	14	16574
2010	34800	17520	5189	12	22697
2011	46540	22270	5732	44	27958
2012	52000	26320	5800	50	32070

甲醇价格是影响下游加工的一个重要因素。目前中国甲醇价格均价为 2700 元/t 左右，和 2011 年价格相比基本持平，对于进一步制备烯烃基本上是可以接受的。表 4 – 11 为近年来中国甲醇价格变化情况。

从全球甲醇市场的供需格局分析，由于受中国甲醇市场强劲需求的影响，全球甲醇需求正在快速增长，2012 年全球甲醇需求量为 61Mt/a，比 2010 年增加 23%，预计今后 5 年全球甲醇需求年均增长 10.5%，到 2022 年达到 137Mt/a，新增需求主要集中在亚洲的甲醇制烯烃项目。全球甲醇的产能增长将加剧甲醇市场供大于求的矛盾，也可能导致甲醇价格下降。2010 ~ 2012 年是中东地区甲醇市场装置集中投产的高峰期，他们的主要出口地是中国，因此我国甲醇价格很大程度上受进口甲醇的影响。加上目前北美等地天然气价格受到页岩气产量增加的影响有大幅度下降，这必将影响到国际甲醇市场价格，并进而影响到我国甲醇市场价格，所以今后我国甲醇价格有可能产生波动，但总的价格趋势不可能大幅度上升。

表 4 – 11　近年来中国甲醇价格变化情况

年份	国内均价/(元/t)	进口均价/(美元/t)	出口均价/(美元/t)
2009	2022	215.53	278.26
2010	2576	294.87	341.11
2011	2710	368.67	415.25
2012	2660	373.38	393.06

4.3.2　中国甲醇制烯烃工艺开发[20 ~ 22]

甲醇制低碳烯烃工艺开发的代表性技术有甲醇制低碳烯烃 MTO 技术和甲醇制丙烯 MTP 技术，我国经过 30 多年的努力，在 MTO 工程产业化方面处于世界的前列，已经建设大量的工业装置，掌握了 MTO 成套技术，主要有中国科学院化学物理大连所的 DMTO、中国石化上海石化院的 SMTO 技术。清华大学与中国化学工程集团公司合作开发的 FMTP 技术和中石化上海石化研究院为主的 SMTP 技术目前没有实现产业化。

我国 MTO 工业化生产低碳烯烃所占的市场份额日益扩大。与传统的蒸汽热裂解工艺不同，MTO 工艺采用催化转化反应技术，具有较高的反应效率。与传统的深冷精馏法工艺相比，MTO 工艺产物中甲烷氢等轻组分以及 C_4 以上重组分含量较低，可采用溶剂吸收法代替深冷法进行烯烃分离，具有较高的分离效率。

甲醇制低碳烯烃 MTO 工艺的工程技术核心是甲醇转化反应器及其催化剂再生系统。

MTO 反应器主要的典型代表为：UOP 型；ExxonMobil 型；大连化物所和中石化洛阳工程有限公司合作开发的 MTO 反应器型式；中国石化上海石化研究院和 SEI 合作开发的 MTO 反应器型式。图 4-3 是我国某 DMTO 工业装置的全景。

图 4-3　中国某 DMTO 工业装置的全景

(1)大连化物所为主的 DMTO 技术

大连化物所在上世纪 80 年代开始以流化床反应器和 SAPO-34 催化剂为主体进行了甲醇制烯烃的技术开发。1995 年完成了中试，在反应温度 450～600℃、0.1MPa 压力、1～$10h^{-1}$空速条件下，甲醇(二甲醚)单程转化率达到 98%，乙烯＋丙烯选择性大于 80%。2005 年底大连化物所、中石化洛阳工程有限公司和陕西新兴煤化工科技发展公司合作在陕西华县建成了处理能力为 50t/d 的工业试验装置，并通过了专家鉴定。2010 年 8 月，甲醇处理能力为 1.8Mt/a，采用 DMTO 技术的中国神华煤制油化工有限公司包头煤化工分公司甲醇制烯烃装置顺利投产，成为世界上第一套工业化的 DMTO 装置，项目总投资 165 亿元，甲醇单程转化率为 99.8%，乙烯＋丙烯选择性约 80%，乙烯产能达到 39.04t/h(设计值 37.21t/h)，丙烯产能 37.26t/h(设计值 36.97t/h)，装置产能已经达标。2011 年全年生产聚烯烃产品 500kt，实现主营业务收入 51 亿元，利润 10 亿元，吨产品利润率为 2000 元。由于这是一体化的煤化工，原料是有保证的，其经济效益也可能由低价煤制甲醇单元提供，所以行业经济效益权威的深度分析尚需要得到时间证明。

为了进一步提高低碳烯烃收率，又开发了 DMTO-Ⅱ技术，主要技术路线是将副产的 C_4^+ ð 进一步裂解，以增产乙、丙烯烃等低碳烯烃，过程在流化床反应器中进行，采用同类 SAPO-34 催化剂，故可以合用一台再生器。工业化试验在 2009 年 7 月起进行，结果显示，DMTO-Ⅱ技术的甲醇转化率为 99.97%，每生产 1t 烯烃(乙烯＋丙烯)消耗甲醇 2.67t，甲醇转化单元每转化 1t 甲醇消耗催化剂 0.25kg，实现了甲醇转化和 C_4^+ 转化两大系统的耦合，过程的技术经济水平有进一步提高。该技术已向陕西延长石油、宁波禾元化学等 10 余家公司转让，烯烃总产能将达到 10Mt/a。

(2)中国石化上海石化研究院为主的 SMTO 技术

2000 年起中国石化集团公司组织了中国石化上海石化研究院、中国石化工程建设有限公司(SEI)和中国石化燕山石化联合研究开发甲醇制烯烃的 SMTO 技术开发。2007 年在燕山石化建成了 100t/d 中试装置并实现了连续运转。试验结果表明：甲醇转化率大于 99.8%，乙烯＋丙烯选择性大于 80%，乙烯＋丙烯＋C_4 选择性大于 90%。2008 年中国石化完成了甲醇处理量 1.8Mt/a 的工艺包开发。2010 年在中国石化中原石化建设 0.6Mt/a 甲醇制烯烃 SMTO 工业示范装置，投资 15 亿元，2011 年 9 月投产。该项目采用中国石化自主研发的 SMTO 工艺技术，以及自主研发、制备的催化剂和特种设备，主要设备全部实现国产化，共申请专利 150 多项，并建有相应的下游生产装置。2013 年以来，装置运行负荷已达到 110%，甲醇产品的催化剂消耗达到 0.27kg/t 水平。中国石化规划建设 4 个煤制烯烃项目，全部采用 SMTO 技术，烯烃总产能约 2Mt/a。

近年来，中原石化加大技术创新力度，将 MTO（甲醇制烯烃）与 OCC（催化裂解制烯烃）两项均具有中国自主知识产权的成套工艺技术进行耦合，成为世界首套集成 OCC 的 MTO 工业装置，这有助于提高石油资源利用率，使煤化工产业更具竞争力。

中原石化 6 万 t/a 碳四烯烃催化裂解制丙烯（OCC）装置是国际上首次应用全结晶复合孔分子筛催化剂的工业装置，针对 MTO 开车后带来的原料变化，采用了 MTO 装置含有约 5% ~10% 碳五的碳四为原料，由原来的炼厂碳四 +2 - 丁烯模式，逐渐过渡到 MTO 碳四 +2 - 丁烯模式，适应了高烯烃含量和高碳五含量两种不同原料模式组合时的运行，增强了 OCC 装置与 MTO 装置的耦合性。此项技术的应用，既增强了生产的灵活性，为 MTO 装置长周期运行提供了保障，也有助于提高石油资源利用率，使煤化工产业更具竞争力。传统的 MTO 技术，丙烯 + 乙烯选择性在 80% 左右，而 MTO 与 OCC 集成耦合则达到 82% ~87%，双烯收率高。

（3）鲁奇的 MTP 工艺

德国鲁奇公司开发的 MTP 工艺是在中国已经产业化的一种生产丙烯为主的工艺。该工艺采用由德国南方化学公司提供的稳定的分子筛催化剂和固定床反应器，反应操作温度为 380 ~480℃，反应压力为 0.13 ~0.16MPa，该工艺主要由三个绝热固定反应器组成，其中两个在线生产，一个在线再生，每个反应器内分布 6 个催化剂床层，各床层定量注入冷的甲醇 - 水 - 二甲醚物流来控制床层温度，达到稳定反应条件。

2005 年鲁奇公司与我国大唐国际发电股份有限公司签署了年产 47 万 t 煤基丙烯的技术转让合同，于 2007 年 8 月在内蒙古多伦开始投资建设 MTP 项目。该项目以内蒙古锡林浩特市胜利煤田褐煤为原料，采用集成壳牌粉煤气化、鲁奇专利工艺技术，年产甲醇 169 万 t，年消耗原煤 630 万 t，年产聚合级丙烯 46 万 t、乙烯 2.2 万 t、液化气 4.2t、粗汽油 18 万 t、硫黄 3.8 万 t。2011 年 1 月 15 日，MTP 反应器 A 套装置一次投料试车成功，甲醇转化率高达 99.8%，产物中丙烯含量达到 31.9%；9 月 28 日，煤基烯烃项目整套装置实现全线流程贯通，产出终端合格产品聚丙烯。2012 年 1 月 10 日，MTP 反应器 B 套装置开始投产运行。此后，整套装置于 2012 年 3 月 16 日正式转入试生产。

2006 年鲁奇公司与我国神华宁夏煤业集团公司签署了年产 47 万 t 煤基丙烯的技术转让合同，于 2008 年 4 月开工建设，项目包括大甲醇装置、MTP 装置和聚丙烯装置。2010 年 10 月投产生产纯度为 99.69% 丙烯，2011 年 5 月生产合格的聚丙烯产品。

我国已经投入工业化生产的装置均引自德国鲁奇公司，且工业化生产所需的催化剂仍然依赖于德国南方化学公司，大大增加了工业化的生产成本。因此，迫切需要开发一种与鲁奇的 MTP 工艺配套的催化剂生产方法。国内自主研发的 MTP 工艺虽然各有其先进性，但目前工艺过程仍然在检验和优化中，其经济性、实用性和稳定性还仍需进一步检验。

（4）清华大学为主开发的 FMTP 技术

我国有较多单位正在研发甲醇制丙烯技术，其中比较突出的有清华大学与中国化学工程集团公司合作开发的流化床 FMTP 技术。清华大学 1999 年开始进行甲醇制低碳烯烃的研发工作，并研制出 SAPO－18/SAPO－34 交相混合催化剂。2006 年初，中国化学工程集团公司与清华大学合作开发 FMTP 技术，后又与安徽淮化集团三家在安徽淮南合作建设 30kt/a 的工业示范装置。2007 年 6 月在原三方基础上天津大学和锦西化机参加到技术开发工作中，利用清华大学开发的用于 FMTP 反应的多层流化床反应器于 2009 年 5 月建成工业示范装置，2009 年 9 月投料试车，前后进行了二次流态化试车，全面打通了系统工艺流程。甲醇转化率达到 99.5%，丙烯总收率为 67.3%，丙烯产品的原料甲醇消耗为 3t/t。

FMTP 技术正在开展商业化示范工作。华亭中煦煤化工公司在已经投产的 60 万 t/a 甲醇装置的基础上，计划采用 FMTP 技术建设 20 万 t/a 丙烯项目，目前已完成可研，2014 年 5 月 20 日，天辰工程与华亭煤业集团签订年处理 60 万 t 甲醇制 20 万 t 聚丙烯科技示范项目工程总承包合同，合同总金额约 18.83 亿元，项目计划 2016 年 8 月机械竣工。远兴能源计划采用 FMTP 技术，依托现有的天然气制甲醇装置，在内蒙古鄂尔多斯开发 100 万 t/a 甲醇制烯烃项目，并于 2010 年 8 月与中国化学工程集团下属的东华科技签订了工程设计合同。

FMTP 技术特点是：

① 采用 SAPO－18/SAPO－34 交相混合催化剂，使过程的低碳烯烃收率提高，单产丙烯时总收率可达到 77%。

② 丙烯、乙烯生产量可调范围大，乙烯和丙烯的产量比范围为 0.02～0.85。随着装置规模不同，既可以单独生产丙烯，也可以丙烯为主、兼产乙烯，产双烯时总收率可达 88%，双烯产品的甲醇消耗小于 2.62t/t。

③ 通过联产的低碳烯烃的循环转化，可提高目的产品丙烯的总收率。

④ 采用独立的烯烃转化反应器，可独立调节和优化甲醇转化反应器和烯烃转化反应器各自的操作条件，包括反应温度、反应压力、空速等，使二者均处于最佳工作状态，有利于提高丙烯总收率。

(5)中石化上海石化研究院为主的 SMTP 技术[23]

国内首套固定床甲醇制丙烯(SMTP)5000t/a 中试装置建于扬子石化。该装置采用中国石化上海石化研究院技术，于 2012 年底投产生并产出合格丙烯，同时获得了大型工业化装置成套技术所需的基础数据，为下阶段 180 万 t/a 甲醇制丙烯工艺包设计创造了条件。上海石化院 100 t/a 的 SMTP 中试试验结果为：甲醇转化率 99.8%，丙烯单程选择性为 38%～40%，在产物 C_4 模拟循环的条件下，丙烯选择性为 66%～70%，催化剂再生周期 30 天以上。

甲醇制丙烯催化剂扩试及工业侧线试验和 180 万 t 甲醇/a SMTP 成套技术工艺包开发项目已于 2014 年 7 月通过中国石化科技部组织的审查。

以上，简要介绍了 5 种甲醇制低碳烯烃工艺，表 4－12 为有关蒸汽热裂解与 MTO/MTP 工艺技术指标比较一览表。

表 4－12　蒸汽热裂解与 MTO/MTP 工艺技术指标比较一览表

项目	蒸汽热裂解	蒸汽热裂解	MTO	MTP
原料	乙烷	石脑油	甲醇	甲醇
反应器类型	裂解加热炉	裂解加热炉	流化床反应器	固定床反应器
分离路线	深冷精馏法	深冷精馏法	溶剂吸收法	溶剂吸收法

续表

项目	蒸汽热裂解	蒸汽热裂解	MTO	MTP
催化剂名称	—	—	SAPO -34	ZSM-5
反应压力/MPa	0.10~0.12	0.10~0.12	0.10~0.30	0.13~0.23
反应温度/℃	850~860	830~850	400~450	420~490
$C_2H_4+C_3H_6$ 选择性/%	79.77	46.17	77.40	87.80
单耗/[t/t(乙烯+丙烯)]	1.25	2.17	3.03	3.38
循环水/[t/t(乙烯+丙烯)]	165.8	291.1	—	—
电/[kW·h/t(乙烯+丙烯)]	16.4	53.0	615.6	254.4
蒸汽/[t/t(乙烯+丙烯)]	2.02	0.82	7.41	9.61
催化剂/[t/t(乙烯+丙烯)]	—	—	1.47	1.03
主要产品	乙烯	三烯+三苯	乙烯+丙烯	丙烯

4.3.3 国产甲醇制烯烃工艺产业化

目前中国已经投产的 MTO 工业装置有 4 套，包括中国神华煤制油 600kt/a 装置(DMTO)、神华宁夏煤业集团 500kt/a 装置(MTP)、大唐内蒙多伦煤化工 460kt/a 装置(MTP)及中国石化中原石油化工 200kt/a 装置(SMTO)，中原石油化工 SMTO 装置采用外购烯烃方式而不是煤化一体化路线。最近还有浙江禾元 600kt/a 甲醇制烯烃装置(DMTO)于 2013 年 1 月在宁波投产，项目总投资 60 亿元，后者也不是煤化一体化路线，原料是通过进口渠道获得，其下游配套装置比较少(乙二醇/聚丙烯)，具有投资低和规模效应，有较好的经济效益。近年来我国依靠进口甲醇为原料的 MTO、MTP 装置还有神达化工(30 万 t MTO)、阳煤恒通(30 万 t MTO)、江苏盛虹(80 万 t MTO)、山东寿光鲁请(36 万 t MTO)都将在 2015 年前后投产，这些说明了非煤化一体化的甲醇制烯烃路线也是可行的。所以从技术层面上分析发展间接法页岩气化工是可能的一条路线，关键是资源情况和经济可行性[24]。

现将在 USGC(美国墨西哥湾沿岸价)天然市场价格下和较便宜天然气价格下(价格为 1.0 美元/10^6Btu，1×10^6Btu $=1.055$GJ)，天然气采用甲醇 MTO 路线生产烯烃的经济性与常规以石脑油裂解、乙烷裂解制乙烯的经济性进行了对比，结果列于表 4-13。

表 4-13 各种乙烯生产经济性对比①

项目	MTO②	MTO③	石脑油裂解	乙烷裂解
产能/(kt/a)	303.1	303.1	680.4	680.4
总基本投资/10^6 美元	321.4	321.4	972.1	456.7
生产成本/(美元/t)	564.0	218.5	508.3	435.9
总现金成本	469.4	123.9	384.5	361.9
可变成本	427.7	82.2	324.3	324.0
原材料	860.0	524.8	824.2	344.6
副产	-484.4	-466.7	-604.1	-67.1
公用工程	52.1	24.1	103.9	46.8
直接固定成本	22.9	22.9	26.9	17.4

续表

项目	MTO②	MTO③	石脑油裂解	乙烷裂解
可分配固定费用	18.8	18.8	33.3	20.5
折旧/(美元/t)	94.6	94.6	123.8	74.0
10%投资回报/(美元/t)	116.5	114.1	158.4	91.6
生产成本+10%投资回报/(美元/t)	680.6	332.6	666.7	527.5

①以2000年一季度USGC天然气价格数据为基础。

②天然气价格为USGC价格下的MTO装置。

③天然气价格为1.0美元/10^6Btu下的MTO装置。

在USGC天然市场价格条件下，甲醇生产成本和利润为145美元/t(43.8美分/加仑)，MTO的总现金成本比其他常规原料都高，达到了469.4美元/t。但是，由于MTO工艺需要的投资较少，其生产成本与10%投资回报之和基本上相当于蒸汽裂解石脑油。从另一方面来说，使用低价的没有销路情况下的甲醇时，MTO工艺技术大体上总是比石脑油裂解略有竞争力，有时甚至比乙烷裂解的经济性还好。

当采用价格特别便宜的天然气(1.0美元/10^6Btu)时，甲醇的生产成本和利润为84.6美元/t(25.4美分/加仑)，此时，MTO法生产乙烯的总现金成本为123.9美元/t，生产成本与10%投资回报之和为332.6美元/t，与采用任何一种常规原料相比，MTO工艺技术都是目前生产乙烯成本最低的技术路线，这种成本优势完全能抵消将任何衍生产品运输至市场而产生的运输费用。

由上可知，间接法MTO工艺技术是可行的，经济上可行性分析取决于天然气价格，天然气的价格越低越有竞争力，如天然气价格为1.0美元/百万Btu时，竞争力就较大。

如在我国西北的新疆地区，如果页岩气价格为0.5元/m^3时可考虑在当地建设甲醇厂，至于其下游MTO装置的建设地点选择应因地制宜，如果同一地区有大型石化厂(如独山子石化厂等)，则也可考虑将甲醇输送至该厂，MTO装置建于常规乙烯裂解装置附近，形成气化一体化和油化一体化的复合型石化企业，也就是实施石油化工和煤化工结合，可以节省大量投资和公用工程，是今后我国发展化工业的可考虑的方向之一。

4.3.4 中国甲醇制低碳烯烃工艺发展

在国家能源局编制的“煤炭深加工示范项目规划”中，“十二五”期间全国布局建设15个现代煤化工产业基地，其中煤制烯烃有5个。据不完全统计，目前我国煤制烯烃总产能已经形成2.36Mt/a规模，预计到2020年将达到15Mt/a水平，其中部分企业原料甲醇采取外购方式，表4-14是中国煤制烯烃产业一览表，已投产的煤制烯烃产能为2360 kt/a，2014~2015年投产的产能有5240kt/a，规划筹建的产能有7590kt/a，三者总计为15190kt/a。按照国家烯烃工业“十二五”规划的发展目标，2015年我国乙烯、丙烯总产能为51Mt/a，这样煤制烯烃产能有可能占全国烯烃总产能的20%左右，但新增部分将主要是煤制烯烃，后者可能成为我国烯烃产业中的一支重要的生力军。关键是要保持其原料低成本的优势，如一体化煤化工所提供低价煤资源，同时还要解决好煤化工对环境造成的负面影响。此外，煤制烯烃装置具有投资大、能耗高的特点，从技术层面讲，未来需要进一步提高催化剂性能，提高对低碳烯烃的选择性，要结合甲醇反应的特点，优化选择烯烃分离工艺，降低装置的能耗及投资水平，提高国产化水平。对于外购甲醇制烯烃的企业，虽然投资有所减少，但应注意优化采购甲醇的原料来源及经济风险分析。

表 4－14　中国煤制烯烃产业一览表

项目	烯烃产能/(kt/a)	投资/亿元	项目进度	下游配套装置
神华包头煤制烯烃项目	600	165	2010 年投产	300PE + 300PP
神华宁煤煤制丙烯项目	500	170	2010 年投产	500PP
大唐国际煤制丙烯项目	400	218	2011 年投产	460PP
中国石化中原乙烯项目	200	50	2011 年投产	100PE + 100PP
宁波禾元煤制烯烃项目	600	60	2013 年投产	500EG + 300PP
小计	2360	663		
内蒙久泰能源甲醇制烯烃项目	600	29	2014 年投产	300PE + 300PP
宁夏宁东宝丰能源	600	146	2014 年投产	300PE + 300PP
山西焦化焦炉气制烯烃项目	600	86	2014 年投产	300PE + 300PP
中煤榆林甲醇制烯烃项目	600	397	2015 年投产	300PE + 300PP
神华榆林甲醇(外购)制烯烃项目	600	111	2015 年投产	300PE + 300PP
中天合创鄂尔多斯煤制烯烃项目	1300	320	2015 年投产	650PE + 650PP
神华新疆煤基新材料项目	680	198	2015 年投产	300PE + 380PP
吉林吉元天然气(高 CO_2)制丙烯项目	260	35	2015 年投产	300PE + 300PP
小计	5240	1322		
延长石油靖边油气综合利用项目	600	259	规划筹建	300PE + 300PP
神华陶氏榆林煤炭综合利用项目	1220	610	规划筹建	PE + EG + PP + PO
中电投/道达尔鄂尔多斯煤制烯烃项目	800	203	规划筹建	400PE + 400PP
神华宁煤煤制丙烯项目	500	65	规划筹建	500PP
中国石化贵州织金煤制烯烃项目	600	180	规划筹建	300PE + 300PP
陕西蒲城清洁能源	680	179	规划筹建	300PE + 380PP
中煤新疆伊犁煤制烯烃项目	600	211	规划筹建	300PE + 300PP
浙江兴兴新能源	690	32	规划筹建	300PE + 390PP
河南鹤壁煤电一体化	700	170	规划筹建	350PE + 350PP
山东神达化工甲醇制丙烯项目	500	35	规划筹建	500PP
陕西星王集团平凉华泓汇金煤化公司	700	260	规划筹建	PE + PP + 苯酚丙酮
小计	7590	2204		
总计	15190	4180		

第5章　地区性市场分析

5.1　引言

页岩气作为一种非常规天然气，它的市场就包括在整个天然气市场之中。本章概要介绍全球天然气市场的总体情况，并对未来全球天然气产量水平进行了预测。预测中已考虑到了世界上每一个消耗或生产天然气的国家(目前已包含130多个国家的数据)。对每个国家都进行了能源需求的预测，其中考虑到了每个国家的人口增长趋势、经济发展和能源强度等因素。天然气在能源供应中的作用大小涉及投资决策方面的考虑，尤其对于发电行业来说，在这一市场上天然气发电要和煤炭、核电和可再生能源进行竞争，经济、环境(尤其是大气污染——雾霾情况)和政治因素都会对这一市场的份额分配起到一定的作用。预测模型中还包括了天然气基础设施以及用于满足国际贸易的需求量等方面的详细数据，包括生产天然气的气田和盆地、管道、LNG液化设施和再气化终端、储存设施以及相关的成本费用等。

5.2　已探明天然气储量

天然气供应不仅取决于对天然气的需求，也与天然气生产以及将其运往市场的经济性密切相关。世界上已探明的天然气储量分布是不均匀的，仅仅俄罗斯、伊朗和卡塔尔三个国家就集中了世界天然气总储量的几乎一半，而且如图5－1所示的那样，目前世界未开采储量中超过四分之三的部分都集中在9个国家内。除了美国以外这些国家在短期到中期内估计仍将把开采集中在他们所拥有的常规天然气资源上。

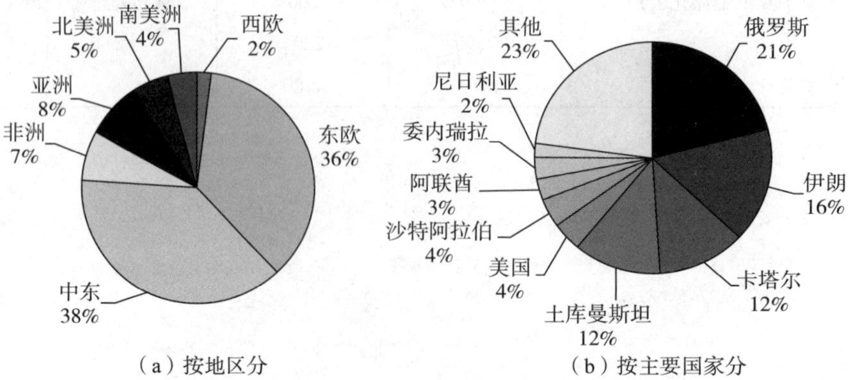

(a)按地区分　　(b)按主要国家分

图5－1　2011年全球已探明天然气储量

(总储量为208万亿m^3)

2011 年，全球已探明天然气储量的总量达到约 208 万亿 m^3（见表 5－1），按目前的产量水平推算，已探明储量的平均开采寿命为 64 年。相对于主要消费市场的位置而言，全球天然气储量的分布也是不均匀的，由此推动了国际性的天然气贸易。探明天然气储量中只有大约 5% 是在北美地区，但该地区却占有全球天然气产量的 26%。与之相对，中东拥有全球 38% 的储量，但目前的产量只占 16%。

表 5－1 全球已探明天然气储量和天然气产量（2011 年）

地区	已探明储量/10 亿 m^3	占总储量的百分比/%	天然气产量/10 亿 m^3	占总产量的百分比/%	储采比/年
北美洲	10826	5	864	26	13
南美洲	7581	4	168	5	45
西欧	3622	2	236	7	15
东欧	75119	36	801	25	94
中东	80032	38	526	16	152
非洲	14532	7	203	6	72
亚洲	16777	8	479	15	35
合计	208436		3276		64

将天然气长距离输送到需求市场，无论是通过 LNG 或管道的方式都需要建设大型、昂贵的设施。促进天然气供应的关键因素在于其开采和市场销售过程背后的经济利益。历史上，北美洲曾有相当长的一段时间内其天然气储采比仅为 10 年左右。实际上，在北美的那段时间内，一般来说总是有相当大数量的储量虽然尚未发现，但有可能存在甚至有相当大的概率推测其存在，而且最终被找到并开始开采。世界其他地区很可能也存在同样的情况。图 5－2 所示为 2000 年以来已探明天然气储量的增长趋势，从图中可见，过去 11 年中全球已探明储量的平均年增长率约为 2%。北美的增长水平较高，超过了全球平均水平；另一个增长较快的地区是东欧，主要得益于俄罗斯的新增储量。

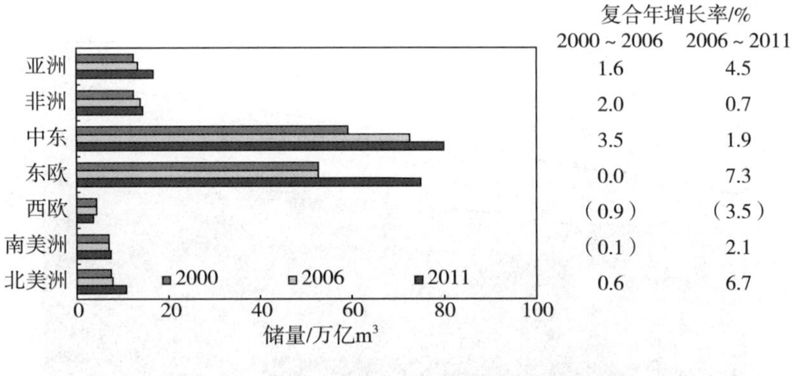

图 5－2 全球已探明天然气储量的增长情况

5.3 天然气生产

在全球天然气工业中，任何一个国家的已探明储量与实际产量都不一定是正相关的。例如，美国生产了世界天然气总产量中的约 20%，但其储量在世界总量中所占份额仅有 5%。另一方面，伊朗和卡塔尔生产了相当于世界总产量 9% 的天然气，但却拥有世界总储量的 28%。图 5－3 所示为世界天然气产量在各地区之间的分配。

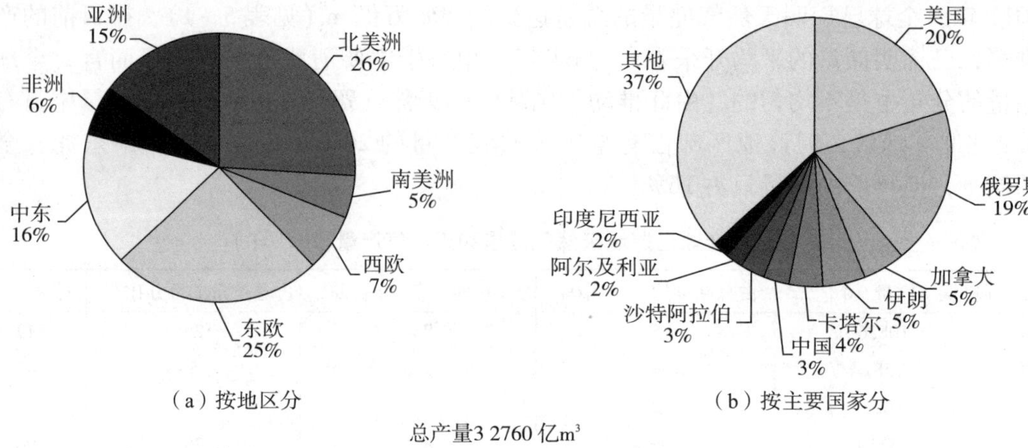

图5－3　2011 年全球天然气产量

全球天然气产量在 2006～2011 年间得到了明显的增长。美国的天然气产量在 2009 年超过了长期以来作为世界最大天然气生产国的俄罗斯，主要得益于迅速增长的页岩气生产。不过俄罗斯仍然保持了世界第二大生产国的地位，2011 年在全球总产量中所占份额略低于 20%。亚洲对天然气的需求可谓如饥似渴，而本地区的生产远远不能满足其所有的需求，由此确立起该地区作为天然气进口方不断增长的重要性。另一方面，中东的天然气产量虽然也在增长，但大部分以 LNG 的形式出口到其他地方。尤其值得注意的是，卡塔尔已成为世界上最大的 LNG 出口国。但鉴于中东各国国内消费需求的增长以及卡塔尔暂缓开发其北部气田的决定，目前还难以断言未来中东的天然气产量中将有多少份额用于出口。

全球的天然气产量预测将继续保持增长，但增速将稍稍低于过去 6 年中的平均年增长率，详见图 5－4。由于北美天然气供应中页岩气所占比重的上升，北美对外的天然气出口将继续增加。美国占据北美天然气产量中的大部分，毋庸置疑美国也将贡献北美天然气出口增长中的最大份额。

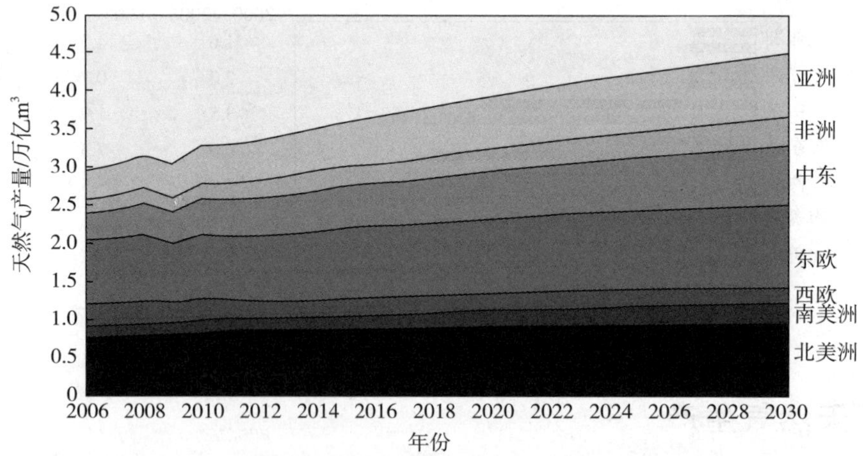

图5－4　全球天然气产量

东欧天然气产量仍将以俄罗斯的生产发展所主导。而在预测期内，西欧的天然气生产将呈继续下行的态势，主要因为包括英国和荷兰在内的一些主要欧洲生产国的产量持续下降。亚洲的天然气产量在预测期内预期将翻一番还多，主要的产量增长来自于中国和印度。合在一起，预测这几个国家将占据本地区天然气产量的 75%。而由于这两个人口大国巨大的天然气消费能力，其全部增加的天然气产量最终都将供应国内市场。

页岩气生产发展趋势的基本预测如表 5－2 所示。预期美国仍将占据全球范围内、当然也是北美地区页岩气生产的绝大部分份额。加拿大目前仅生产北美地区页岩气产量的 2%，但预测到 2030 年加拿大可能占到本地区页岩气产量的 15% 以上。到预测期末，北美页岩气的年产量可能达到 4110 亿 m^3，即相当于本地区天然气总产量的 43%。

表 5－2　全球天然气产量预测　　亿 m^3

总产量	2010 年	2015 年	2020 年	2025 年	2030 年
世界总产量	3281	3591	3943	4238	4500
其中页岩气产量	150	256	329	398	444
北美总产量	821	872	905	937	950
其中页岩气产量	150	256	327	391	411
南美总产量	163	170	217	246	269
其中页岩气产量	0	0	0	0	4
西欧总产量	288	238	223	217	203
其中页岩气产量	0	0	0	0	2
东欧总产量	837	925	982	1047	1094
其中页岩气产量	0	0	1	7	16
中东总产量	474	554	619	680	761
其中页岩气产量	0	0	0	0	0
非洲总产量	209	259	302	347	385
其中页岩气产量	0	0	0	0	4
亚洲总产量	489	575	695	764	837
其中页岩气产量(1)	0	0	0	0	6

注：以上为国外预测数据，仅供参考。

应指出的是，表 5－2 为国外关于页岩气生产发展趋势的基本预测数据，他们预测我国可能将在 2030 年开始生产页岩气。事实是由于我国中石油和中石化两大石油公司的积极努力，到 2013 年 6 月，我国已完成页岩气井 145 口（包括兼探井），其中调查井 51 口、探井 58 口、评价井 36 口。经过水力压裂和测试，日产超过 1 万 m^3 的有 27 口，日产超过 10 万 m^3 的有 8 口，有 17.2% 的井发现了页岩气，经过试产的有 4 口，2012 年页岩气产量为 3000 万 m^3 左右。目前，我国页岩气勘探在南方下古生界海相、四川盆地侏罗纪陆相、鄂尔多斯盆地三叠系陆相上区域实现了突破，在西北地区侏罗纪陆相、东部断陷盆地古近系陆相、南方上古生界海陆过渡相三个领域取得重要进展。

我国页岩气产能在 2015 年将达到 65 亿 m^3/a，甚至可能超过 100 亿 m^3/a，分别为中国石油规划到 2015 年页岩气产能是 25 亿 m^3，中国石化规划是 50 亿 m^3。所以，达到 65 亿 m^3 产能的目标应该是可能的。

据报道，中国石化涪陵页岩气示范区也传出单井气产量 80 万 m^3 的记录。中国石化重庆涪陵国家级示范区页岩气井已开钻 30 口，完钻 21 口，已投入试采水平井 10 口，平均单井产量 18 万 m^3/d，累计实现商品气量近 7300 万 m^3。所产气烃类含量高达 98%（主要是甲烷），不含硫化氢等有害气体。“十二五”末涪陵示范区计划建成 50 亿 m^3/a 的产能，年产页岩气 33 亿 m^3。

中国石油将于四川长宁－威远示范区建成我国第一个页岩气井工厂。长宁－威远示范区为面积 6534km^2，探明页岩气地质储量 3000 亿 m^3 以上，拟建成产能 20 亿 m^3 以上。目前已在该区建一个页岩气钻井平台，在该平台上打了 6 口页岩气井。对其井进行压裂试气，获得了稳定气流，整个过程完全有自主知识产权。为加快威远－长宁页岩气国家级示范区建设，中国石油西南油气田进行 3 个方向的攻关：不断完善资源评价技术，寻找页岩气富集区；组织关键技术研究，形成技术系列，提高建井质量、单井产量；制定管理制度、工作流程、技术标准、操作规范，为科学、安全、清洁、高效勘探开发页岩气提供流程和制度保障。在生产作业方面，西南油气田的部署包括地震资料采集作业、钻评价井 8 口，建设 20 多个工作平台并开钻 110 多口新井，启动 8 个平台的产能配套工作，2014 年将再投产 8 口新井，新井将在 2015 年年初、一季度、二季度分别投产 1/3。目前，长宁－威远国家级页岩气示范区进入第三开发阶段。中石油提出 2015 年要实现建成年产 50 亿 m^3 的产能目标。图 5－5 为四川长宁－威远页岩气示范区长宁区块。

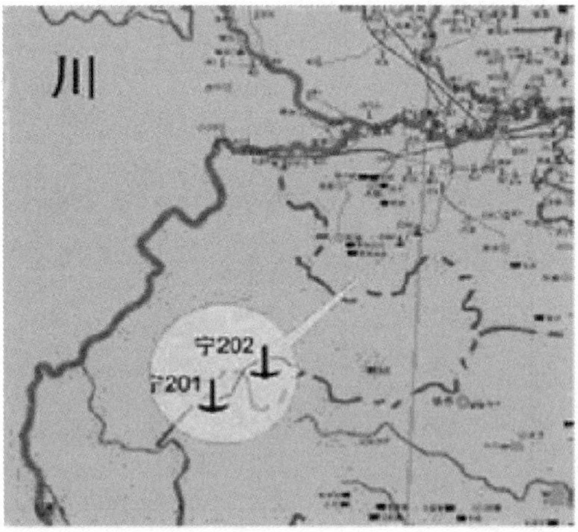

图 5－5　四川长宁－威远页岩气示范区长宁区块

尽管欧洲还面临着一系列难题，预测到 2016 年时它将成为除北美大陆之外首先开始生产页岩气的地区。欧洲面临的问题包括因担心环境问题和对实际资源拥有量的预测分歧而导致对待页岩气勘探生产的谨慎态度等。估计欧洲的页岩气开发将难以弥补本地区除俄罗斯以外的产量下降的趋势。

这个预测中假定其他地区只是在接近预测期末的时候才开始生产页岩气。其中中国是亚洲地区预测的唯一生产国（注：中国生产页岩气时间实际将大大早于国外预测数据），而阿根廷可能会是南美洲第一个生产非常规天然气的国家。

5.4　天然气消耗量

无论是通过 LNG 方式或管道方式进行天然气长距离输送都需要建设大型、昂贵的设施，从而涉及很高的运输成本。因此从全球看，天然气的消耗和生产都同样广泛地分布在不同地区的许多国家中。从图 5－6 中可以看出，美国和俄罗斯是世界上最大的天然气消耗国，而且世界上每个地区在过去几年中的天然气用量都呈现正增长的趋势，其中亚洲的年增长率最高。北美地区是世界上最大的天然气消耗用户，2011 年在全球天然气用量总额中所占比例略超过四分之一。北美天然气需求量的增长部分是因为该地区的天然气价格相对于石油而言比较低，而且相对容易得到就近的供应。

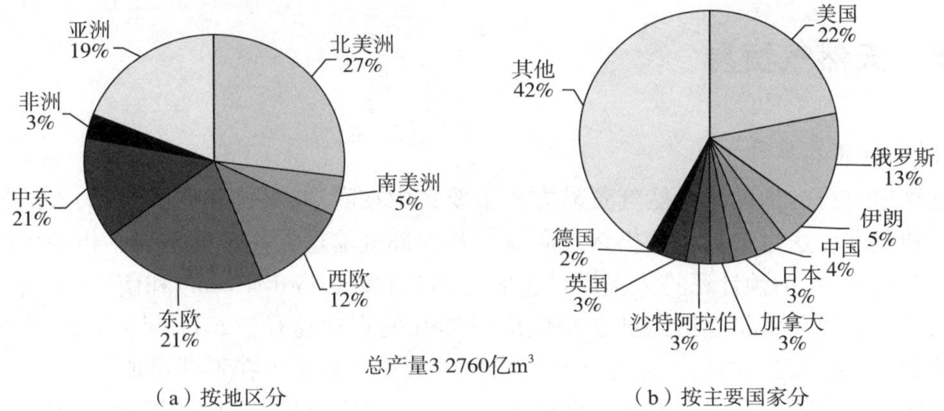

图 5－6　2011 年全球天然气消耗量

亚洲和中东在过去几年中出现了相当快速的增长。中国和印度是亚洲天然气需求方面的主要推手，而中东需求的增长来自于日益扩大的发电需求以及该地区雄心勃勃的石化和其他工业项目计划，天然气在这些项目中既是原料也是燃料。

在世界上所有各个消费天然气的地区中，只有西欧和东欧在过去 4 年中天然气需求出现了下降。欧洲许多地区仍在努力摆脱全球经济衰退带来的影响。滞缓的经济增长（甚至是零增长）加上与油价挂钩而停留在高位上的天然气价格，都阻碍了欧洲天然气需求的增长。图 5－7 所示为全球分地区的天然气消耗量的历史趋势和未来预测。

预计天然气在世界初级能源需求结构中所占的份额将保持适度的增长，而其他化石燃料的份额将继续下降，逐步为可再生能源所取代。天然气在全球燃料供应结构中日益增长的重要性可从其需求增长率的变化趋势中明显看出，即使在最近一次全球经济衰退的负面影响下，天然气需求仍然保持了增长势头。

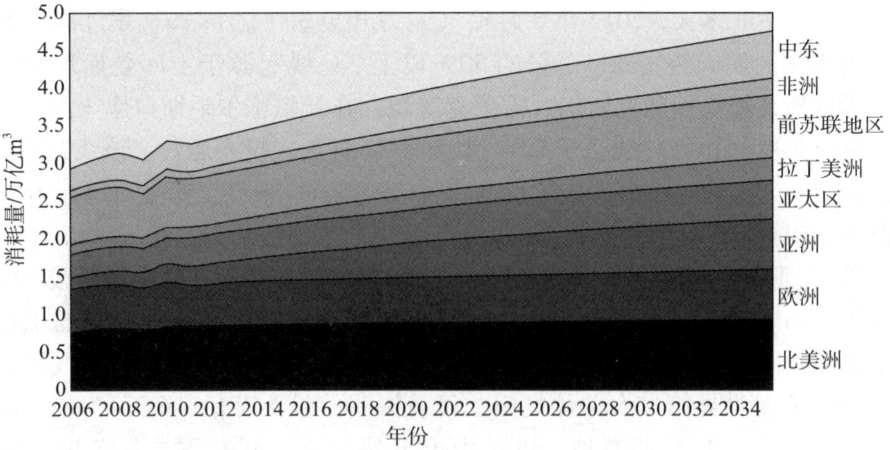

图 5－7　全球天然气消耗量

预期所有地区的天然气需求都将保持增长，但估计将低于过去几年中的增速。有些地区的增长势头可能超过其他一些地区，其中最大的增幅很可能出现在亚洲和中东。亚洲天然气需求量的增长估计将超过其产量增加的速度，从而提高了该地区对进口天然气的依存度（2013 年中国天然气进口依存度达到 30.5%）。中东地区不断上升的天然气需求主要受到发电工业和作为其他工业原料的驱动。

5.5 天然气贸易

5.5.1 管道天然气

通过管道进行的地区间天然气贸易方式主要集中在欧洲，供应当地市场的天然气通过管道从东欧和北非输送过来。东欧仍然是向欧洲其他部分输送天然气的首屈一指的供应商，其出口量在今后10年中预计还将大幅增长，因为称为北线(Nord stream)和南线(South Stream)的两个天然气管道项目将是给欧洲新增供应天然气的直通途径。2011年从阿尔及利亚通往西班牙的Medgaz管道贯通后，北非向欧洲供应的天然气数量也在不断增加。

天然气基础设施的开发始终与对全球天然气供应和需求增长的预测密切相关，目前有几个重大的管道项目正在施工建设过程中。例如，北美的管道输送能力将大为扩张，以容纳不断提高的非常规天然气产量。北线管道的二期工程将使俄罗斯天然气进入欧洲的通道更为便捷。目前世界上有总量相当于5830亿 m^3 运输总量的天然气管道项目正处于不同的建设阶段，所有这些项目的目标投用日期都在2030年以前。这些运输能力中超过40%的部分都是从东欧、尤其是俄罗斯和中亚各国出发的，凸现了该地区作为向欧洲其他部分以及向亚洲出口天然气管道(在越来越大程度上)出口方的重要地位。

到中国的中亚天然气管道共有4条，是我国陆上引进境外天然气资源重要的战略管道，最早的中国—中亚天然气管道的AB双线，单线长1833km，A线于2009年12月初试运投产，B线于2010年10月20日投产。AB双线始于土库曼斯坦“SAMANDEPE”气田，经乌兹别克斯坦、哈萨克斯坦到达中国新疆霍尔果斯，通过新疆境内的西气东输二线运至上海、广州以及其他十多个省市和地区，全长约7000km。2009年，土库曼斯坦向中国输送天然气150亿 m^3，在以后的30年内将逐年增加，预计最大通气能力为400亿 m^3/a。目前，管道已连续安全平稳运行700多天，2012年6月输气能力升至300亿 m^3/a，累计向中国输气超过195亿 m^3，占中国同期天然气进口总量的50%以上。C线起源于土库曼斯坦和乌兹别克斯坦边境的格达依姆，经乌兹别克斯坦、哈萨克斯坦，在新疆霍尔果斯口岸入境，与西气东输三线相连。中亚天然气管道C线已于2014年5月31日正式投入运营。该线路总长1840km，其中乌国段529km。年输气量为250亿 m^3，其中100亿 m^3 来自土库曼斯坦，100亿 m^3 来自乌兹别克斯坦，50亿 m^3 来自哈萨克斯坦。预计2015年将达到250亿 m^3/a。中国—中亚天然气管道D线计划已于2014年9月开工建设，线路全长1000km，其中境外段840km，设计年输气量300亿 m^3。D线从新疆乌恰入境，是世界管道建设史上难度最高的工程之一，它不仅在国家能源安全战略上有特殊意义，同时还能拉动南疆基础建设。D线气源为土库曼斯坦“复兴”气田，它是世界第二大单体气田，目前探明储量4万亿~6万亿 m^3。该气田是土库曼斯坦天然气对外出口重要基地，也是中土天然气合作开发重要气源地。D线应确保2016年建成通气，以实现每年通过中国—中亚天然气管道输气能力达到850亿 m^3 的目标(2020年)，成为中亚地区规模最大的天然气输气系统。

中缅天然气管道则将用来满足中国部分省区与日俱增的天然气需求，并已于2013年7投产。中缅油气管道缅甸段是原油、天然气双管并行的管道工程，自2010年6月在缅甸正式开工以来，中、缅、印等国上万名参建者克服了重重困难，确保按期实现投产目的。其中天然气管道起于缅甸皎漂，途径若开邦、马圭省、曼德勒省等地，经南坎进入中国瑞丽。天然气管道在缅甸境内段长 793km，设计年输气量为 120 亿 m^3。

全球管道天然气贸易将从 2010 年大约 2500 亿 m^3 的水平增加到 2030 年的超过 3800 亿 m^3。东欧将保持在全球管道天然气出口中的主导地位，但随着国际天然气贸易的增长，非洲和中东也将扩大其市场份额。到 2030 年，东欧在全球管道天然气出口总量中所占的比例将从目前的接近 70% 下降到 66% 左右，而非洲和中东到预测期末时将分别占据总量的 20% 和 10%。

乌克兰事件对俄罗斯天然气出口必将产生严重的影响，在西方国家对俄罗斯实行经济制裁过程中俄罗斯增加能源收入存在着许多不稳定因素。一方面，欧洲是俄罗斯能源出口的传统市场，对来自俄罗斯的能源有依赖，需求量相对稳定，2013 年俄天然气公司向欧洲供应了其天然气消费总量的 30%。当前形势下，欧洲今后从俄罗斯进口的天然气量是一个未知数，欧洲一直在寻找新的能源供应源，以摆脱对俄罗斯的能源依赖。随着美国页岩气技术的发展，未来欧洲有可能减轻对俄罗斯的能源依赖，甚至导致俄罗斯对欧洲能源出口的萎缩，迫使俄罗斯去寻找新的增加能源出口的国家或地区，但这需要有一个较长的过渡时间。

在这种大背景下，经过 10 年谈判，2014 年 5 月中俄签署东线天然气合作协议，商定从 2018 年起，俄罗斯开始通过中俄天然气管道东线向中国供气（见图 5 - 8），输气量逐年增长，最终达到每年 380 亿 m^3，累计 30 年。合同约定，主供气源地为俄罗斯东西伯利亚的伊尔库茨克州科维克金气田和萨哈共和国恰扬金气田，俄罗斯天然气工业股份公司负责气田开发、天然气处理厂和俄罗斯境内管道的建设，中石油负责我国境内输气管道和储气库等配套设施建设。这条管线目前设计输气量不算大，但对国际天然气市场有着潜移默化的影响。在中亚天然气既向东方又向西方供应的基础上，俄罗斯气源也实现了同时对欧洲和亚太市场的供应，这将使欧亚大陆天然气市场分布更加均衡，消费者和供应者利益也趋于均衡，使我国天然气市场得到与欧洲市场连接。在全球天然气市场中，以中国为中心的亚太天然气市场重要性有了进一步提升。这条管线将把来自俄罗斯远东地区的天然气资源输送至我国东北入境，与已经投运的中俄原油管道一起，构成我国油气进口东北战略要道上的天然气进口大动脉，这意味着我国天然气进口多元化的战略布局基本完成，我国天然气进口东北、西北、西南及海上四大通道的布局最终确定，有助于实现天然气进口的多渠道、多来源与多品种，对于保障我国能源安全意义重大，增添了一个新的保障。

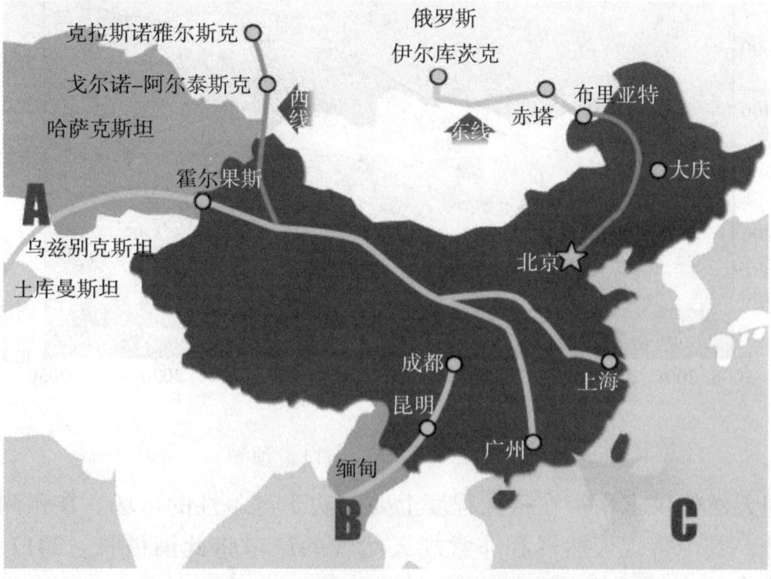

图 5 - 8　中俄天然气管道东线示意图

5.5.2 液化天然气(LNG)

过去10年内全球天然气贸易中LNG所占的比例有所增长，部分原因是由于LNG供应方式所具有的灵活性。在管道天然气交易中买方的选择范围非常有限，而LNG交易则大大增加了可供选择的供应方，买方欢迎使其贸易业务多元化和供应可靠性得以增加的机会。过去LNG贸易主要在东北亚(日本、韩国)的天然气市场上占据主导地位，这里的天然气买方既缺少本土的天然气储量，距离的遥远又使得进口管道天然气在经济上难以承受或地理上无法实现，而且他们也愿意支付一定的溢价来保证供应。凡此种种原因可以追溯到这一地区从20世纪60年代就开始最早的LNG贸易。与管道天然气贸易主要集中在欧洲相比，LNG贸易的多元化程度高得多。目前有5个主要的LNG出口地区，即亚洲、中东、非洲、南美洲以及近期发展起来的东欧。今后10年中LNG贸易发展的一个重要趋势是正在快速扩能的澳大利亚LNG出口。另一个特点是俄罗斯新建萨哈林(库页岛)和巴伦支海的斯托克曼天然气田(Shtokman)项目，已成为一个新兴的LNG出口国。在天然气进口国方面，北美地区对贸易走向随时间的变化发挥了最大的影响。部分原因是北美有着缓冲能力相当大的交易市场，进入这一地区的天然气数量并不十分受到长期合约的牵制，这就使得北美的用户能够更好地对供需平衡和价格的变化作出响应。例如，北美的LNG进口量最近出现了下跌趋势，主要是因为本地区非常规气源生产的发展以及相对于世界其他地区而言，这一地区的天然气价格比较疲软。

预测未来世界天然气液化能力也将出现巨大增长，从2010年的3430亿 m^3 上升到2030年的近7850亿 m^3。2020年前的增长主要出现在亚太地区尤其是澳大利亚，此后的增长则更多地分布在非洲、北美和中东。

预测未来世界LNG贸易量将会出现巨额增长，如图5-9中所预测的那样，到2030年时将在2010年的基础之上增长近2530亿 m^3 的绝对量。在2030年之前，中东、澳洲和东南亚将保持它们在全球LNG出口中的主导地位，而非洲及北美也将扩大其LNG出口的数量，其中北美的增量相对较小一些。在进口方面，未来20年中亚洲和欧洲仍将保持较强的增幅并维持主要进口地区的地位。亚洲在2030年之前仍将是世界最大的天然气消费地区。

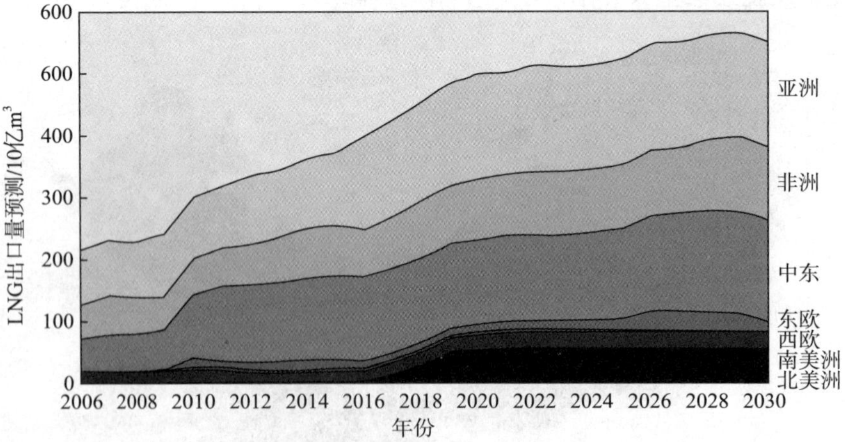

图5-9 全球LNG出口量预测

北美地区的天然气供求平衡在很大程度上要归功于竞争性的市场。在预测期内，天然气产量将继续上升，其中常规天然气和非常规天然气的产量将此消彼长。2017年后北美地区的天然气液化能力将有明显增加，北美将变成为LNG净出口地区。到2020年，该地区的

LNG 净出口量将达到 120 亿 m^3，并进一步在 2030 年提高到 400 亿 m^3。

建立在页岩气基础上的北美 LNG 出口市场的启动肯定将会给全球天然气贸易的路径带来新的模式。历史上，只有很少量的北美产 LNG（从原来曾经预测到 2011 年时可能停产、但至今仍依靠微弱的赢利能力维持运行的阿拉斯加 Kenai LNG 装置）发送给亚洲的合同用户。美国墨西哥湾岸地区和加拿大西部出口的 LNG 预计将在 2016 年启运，而美国东海岸还有一个 LNG 项目将在 2018 年投入运行。到 2030 年，亚洲将消费北美 LNG 出口总量中的 44% 左右，值得我们关注，其余部分则由欧洲和南美分享。

5.6 中国天然气市场

中国天然气市场是当今世界上发展最快和最具潜力的市场之一，今后将继续保持快速发展势头[25]。

中国天然气新增探明储量步入高峰增长期。2004 年至今，中国每年新增的天然气探明地质储量均超过 5000 亿 m^3。截至 2010 年底，中石油、中石化和中海油等 3 大石油公司天然气剩余可采储量为 2.17 万亿 m^3。

中国天然气产量连续 5 年年增长 100 亿 m^3 左右。2006 ~ 2010 年，国内天然气产量一年跨上一个台阶，从 594 亿 m^3 增至 951 亿 m^3。2009 年中国天然气表观消费量达到了约 1100 亿 m^3，超过日本而成为亚洲第一天然气消费大国，在世界范围内天然气消费量仅低于美国、俄罗斯和伊朗，居第 4 位，2013 年中国天然气消费量 1676 亿 m^3，进口 530 亿 m^3。预计天然气消费量将以每 5 年增加 1000 亿 m^3 的速度上升，到 2020 年达到 3000 亿 m^3，跨入世界前 3 名。表 5 - 3 为中国化石能源历年消费量。比较 2000 ~ 2012 年的消费数据，能源消费总量、煤炭和石油三项数据的增加基本相近，分别增加为 1.5 倍、1.4 倍和 1.1 倍，而天然气则增长最快，达到 5 倍。在能源构成方面天然气在一次能源中所占比重也由 2000 年的 2.2% 增加到 2012 年的 5.3%，煤炭在一次能源中所占比重基本维持原有水平，石油有所下降，见表 5 - 4。

表 5 - 3 中国化石能源历年消费量 10^4t 标煤/%

年份	能源消费总量	煤炭	石油	天然气
1990	98703	75212	16385	2073
1995	131176	97857	22956	2361
2000	145531/100%	100707/100%	32308/100%	3202/100%
2005	235997/162%	167086/166%	46727/145%	6136/192%
2006	258676	183919	49924	7502
2007	280508	199441	52736	9257
2008	291448	204888	53335	10784
2009	306647	215879	54890	11959
2010	324939/223.3%	220959/219.4%	61738/191.1%	14297/446.5%
2011	348002	238033	64728	17400
2012	362000/248.7%	243984/242.3%	68612/212.4%	19175/598.8%
1990 ~ 2012	4490249	3168266	867985	140341

表 5-4　2000～2012 年中国能源消费总量及构成

年份	能源消费总量/亿 t(标准煤)	占能源消费结构的比重/%			
		煤炭	石油	天然气	水电＋核电＋风电
2000	14.5531	69.2	22.2	2.2	6.4
2001	15.0406	68.3	21.8	2.4	7.5
2002	15.9431	68.0	22.3	2.4	7.3
2003	18.3792	69.8	21.2	2.5	6.5
2004	21.3456	69.5	21.3	2.5	6.7
2005	23.5997	70.8	19.8	2.6	6.8
2006	25.8676	71.1	19.3	2.9	6.7
2007	28.0508	71.1	18.8	3.3	6.8
2008	29.1448	70.3	18.3	3.7	7.7
2009	30.6647	70.4	17.9	3.9	7.8
2010	32.4939	68.0	19.0	4.4	8.6
2011	34.8002	68.4	18.6	5.0	8.0
2012	36.1574	67.5	19.0	5.3	8.2

注：数据来源于国家统计局《中国统计年鉴》。

目前中国天然气资源探明程度较低，因此在储量和产量方面增长潜力较大。

从 2006 年开始，随着天然气进口量急剧攀升，中国天然气进口量已从 2007 年的 38.7 亿 m^3 增至 2010 年的约 160 亿 m^3，年均增长率为 60.5%。现在，中国天然气供应已形成了国产陆上气和海上气、进口 LNG 和管道气 4 个渠道的多元化态势。

天然气基础设施建设进展迅速，包括基本建成全国性天然气骨干管网和沿海 LNG 进口终端接收站，后者已完工投产了 4 个 LNG 进口终端，总产能 1295 万 t/a；在建 LNG 终端 7 个，一期工程总进口能力逾 2000 万 t/a。2013 年我国大连、江苏 LNG 接收站全部建成投产，中国石油唐山 LNG 接收站、中国海油宁波 LNG 接收站和中国石化青岛 LNG 接收站开始投运，我国 LNG 进口能力大幅提升，2014 年 LNG 进口量超过 1980 万 t，同比增长 10.3%。

我国天然气消费区域和用气领域不断扩展，市场供不应求。天然气消费区域由中西部产区向全国拓展，消费省(市)达 30 个。2003 年起开始出现天然气供应短缺，尤其在冬季，情况延续至今。

我国天然气消费结构也趋于合理，随着市场区域的扩大和用气结构的优化调整，中国天然气消费结构已由原料主导型转向燃料主导型。表 5-5 为 2001 年和 2010 年中国天然气消费结构的变化情况，一个显著的特点是民用、发电和工业燃料用途上升，其中民用已经超过三分之一，化工原料比例下降很多，用于城乡作为燃料煤的使用量的下降对减少大气污染、减轻雾霾程度是非常有利的。有关天然气下游利用政策可见本书第八章。

表 5-5　2001/2010 年中国天然气消费结构　%

用途	2001 年	2009 年	2010 年
民用	23	30.6	36
发电	4	10.3	22
化工原料	49	25.9	17
工业燃料	18	33.4	25
其他	6		

5.6.1 中国天然气市场发展前景

中国当前正迎来一波“天然气浪潮”。预计到 2020 年天然气消费量将达到 3000 亿 m^3，跨入世界前 3 名行列。

5.6.1.1 国家政策导向，市场需求旺盛

(1)节能减排：中国政府承诺到 2020 年单位 GDP 二氧化碳排放量在 2005 年的基础上降低 40% ~45%，增加天然气消费量优化能源结构是实现这一目标的重要手段，具有决定性的意义。

广泛应用天然气后对我国能耗、环境的改善的作用将是十分明显的，具体有：

对民用燃料而言，天然气的热效率比煤高 3 ~4 倍；对工业窑炉而言，因使用条件不同，热效率也不同，但燃气热效率比燃煤高得多；天然气是一种对环境污染最少的矿物燃料；天然气正常燃烧不会产生烟尘，燃烧产物中没有固体排放物；不含二氧化硫，不会因之产生酸雨；相同的燃烧效率(70%)下生产每千瓦小时有用能源，用天然气作燃料时排放的氮氧化物为 0.1g，用煤是 1.1g。排放二氧化碳用天然气作燃料时为 50g，用煤是 475g，二者相差很大。表 5 -6 为油、煤、天然气排放物比较，以天然气发电(调峰电厂)为例来分析能源效率，采用天然气联合循环发电总热效率可达 90%，而投资费用仅为煤发电的三分之二，建设工作量小、操作方便、维修量小、环境污染小。过程用水减少一半，排放二氧化碳减少 58%，氮氧化物减少 81%，颗粒物减少 95%，且没有硫氧化物和炉渣的排放，极适合作为电网调峰电厂用的燃料。表 5 -7 为 1000kW 不同燃料电厂的年废气排放总量比较[26]。

表 5 -6 油、煤、天然气燃烧排放物比较 kg

排放物	1000kg 石油	1000kg 当量煤	1000kg 当量天然气
CO_2	3100	4800	2300
SO_2	20(未脱硫)	6(80%已脱硫)	—
NO_2	6(工业用)	11(工业用)	4(工业用)
CO	6 ~30	4.5 ~20	0.53 ~3
未燃烧物	0.5	0.3	0 ~0.45
灰分	—	220	—
飞灰	—	1.4	—

表 5 -7 1000kW 不同燃料电厂年废气排放总量比较 kg

污染物	煤发电	石油发电	天然气发电
醛类	0.005	0.117	0.031
CO	0.520	0.008	—
HC	0.21	0.67	—
NO_x	21.0	21.7	1.2
SO_x	139.0	52.6	0.012
固体颗粒	4.50	0.73	0.46

(2)低碳经济：中国许多省区正大力推进低碳省区和低碳城市建设，用天然气替代煤炭和油品是必不可少的措施之一。

加大天然气取代煤炭的力度，其对象首先是中小型及零散用煤户。由于缺乏先进的利用技术，我国目前中小型及零散煤炭用户的能源使用效率很低，造成能源的巨大浪费和严重的环境污染(表现最突出的是近年来出现全国地区性的大面积雾霾天气)，应首先在这些用户中推广使用天然气。

(3)优化能源消费结构：天然气目前在中国能源消费结构中的比例仅为5.3%(2012年)，国家要求10年后升至8%～10%，国际平均水平为25%左右，仍然有很大差距。

(4)城镇化建设：推动居民用气量快速增加。

十八大提出要加快城镇化建设，天然气对于建设绿色、低碳的新型城镇有着极为重要的作用。如河南省在加快城镇基础设施和载体建设、推进新型城镇化进程方案中提出，2013年年底前该省省辖市全部通管道天然气，同时要求城市燃气设施将逐步向重点城镇延伸。新型城镇化建设是一个重要的国策，一些有条件的省市应该更重视这个问题。

5.6.1.2　天然气资源探明程度较低，储量和产量增长潜力大

已如前所述，目前我国常规可采天然气资源探明率仅17.3%；煤层气开发尚处在早期阶段，页岩气勘探刚刚起步。储量和产量增长潜力大，预计2011～2030年中国天然气产量年增速为5.6%～6.7%。

5.6.1.3　天然气进口能力快速增长，天然气资源供应呈现多元化格局

从2006年开始，中国天然气进口量已从2007年的38.7亿m^3增至2010年的约160亿m^3，年均增长率为60.5%。具体有：

(1)建设中俄、中亚、中缅进口天然气管道，形成西部、南方、东北和沿海4大天然气进口通道。

(2)2010年和2015年管道天然气进口能力分别达到约540亿m^3和900亿m^3。2020年有望达到1450亿m^3。

(3)2010年和2015年LNG总进口能力分别达到3945万t和7255万t。

5.6.1.4　天然气基础设施不断完善，供应保障程度得到提高

根据我国"十二五"规划，到2015年，我国天然气产量将达到1500亿m^3，加上进口天然气作为补充，天然气市场供应量将超过2400亿m^3，国内天然气市场供需基本平衡，基本可以满足快速增长的市场需求。预计到2015年，我国天然气市场消费量在2300亿～2400亿m^3之间。"十二五"末，我国将建成西二线、西三线、西四线、陕京三线、中卫—贵阳、中缅、中俄等10多条天然气管道，新建干线天然气管道长度2.4万km，建成液化天然气接收站4座，基本形成资源多元、调度灵活、供应稳定的全国性油气管网供应体系，其特点是：

(1)形成全国天然气输送管网。

(2)区域和省内输气网络正在积极建设之中。

(3)正加紧建设和规划建设地下储气库，形成多气源联网供应格局。

(4)除了庞大的建设任务之外，今后如何对全国天然气网(可包括LNG)输送以及储备系统进行有效、统一管理的问题方面，在国家层面上应该及早研究和决策，目前仅以中石油为主的管理体系看来是需要有所突破，建立全国性的天然气公司和天然气管网是一项迫在眉睫的任务。

5.6.2　开发中国天然气市场应注意的几个问题

5.6.2.1　坚持以国内资源为主、国外资源为辅的天然气供应策略

这主要是基于以下因素的考虑：

(1) 国内天然气资源比较丰富

只要在各个层面上加大鼓励勘探开发的政策支持力度，加强技术攻关和勘探开发的投入，天然气储量和产量增长有可能超出预期。如果近期在开发非常规天然气(页岩气、煤层气、致密气)方面有重大突破的话，那么坚持以国内资源为主的天然气供应策略应是一种最小风险的可持续发展战略。

(2) 保障天然气进口长期安全供应

在可以向我国出口天然气的国家中，缅甸、俄罗斯和中亚一些国家与我国直接相邻，俄罗斯有过与乌克兰“斗气”、甚至断供的先例，目前乌克兰事件还在继续发酵，存在许多未知数；其余天然气进口通道或者要经过第三国过境，或者有漫长的海运路线；部分天然气出口国的政治经济形势存在着较大的不确定性；同时目前我国天然气储存能力严重不足，对保证天然气供应的稳定性和安全性是不利的。

2012 年，中国天然气产量为 $1077\times10^{8}m^{3}$，表观消费量达到 $1471\times10^{8}m^{3}$。2012 年中国天然气消费对外依存度为29%，2013 年中国国产常规天然气 1120 亿 m^3，进口天然气 515 亿 m^3，出口天然气 24 亿 m^3，表观消费量 1611 亿 m^3，进口依存度 30.5%，进口依存度进一步攀升(注：2013 年中国煤炭进口依存度 8.13%，原油对外依存度 57.39%)。

(3) 用户气价承受能力有限

目前(原油价格 80 美元/桶)的进口气到岸价与国产气平均出厂价相差 1 倍以上。中国人均 GDP 排在世界 100 位之外，近中期内大部分地区不具备大量消费进口高价天然气的经济能力。此外，长期低气价的惯性思维，使普通居民用户和社会舆论很难接受气价的大幅上涨。

(4) 可有利于在进口气价格谈判中掌握主动。由于政府决心加大天然气利用，到 2018 ~ 2020 年，中国有望通过管道每年从中亚和俄罗斯进口 2000 亿 m^3 的天然气。根据目前所签协议，中亚国家届时将每年向中国出口 850 亿 ~ 1000 亿 m^3 天然气。到 2030 年，预测中国天然气消费对外依存度为 40%，现在看来届时可能高于这一数字。问题是天然气进口依存度过高将增加国家能源风险，也难于获得进口气价谈判的主动权和国际天然气定价的话语权。

5.6.2.2 建立天然气储备体系

建立天然气储备体系，稳定天然气供应，这是一个和战略原油储备体系同样重要的课题。也是国际上解决天然气冬季气荒的重要措施之一。

目前，中国地下储气库工作气有效容量仅为天然气年消费量的 2% 左右，不仅与欧美国家 20% 左右的水平相距甚远，而且与 12% 的世界平均水平也有相当大的距离，这是造成我国近年冬季“气荒”的主要原因之一。

为保证天然气供应的稳定性和安全性，当前急需建立我国天然气储备体系，主要内容包括：

(1) 和国家战略原油储备体系一样，应建立国家天然气储备体系，制定有关天然气储备的法律法规或政策，规定天然气储备的气量、责任和业务。

(2) 国家投资在天然气进口通道和重要城市附近及地质条件适合的地点建设战略或应急储气库。

(3) 以市场为导向，鼓励第三方(包括供应企业、大型工业用户和城市燃气公司)出资建设商业性天然气储备设施(季节储气库和调峰储气库)，可采取包括民营、混合营，中资、外资等多种方式。

有关天然气储备体系进一步分析详见本书第 6 章。

5.7 天然气价格

总的来说，我国天然气价格相对便宜，2012 年欧美等国家平均天然气到岸价为 49 美元/桶，相当于布伦特原油价格的 44%，同年中国国内天然气出厂价为 32 美元/桶(1170 元/km^3)，只相当于布伦特原油价格的 29%。与替代能源等热值比较，2011 年北京地区天然气价格分别为燃料油的 73.6%、液化石油气的 67.4%、电的 40%，详见表 5-8。

近年来，国家不断调整完善天然气价格政策，以促进天然气行业的健康发展。但受发展阶段等因素影响，我国天然气的价格政策仍处在调整完善过程中。天然气价格还处于管制之下，天然气出厂价、管输费和城市输配费都由国家严格控制，难以反映实际供需关系，一般情况下会造成天然气价格偏低，从而打击了企业进行天然气尤其是页岩气资源勘探开发的积极性。

理清天然气价格调整和价格形成机制改革的背景、方向、路径和一些争议问题，有助于凝聚共识，更好地推进天然气价格的正常调整和价格形成机制的改革(包括价格分级)，促进天然气行业的持续、快速、健康发展。

表 5-8　2011 年北京地区天然气价格与替代能源等热值价格比较

能源	价格	等热值/kcal	单位热量对应的价格/(元/10^6cal)	天然气与其他能源的等热值价格比/%
天然气	2.53 元/m^3	8000	0.32	
燃料油	4.3 元/kg	10000	0.43	73.6
液化石油气	5.63 元/kg	12000	0.47	67.4
电	0.68 元/(kW·h)	861	0.79	40.0
标准煤	0.75 元/kg	7000	0.11	295.2

注：数据来自《北京统计年鉴 2011》。1cal = 4.186J。

5.7.1 天然气价格改革的重大意义

我国常规天然气资源相对贫乏，剩余可采储量不足世界总量的 2%，人均探明剩余可采储量只有世界平均水平的 7% 左右。因此，增加天然气供应，不仅要增加国内的勘探开发投资，包括非常规天然气的勘探开发，还需要利用好国外资源。据统计，2007～2012 年，我国天然气进口量从 40 亿 m^3 增加到 425 亿 m^3，5 年增长 9.6 倍；进口依存度从 2% 提高到 27%，每年提高 5 个百分点。虽然天然气进口量持续快速增加，但 2013 年 7 月调价前的国内天然气出厂价格比中亚进口天然气到岸完税价格还要低 1.5 元/m^3，这既不利于扩大进口天然气，也无法激励包括民营资本在内的投资者勘探开发天然气资源的积极性。同时，国内天然气价格过低，也造成一些行业过度利用天然气。由于价格机制对供应的激励不足，对需求的约束也不足，天然气供不应求的问题已经浮现(尤其是冬季)。要实现天然气的可持续供应和利用，必须充分发挥价格机制的作用，利用价格机制鼓励企业加大资源勘探开发力度，增加进口，增加天然气供应，不断优化我国的能源结构。

5.7.2 天然气价格改革的方向和路径

(1)价格信号是市场运行最重要的信号，也是调控市场供需最重要的“指挥棒”

天然气价格形成机制从根本上说就是解决如何确定价格信号。从长远看，随着竞争性市场结构的建立，天然气出厂价格最终应通过市场竞争形成。天然气价格改革的最终目标是放开天然气出厂价格，由市场竞争形成，政府只对具有自然垄断性质的天然气管道运输价格进行管理。2013年6月28日，国家发展和改革委员会发布了《关于调整天然气价格的通知》，指出天然气价格调整的基本思路是“按照市场化取向，建立起反映市场供求和资源稀缺程度的与可替代能源价格挂钩的动态调整机制，逐步理顺天然气与可替代能源比价关系，为最终实现天然气价格完全市场化奠定基础”，这和十八大进一步深化改革的精神是一致的。显然，我国调整天然气价格和改革价格形成机制一直是沿着逐步市场化的方向在稳步推进。

受市场结构、供应结构等因素影响，短期内我国还不具备完全通过市场竞争形成价格的条件。在这样的背景下，我国天然气的价格调整和价格形成机制改革实际上采取了“准市场化”和“稳步放宽市场准入”的办法来推进。

(2)天然气的价格“准市场化”

“准市场化”体现在天然气的价格调整和价格形成机制改革一直在探索建立反映市场供求和资源稀缺程度的价格动态调整机制，并将“逐步理顺天然气与可替代能源比价关系”作为确定天然气价格的主要选择。在确定与天然气价格挂钩的可替代能源产品时，基本选择了市场竞争程度更高的可替代能源产品，即通过市场化程度更高的可替代能源产品的价格来确定天然气的价格，这也表明天然气定价机制改革更加注重通过市场方式确定天然气价格。在目前国产天然气价格水平相对偏低的情况下，采取与可替代能源价格挂钩的办法定价既坚持了市场化定价的基本取向，也有利于激励生产者，因此有利于鼓励天然气供应。

(3)天然气的价格“稳步推进市场准入”

通过稳步推进天然气行业的市场准入改革，逐步增强天然气市场的竞争性，为最终实现天然气价格由市场竞争形成创造条件。近年来，国家在稳步推进天然气行业的市场准入改革，在页岩气等领域开始引入新的竞争主体。2011年，国家已将国产海上天然气和页岩气、煤层气、煤制气出厂价格以及液化天然气气源价格放开由市场形成。同时，国家还将积极推进管道向第三方开放，实行市场价格的气源可委托管道运输企业代为输送，并按国家规定的管道运输价格支付运输费用。从未来发展看，天然气价格改革的最终完成，仍需要更加重视市场准入等配套改革，引入新的市场主体，不断增强市场的竞争性。

(4)建立健全居民生活用气阶梯价格制度

长期以来，我国对居民用气长期实行低价政策。一方面，居民用气价格明显低于其他工商业用户的价格，交叉补贴现象严重，不足20%的居民家庭消费了40%的居民气量，导致用气量越大的用户享受的补贴越多，没有体现出公平负担的原则；另一方面，也造成部分居民用户过度消费天然气，这部分用气量最多不足5%的居民家庭消费了20%的居民用气量。

为鼓励居民节约用气，公平负担，促进天然气市场可持续发展，有必要在全国范围内实现生活用气阶梯价格制度，与传统的单一气价比较，阶梯气价可更体现出效率和公平。

2014年3月，国家发展改革委印发《关于建立健全居民生活用气阶梯价格制度的指导意见》，部署建立健全居民生活用气阶梯价格制度。指导意见明确将居民用气划分为三档，第一档用气量，按覆盖区域内80%居民家庭用户的月均用气量确定，保障居民基本生活用气需求；第二档按覆盖区域内95%居民家庭用户的月均用气量确定，体现改善和提高居民生活质量的合理用气需求；第三档用气量为超出第二档的用气部分。各档气量价格实行超额累进加价，第一、第二、第三档气价原则上按1:1.2:1.5左右的比价安排。

国家发改委要求在2015年底前，全国所有设市城市全面实行居民阶梯气价。目前河南全省，江苏的南京、无锡、徐州、淮安等市，湖南的长沙、株洲、湘潭；广东深圳等城市都实现了阶梯气价，效果良好。

河南省从2009年开始试点，到2011年11月全省统一实现阶梯气价。目前的方案是第一档气量50m³，覆盖87%居民用户，价格2.25元/m³，第二档气价2.93元/m³。气价的拉开，对提高居民节约意识，特别是对壁挂炉取暖、家庭酒店等消费天然气的抑制作用较为明显。下一步将根据指导意见，进一步完善阶梯政策，使得阶梯气价发挥更好的作用。由于实现之初没有统一的标准，各地在气量分档、各档气价、不同档次气量覆盖用户群体比例等方面有较大差别，国家指导意见出台后，已经实现阶梯气价的城市政策将做微调。表5-9为已实现阶梯气价的部分城市气价统计。

上海市继2008年后，2014年9月1日起，拟再次对居民管道燃气价格进行调整，居民天然气价格拟上调0.52元/m³，从现行的2.5元/m³调整为3.02元/m³，上浮20.8%，阶梯气价亦将同步实施，同时将修改完善现行的居民天然气上下游联动机制。上海居民用气量分为三档，分别按照覆盖区域内80%、95%和超出部分的居民用户用气量确定。结合上海实际，第一档用气量对应户年用气量为0~310(含)m³；第二档用气量对应户年用气量为310~520(含)m³，第三档对应户年用气量为520m³以上。各档气量价格实行超额累进加价。第一档气价为3.00元/m³；第二档气价为3.30元/m³；第三档气价为4.20元/m³。

价格倒挂不是市场化，包括天然气在内的能源价格上升是必然趋势，也是建立节约型社会的经济杠杆，但让大众支付高价之前，先取消体制性的进入门槛限制，让能源勘探、开采真正实现市场化，取消垄断对社会福利的折损，让民众享受市场化的红利。

表5-9　已实现阶梯气价的部分城市气价统计

地区	第一档气量	一档价格	第二档气量	二档价格	第三档气量	第三档价格	学校福利院
南京	15	2.2	15~50	2.6	>50	3	2.6
无锡	50	2.5	>50	3			2.6
徐州	75	2.45	75~125	2.695	>125	2.94	2.695
淮安	50	2.4	>50	3			2.6
湖南	50	2.45	>50	3			2.45
河南	50	2.25	>50	2.93			1.9

注：气量单位为m³，价格单位为元/m³。

值得注意的是，阶梯气价的实施可能会带来燃气表和天然气计量方式的重大变革。

阶梯气价实施后，各地居民用气将由现在的一档气计价变为三档气计价，结算周期也将分为月度、季度或者年度，具体用气量在周期内不累计、不结转。这意味着，如果继续使用现有的气量式机械燃气表，燃气公司员工上门抄表无论在时间还是计量上，都要做到更加精确，否则阶梯气价实施效果将大打折扣。实施金额式燃气表则可以比较方便地实现阶梯计价，它有可能逐步取代气量式燃气表。当然，天然气计量改革是一个循序渐进的过程，将气量式燃气表换成金额式燃气表，或者换成互联网表实现数据的实时传输，都不是计量改革的最终结果，最终天然气计量还要将热值因素考虑进去，由体积计量转换为能量计量，这也是通常的国际做法。

5.7.3　目前存在的问题

作为重要的、而且是发展速度最快的一种基础能源产品，天然气的价格调整和价格形成机制改革一直广为关注。理清一些有关这方面的问题，将有助于天然气价格的正常调整和价格形成机制的改革。

（1）短期上调价格与中长期价格稳定的关系

由于我国天然气价格水平相对偏低，近年来的价格调整一直是上调价格。价格上调虽然会在一定程度上增加用户的成本，但必须看到，价格调整是调节供求最有效的方式，价格上调将有利于增加天然气行业的投资，将有利于天然气供应量的持续较快增加，从而有助于天然气价格在中长期范围内保持在相对合理的水平上。美国天然气价格变化历程就是一个很好的范例，20 世纪 70 年代末美国曾对天然气价格进行过限制，结果是造成天然气行业投资的下降和供应进一步紧张，并一度造成大范围的"气荒"，价格控制并未取得预期效果。此后美国放开了对天然气的价格控制，天然气价格短期内也出现了上涨，但由于天然气价格的上涨带来了投资的增加进而增加了天然气供应量，天然气价格并未呈现持续上升态势。近年来美国由于页岩气的大规模开发，天然气供应量的显著增加是造成美国天然气价格明显回落的主要原因，这一辩证关系值得引起我国能源安全顶层设计者关注。因此，理清短期价格变化和中长期价格变化的关系，将有助于正确认识价格调整和价格形成机制的改革。

（2）天然气价格调整和稳定物价的关系

从 2005 年以来我国天然气定价机制改革和价格调整情况看，受国内物价上涨等因素影响，我国天然气价格调整实际上并未严格按照已出台的定价机制执行，天然气价格调整的频率和幅度实际上均未达到 2005 年 12 月公布的定价机制所确定的要求。在宏观经济和物价等形势发生较大变化时，对天然气等能源价格进行有控制地调整，短期内虽有助于减少面临的物价上涨压力，但也会造成价格信号失真，同时也会影响到市场对未来价格改革趋势、进程等的判断，也无法向市场传递长期、准确的价格信号，客观上就会对能源产品的供需带来不利影响。从未来发展趋势看，受供给结构和需求变化等因素影响，能源价格大幅波动的情况仍将持续。因此，有必要及早理顺天然气价格水平，完善天然气价格形成机制。近期的天然气价格调整抓住了国内物价水平相对较低的有利时机，在不对整体物价形势带来明显冲击的情况下，实现了增量气价格与可替代能源价格直接挂钩，向市场传递了较为明确的价格改革信号，为今后的价格调整和价格改革奠定了较好基础。

随着中国能源价格改革的不断实施，天然气进口价格倒挂现象将会逐渐减少。按照接轨价测算，2015 年中国天然气价格将提高 77%，相比汽柴油的价格优势将下降约 30%，天然气的价格优势将会有所减弱。在天然气对外依存度逐渐升高的情况下，进口天然气价格和国内市场价格的倒挂情况是不可持续的，有业内专家预测到 2015 年中国国内天然气市场价格将达到欧盟水平，价格倒挂现象也将结束。

（3）天然气价格上调与合理调整各方利益的关系

天然气价格上调必然会增加用户的负担，因此，在天然气价格上调时，需要合理调整各方利益关系。由于不同行业和群体对天然气价格调整的承受能力存在较大差异，在历次调整天然气价格时，国家都非常重视完善利益调节机制，对生活困难人群和一些公益性行业建立补贴和救助机制，在天然气价格上调时对生活困难人群和部分公益性行业给以适当的补贴。从未来发展看，在天然气价格调整和完善价格形成机制过程中，仍需要进一步完善利益调节机制，将天然气价格调整的影响尤其是对人民生活水平的影响程度降到最低。

在 2007 年的基础上，目前国家发表的天然气利用产业政策将优先使用的对象扩充为 12 类（详见第八章－附录），其中，天然气汽车、船舶和天然气分布式能源项目尤为值得注意。因为这将直接刺激天然气消费，尤其刺激城市燃气等民用领域的消费，这对相关天然气企业来说是一大利好。与之相对应的是，天然气化工依旧属于天然气使用中最不受欢迎的对象。《政策》指出，除陕、蒙、晋、皖等十三个大型煤炭基地所在地区建设基荷燃气发电项目外，天然气制甲醇装置等为禁止项目，而天然气制合成氨、乙炔、氮肥等仍属“限制类”。由于我国仍处在天然气供应稀缺的阶段，国家在行政层面约束了大部分天然气化工的发展。但对某些天然气产地的地方政府来说(如重庆)，天然气格相对低廉，外输并不会带来很多收益，而发展天然气化工经济性强，可以拉动地方经济和就业。事实上，天然气化工是能源化工中的一大支柱，目前全球约有85%的合成氨及化肥、90%的甲醇及甲醇化学品、80%的氢气、60%的乙炔及炔属化学品、40%的乙烯(丙烯)及衍生产品是用天然气原料和天然气凝析液生产的，目前虽然没有可能大力发展全国性的天然气化工，不等于今后不发展，关键取决于资源。

5.7.4 天然气价格改革的进展步伐将有助于中国页岩气资源的开发速度

国内天然气生产成本与其他替代性能源相比较低，在政府确定国内天然气价格的机制中起着重要作用。这说明为什么中国市场对高气价如此敏感。虽然消费者支付燃气费用的能力不断有所提高，但由于定价偏低的常规天然气供应和替代性能源(特别是用于发电的煤炭)的价格竞争，中国对于昂贵的天然气、尤其是进口天然气的承受能力仍然是十分有限的。虽然目前还难以知道中国页岩气等非常规天然气生产成本的盈亏平衡点，但如果确定其成本过高，中国肯定能够、也愿意寻求比较便宜的气源或其他品种的能源，包括煤制气。

国内天然气价格的变动也许最终有能力抵消中国页岩气生产成本而有余。中国政府已开始实施国内天然气定价机制的改革，广东和广西两省区首先在2011年12月启动，这两个省区的城市门站气价将与燃油和LPG价格(上海口岸进口价)挂钩。中国政府批准这一改革措施的初衷是为了确保上游生产厂商有较好的投资回报，也是为了鼓励未来非常规气源(运行成本可能更高的)的生产。天然气价格将每年调整一次，最终过渡到每季度调整一次。但是改革的具体进度目前尚未公布。从长期来说，预期天然气价格将通过市场竞争来确定，而政府只对管道运输费和城镇输配气费用等垄断性价格实施监控。有的研究认为，在预测期内中国国内生产的天然气价格将最终稳定在略低于进口土库曼天然气中国口岸价的水平。

5.8 中国LNG产业

5.8.1 中国LNG进口

将天然气长距离输送到需求市场，通过船运是LNG海上运输唯一的方式。中国从2006年开始进口液化天然气。2012年，中国进口LNG达到1468万t，中国沿海LNG接收站包括运营和在建的数量已达14座，全部建成后总接收能力将超过5000万t/a。表5-10为中国LNG接收站基本情况(截至2013年12月)。

表5-10　中国LNG接收站基本情况(截至2013年12月)

序号	项目名称	设计能力(Mt/a)		投产时间
		一期	两期合计	
1	广东大鹏	3.7	7	2006年6月
2	福建莆田	2.6	6	2008年4月
3	上海洋山	3	6	2009年10月
4	江苏如东	3.5	6.5	2011年6月

续表

序号	项目名称	设计能力(Mt/a)		投产时间
		一期	两期合计	
5	辽宁大连	3	6	2011 年 7 月
6	浙江宁波	3	9	2013 年 4 月
7	广东东莞九丰	3		2013 年 10 月
8	珠海金湾	3	9	2013 年 10 月
9	天津(浮式)	2.2	6	2013 年 12 月
10	山东青岛	3	6	2014 年
11	河北曹妃甸	3.5	10	2014 年
12	海南	3	3	2014 年
13	广西北海	3	5	2015 年
14	天津南港	10	10	2016 年
15	深圳	6	6	2015 年
16	广东揭阳	2	4	2016 年
合计		57.5	99.5	

中国对液化天然气的需求量很大，自 2008 年以来，中国 LNG 进口量年均增速 38%，未来中国 LNG 进口规模仍将大幅增加，2020 年进口量预计可达 3000 万 t。按照合同我国 LNG 主要来源于卡塔尔、澳大利亚、印度尼西亚和马来西亚，其他的均为短期合同和转口贸易，卡塔尔是中国进口 LNG 的最大资源方，来自卡塔尔的气源约占 1/3。一般来说，短期合同和转口贸易的液化天然气价格比合同价要高出 50% ~100%，因此，在建设 LNG 接收站前，做好规划和前期工作很重要，应该争取得到长期合同价。

2012 年世界液化天然气贸易量为 3279 亿 m^3，中国液化天然气进口量为 200 亿 m^3，占世界总量的 6.1%；中国台湾地区进口量为 169 亿 m^3，占世界总量的 5.2%。表 5 -11 为 2006 ~2011 年中国内地(未计入台湾地区)液化天然气进口量及国别。

表 5 -11　2006 ~2011 年中国液化天然气进口量及国别　　亿 m^3

国别	2006 年	2009 年	2010 年	2011 年	2012 年
美国				2.0	
特立尼达/多巴哥		0.8	0.7	5.0	2.0
俄罗斯联邦				3.0	
阿曼		0.9	16.1		1.0
卡塔尔		5.5		32	68
俄罗斯		2.5	5.1		5.0
埃及	2.5	0.8	0.8	2.0	4.0
尼日利亚	0.8	0.8	1.7	10	4.0
也门			7.0	11.0	8.0
澳大利亚	10.0	47.5	52.1	50.0	48.0
印尼		7.2	24.5	27.0	33.0
马来西亚		8.8	16.8	21.0	25.0
总进口量	10.0	76.3	128.0	166.0	200.0

5.8.2 中国LNG进口价格

当前，国际LNG市场依然处于卖方市场。我国进口LNG价格远高于欧洲和美洲价格，预计国际LNG价格近期下降的可能性不大，进口LNG成本大幅上升，严重制约着国内LNG产业的发展。如2013年3月，中国LNG进口均价为551美元/t(10.60美元/百万英热)，来自卡塔尔LNG资源进口均价为932.36美元/t(17.94美元/百万英热)。而也门现货进口均价则达到1026.71美元/t(19.74美元/百万英热)，成为国内进口LNG价格最高的现货资源。

早在2008年，中海油引进卡塔尔液化天然气之初，就在开拓下游市场遇上了难题。直到现在，广东大鹏、江苏如东，辽宁大连、浙江宁波等这些接收站在进口卡塔尔气业务方面，一直处于亏损状态。2014年1~3月，由于进口高价卡塔尔资源，江苏如东接收站平均毛利润为-1407元/t，而大连接收站平均毛利润则为-1758元/t，当务之急是要扭转这个局面。

5.8.3 国内中小型天然气液化产业的发展

自21世纪初以来，尤其近两年，中国国内小型天然气液化技术发展及项目建设非常迅速，LNG工厂的单系列生产能力不断提高，目前中国已建成投产的天然气液化厂已近70座，总产能达到近2900万m^3/d，另有62个总产能达到5300万m^3/d的项目在建，29个总产能为4030万m^3/d的项目在审批中。在过去的两年里，国内LNG工厂单套规模在30万m^3/d和1000万m^3/d以上的项目数量在快速增长。截至目前，国内已有约70个中小规模的天然气液化工厂建成投产，目前能力最大的是安塞50万t/a的天然气液化装置。

推动国内小型天然气液化项目建设的动力是经济效益。以华东地区为例，2014年4月，江苏省内进口气价为5200元/t，而北气送到价则只有4700~5000元/t。相比进口LNG，国产LNG送到华东、华南地区很有优势。即使完全购买国外的技术设备进行建设，LNG厂商依然可利用差额盈利，所以国内至今尚没有用自主的技术建成大型的天然气液化工程。2012年国内LNG工厂平均毛利润为682元/t，较2011年降低286元/t，跌幅为29.5%。对国内LNG产业发展而言，国产化的技术和装备不是主要问题，关键是气源。受气源限制，目前国内LNG的产量依然很小，主要起应急补充作用。

如果今后非常规天然气和海上天然气及管道气能加快发展，实现气源资源多元化，国内中小型天然气液化产业将得到适度发展，就有可能削弱国际LNG价格上涨对我国的影响。我国LNG产业还刚刚起步，绝不能让经济利益作为LNG产业发展的决定因素，还应有适当的资源、财税(价格)和环保政策支持，国家应创造有利国内LNG产业发展的政策环境。

第6章　天然气上下游产业链开发若干重点环节

本章主要讨论天然气上下游产业链开发过程中4个若干重点环节，即天然气储存；天然气管道建设；天然气汽车产业和大力推广分布式燃气冷热电三联供技术(DES/CCHP)。这对于无论是天然气产业开发，包括页岩气产业开发它们都有重要的推动作用。

6.1　天然气储存

6.1.1　天然气储存的重要意义

当今中国天然气的主要用途已经转向作为民用燃料。天然气民用消费的特点是季节消费量相差悬殊，冬季用气峰值往往是夏季谷值的几倍甚至十几倍。以北京为例，冬季高峰时天然气日消费量超过5000万m^3，而夏季低谷时日消费量不足400万m^3。

从资源角度讲则与之相反。夏季天然气气源充足，冬季用气紧张，这是我国许多地方天然气供应长期面临的一个问题。要想解决这个问题，储存足够数量的天然气是最佳方案之一。这对季节的变化如此，对于天然气的日调峰也如此。因此，调峰能力的大小将决定天然气供应能否安全、平稳和高效。要想增强调峰能力，必须建立相应的储备和应急保障供气体系。

天然气储气库建设是一个关系到国家能源和公共安全的重大战略问题。由于天然气对管线严重依赖，国内外为解决天然气调峰问题采用的储气方式有长输管道末段储气、高压管束储气、地面储罐储气、LNG(液化天然气)储气和地下储气库储气等许多方式。其中，地下储气库是最佳和最主要的天然气储存方式，容量占在整个天然气储备量90%以上。以下仅讨论建设天然气储气库的有关问题。

一般来说，地下储气库是在较深的地下找到一个完全封闭的地质构造体，在地面用压缩机输送的方式把天然气注入这个地质构造体中储存起来，形成人工气田或气藏。

储气库主要应建在靠近下游天然气消费城市附近，以保障季节调峰需要。与地面储气设施相比，地下储气库具有明显的优势：一是储存量大，机动性强，调峰范围广；二是经济合理，虽然一次性投资大，但是经久耐用，储气成本低；三是安全性远高于地面设施。

地下储气库的功能并不局限于天然气季节调峰，而是有更重要的价值——天然气城市应急储备和国家战略储备。如果爆发重大自然灾害、严重管道故障、大规模战争等，地下储气库的战略意义就显示出来。1999年冬天，法国受气候因素影响，用气量骤增，市场天然气供给量的52%来自地下储气库。日本是世界上唯一颁布天然气储备法的国家，一些国家已开始研究天然气的战略储备。

目前，天然气生产和消费大国都把地下储气库的建设作为天然气上下游一体化工程的重要组成部分进行总体规划。比如美国有400多座地下储气库，库存量占美国全年天然气消费量的1/3。欧洲拥有60多座储气库，多数国家天然气储备率为15%～25%。这些储气库与各类天然气管网衔接，保证了天然气供应安全。全球30多个国家共有600多座地下储气库，3332亿m^3库容，约占全球天然气年消费量的11%。

6.1.2 地下储气库的三种类型

天然气地下储气库有以下三种类型：

(1)枯竭油气田型地下储气库。这是目前世界上最广泛采用的形式，全球已建成400多座。枯竭型油气田地下储气库约占世界储气库总数的77.6%。

美国大部分储气库建设于1910～1950年，其中86%是枯竭型油气田地下储气库。俄罗斯地下储气库开始于上世纪50年代，以枯竭型油气田地下储气库和含水层为主。目前，俄罗斯天然气工业股份公司已建成20多座地下储气库。意大利地下储气库于1964年建成第一个天然气储备库，目前有10个，为枯竭型气田地下储气库。

(2)含水层地下储气库，也称为人工气田。

(3)盐穴型地下储气库，其特点是：储气容量大、工作气量比例高，但投资大、施工周期长。

法国地下储气库1956年开始建设，1965年投入使用。目前有15座，其中13座为含水层地下储气库，2座为盐穴地下储气库，为欧洲地下储气库最多的国家。

地下储气库均按公司化模式运行，如美国，主要包括洲际、州内管道公司、地方配气公司化独立的储气库服务商。俄罗斯储气库全部由俄罗斯天然气工业股份公司负责管理。英国大部分由BG储气公司管理。由于存在峰谷天然气气价差，这些公司都可以获得稳定的投资回报。

6.1.3 我国天然气地下储气库建设

我国储气库建设是天然气产业的“短板”，储气库建设相对滞后，调峰能力整体较弱，应对风险能力不足。调峰能力上不去，从根本上分析气荒问题难以避免。世界上一些国家储气库储气量平均占总消费量的比例在11%左右，有些国家达到15%，而我国还不到3%。加快储气库建设速度势在必行。

未来中国将成为世界巨大的天然气储气市场。据国际天然气信息中心(CEDIGAZ)最近发表的《2013世界地下储气库报告》，预计中国的天然气生产能力2030年将达600亿～750亿m^3。届时，储气能力将占需求的12%～15%，相当于44～55天的消费量，中国将成为世界最大储气市场之一，占世界储气能力的11%～12%。

我国地下储气库建设起步较晚。20世纪70年代，我国在大庆油田曾尝试利用气藏建设储气库。随着陕京长输管线的建设，为保证京津冀地区的安全供气，我国于上世纪90年代初开始研究建设地下储气库。

目前，我国全面建成的只有中国石油的大港储气库群。该储气库群由大张坨等6座储气库组成，是陕京管线重要组成部分，设计库容能力30亿m^3。

我国地下储气库建设速度迟缓的客观原因之一是建库地质资源缺乏、建库技术不完善。

我国东部地区是天然气主要消费区，但东部断陷盆地形成复杂破碎的断块构造加上储层复杂多变的陆相河流相沉积，在浅层中难以寻找到合适的构造。同时，东部气藏少，没有足够的气田用于建库，利用复杂储层油藏改建储气库的经验尚不成熟，因此建库存在较大难度。我国南方的地质条件同样比较复杂，中小型盆地储盖组合也给含水层储气库建设带来很大困难，增加了勘探的难度，延长了建库周期。总体来看，地下储气库设计及建设技术与我国复杂的建库地质条件不相适应，是我国天然气产业面临的重大技术挑战之一。

此外，气库设计不同于气藏开发。气库投产运行后的岩石结构、密封程度、生产能力是否发生改变等也尚需做进一步研究。

作为我国最大的天然气生产商，中国石油的天然气产量约占我国总产量的八成，在储气库建设上也正快马加鞭。目前，中石油投入使用的地下储气库仅有天津大港和江苏盐穴两处，总计储气量在 20 亿 m^3 左右，占其总销售气量的比例不到 3%，远低于一些发达国家的储气水平。中石油计划在 2011 ~ 2015 年修建 10 座储气库，总库容达到 224 亿 m^3，主要分布在气源所在地、消费中心及大型骨干管网周边，位于华北、新疆等地。届时储气库工作气量占总销售气量的比例将有所上升，将达到 8% ~ 10% 左右。

2013 年 7 月，位于新疆准噶尔盆地南缘为西气东输工程管网配套的第一个大型系统呼图壁储气库依托已接近枯竭的呼图壁气田的藏气地层建设而成，设计总库容量为 107 亿 m^3，是中国继天津市大港区天然气储备库之后投入使用的第二个大储气库，也是中国规模最大的天然气储备库。除大港储气库群外，中国石油的京 58 储气库群已投产试运行，江苏的金坛、刘庄储气库在加速建设。

经过两年多的准备，2012 年中国石油宣布在地处鄂尔多斯盆地的长庆油田利用废弃气田建设国内最大储气库，目标储气量是 120 亿 m^3。该储气库利用废弃的气田建设，采用一边开发一边建储气库的模式。长庆油田储气库建成后，将成为中国最大的储气库。该储气库的注气时间将达 220 天，平均日产气 1 亿 m^3，可供陕京线等天然气管道调峰使用 120 天。

中国石化也积极行动，加快推进储气库建设，在今年初要求下属单位统筹协调“川气东送”管道的配套储气库建设，加快工程进度。目前，“川气东送”管道配套储气库建设进展顺利。中石化中原油田文 96 地下储气库已于 2013 年 11 月开始采气（设计库容量 5.88 亿 m^3，有效工作气量 2.95 亿 m^3），胜利油田永 21 储气库建设已经通过审批。

随着天然气消费量的迅速增长，虽然储气设施建设规模越来越大，但是未来几年仍满足不了全部的调峰需求。有预测显示，2015 年国内天然气市场需求 2148 亿 m^3。即使快马加鞭建设，到 2015 年，国内地下储气库的工作气量也仅为当时年供气量的 5%，同平稳供气的需求还有较大差距，是天然气产业链上的一个突出的薄弱点，形势不容乐观。在未来相当一段时间，我国天然气季节调峰需求与储气设施不足的矛盾仍将非常突出。因此，从产业链方面分析，天然气储存和天然气开发实际上处于同样重要的地位，应引起从国家层面到地方各部门的高度重视。表 6 - 1 为我国“十二五”储气库重点项目表，设计总工作气量 257 亿 m^3，投资 811.4 亿元。我国天然气储备库选址包括：河南平顶山；辽宁辽河；黑龙江大庆；吉林长春；河北雁翎；河南文留；江苏淮安；湖北应城；湖北潜江；云南安宁；内蒙鄂尔多斯共 11 处，沿海地区基本上没有，这说明在天然气储存方面当前还存在重大的薄弱环节，有关地下储气库设计及建设技术与我国东部复杂的建库地质条件不相适应问题目前并没有得到彻底解决，需要国家在“十三五”能源发展规划中予以重点关注，以进一步提高东部天然气储存能力。

表 6 - 1　我国“十二五”储气库重点项目

序号	地区	储气库	设计工作气量/亿 m^3	投资/亿元
1	辽河	双 6	16	84
2	大港	板南	4	13.2
3	华北	苏 1	2	
4	华北	苏 20	1	

续表

序号	地区	储气库	设计工作气量/亿 m^3	投资/亿元
5	华北	苏4	12	67.1(3-7项)
6	华北	苏49	5	
7	华北	顾辛庄	4	
8	华北	文23	4.5	18.5
9	西南	相国寺	23	119.1
10	新疆	呼图壁	45	98.6
11	榆林	榆林储气库	60	180
12	大庆	大庆库群(3个库)	10	65(12+13项)
13	吉林	吉林库群(2个库)	10	
14	辽河	齐13	2.5	7.5
15	江苏	金坛一期盐穴	2.41	10
16	江苏	金坛二期盐穴	1.5	15.4
17	中原	文96	2.95	10
18	胜利	永21	1.43	5
19	中原	文23一期	17	50
20	江汉	黄场盐穴	2.5	13
21	江苏	淮安盐穴	11.9	13
22	云南	安宁盐穴	9.9	10
23	湖北	云应盐穴	5.8	17
24	河南	平顶山盐穴	12.1	15
合计			257	811

6.2 天然气管道建设

6.2.1 天然气管道运输的重要性

管道运输具有一次性投资少、运输成本低、安全性高、利于环保等优势，是能源运输的重要途径，尤其适合长距离运输易燃、易爆的石油、天然气。自1865年美国建成世界上第一条输油管道至今，油气管道运输已有近149年的历史。目前，全球油气管道总长已超过300万km，其中近70%为跨境和过境管道，每年运输油气量占全球油气贸易总量的60%左右，油气管道显然已成为油气跨境运输的一个重要途径。

油气管道不只是一条能源输送通道那么简单，而且具有重大的战略意义。一个国家如果能控制一条油气通道，就可以将自己的政治、经济、军事影响力扩展至管道所经过的所有国家，从而可能打破该地区的地缘政治格局，引发地区力量的重新组合。

如果石油、天然气是软件，油气管道就是提供平台的硬件，这也是近年来全球油气管道建设持续升温的主要原因之一。美国《油气杂志》统计，仅2006年，全球用于新建油气管道的总投资就高达 276 亿美元，新建管道总长近 2 万 km，其中天然气管道占 56%；预计 2016 年前，全球可能再投入 1160 亿美元，铺设油气管道 10 万 km，其中 74% 为天然气管道。

《BP 世界能源统计 2013》的数据显示，2012 年中国共进口天然气 414 亿 m^3，其中管道气 214 亿 m^3，占总量的 51%。可见，跨国油气管道已成为中国仅次于海运的第二大油气进口途径。

6.2.2 管网和基础设施的共享

中国的天然气管道还没有完全联网，而且相对来说还不完善。图 6－1 所示为中国目前的天然气管道图。根据中石油总公司提供的数据，到 2011 年底全国的天然气管道总长已超过 36000km。中国大部分的天然气基础设施都集中于东部，主要服务于渤海、鄂尔多斯和四川盆地的常规天然气生产。2015 年底中国计划将天然气管网的长度扩增到 100000km，在 3 年内将管网长度翻 3 倍，发展速度是相当快的。即使如此，天然气管道仍将是阻碍中国非常规天然气开发的一个主要因素。首先是煤层气开发厂商，尤其是那些独立的国际公司，虽然拥有生产专利和专有技术，目前仍然难以实现商业化运行，部分原因是因为无力承担与主干天然气管道和全国气网联接的巨额投资，这已经成为中国煤层气工业（CBM——Coal－bed Methane）无法达到预期目标的一个核心问题。对于几个中国页岩气盆地，至今还没有建立可应用于页岩气生产的管网采输能力。如果最终发现中国页岩气资源的生产成本和与传输管道连接的费用都十分昂贵的话，那么页岩气钻探的热情就会受到打压，甚至由于经济效益差而被搁置或彻底放弃。另外，中国的天然气市场仍然对价格十分敏感，而如果某种燃气供应方式由于过于昂贵而无法进入国家的能源结构，很容易就会被其他燃料所替代。

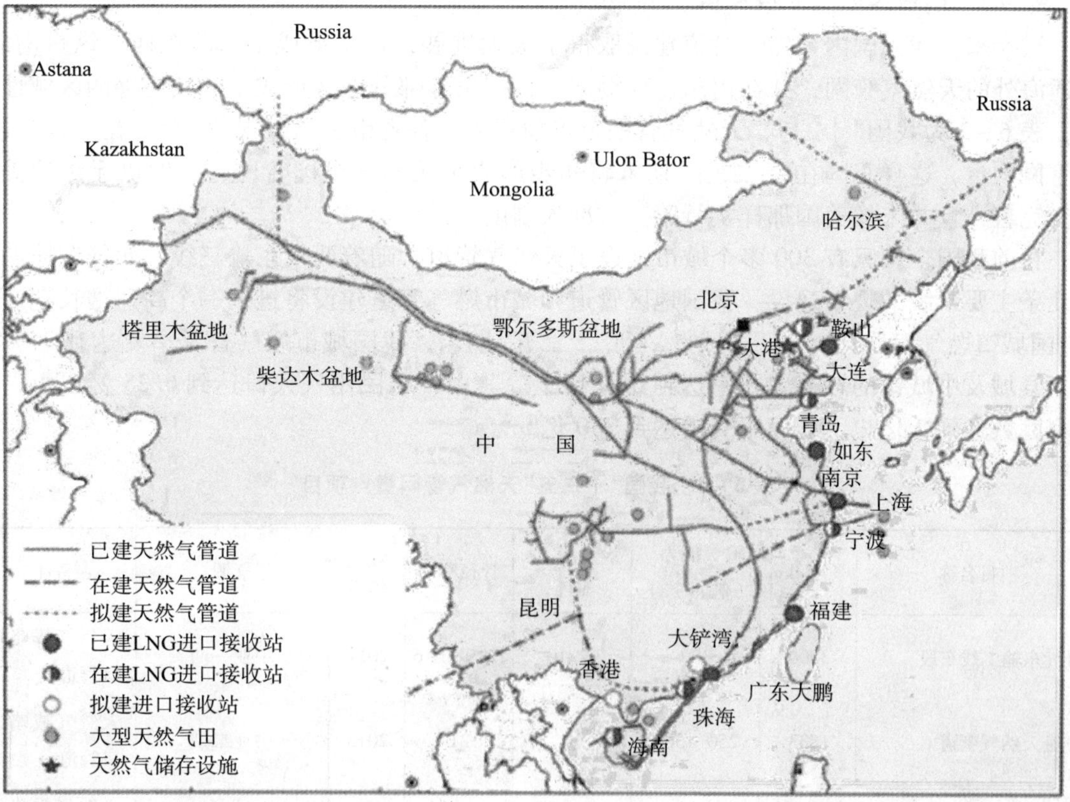

图 6－1　中国天然气管道图

要使页岩气开发在中国取得成功，需要相当可观的基本投资来建设所需的运输基础设施，现有的系统还不能提供太多的支持。在进入传送管网方面，常规天然气拥有优先权，而小规模的非常规气体生产厂商，尤其是非本土的厂商是特别难以取得现有设施的入网权的，当然和中方公司合作经营的外资可能不必有这种担心。即便如此，管网的所有权还是控制在中石油、中石化和中海油等国有大公司手中，与这些大公司没有联盟关系的上游生产厂商要取得第三方入网权可能是存在一定困难的。这一个问题值得引起注意，特别是当前国内主要油气管道是由中石油和中石化二大公司所有，这在一定历史阶段是必要的，随着天然气产业的发展，尤其是今后非常规天然气产业的开发，用市场的观点分析，应借鉴国际天然气管网单独成立公司和国内电网改革的做法，把这一部分的业务剥离出来，抓紧成立独立的一个或多个国有天然气管道公司。仅仅因为是剥离，因此不会产生管理和业务方面的真空。气网改革虽然有一定难度，但和电网改革相比，涉及到各方面利益矛盾应该讲相对较少，应该抓紧时机及早决策。

回顾中俄、中哈、中缅三条国际油气管道的发展历程也不难发现，在推动这3条管道建设直至投产的过程中，中国能源企业应在管道建设方面发挥更积极的作用，但目前政府发挥的作用远超过石油公司，前者只是充当跨国油气管道建设和运营部门，政府力量才是推动管道建设的主力，这种模式很容易导致负责管道建设和运营的单位缺少与地方政府的沟通，很难得到附近居民的认同，易为管道安全运营埋下隐患。因此，应提高企业独立解决问题的能力。

6.2.3　我国天然气管网建设

近年来，我国国内天然气管道建设取得了极大进展，初步形成了横跨东西、纵贯南北、连通海外的天然气管网，并在川渝、环渤海、长三角等部分地区形成了比较完善的区域性管网，表6-2为我国“十二五”天然气管网重点项目表。各省市也已经规划“十二五”天然气区域管网项目，这样我国在“十二五”期末将初步形成了天然气全国管网，当然仍无法像美国那样完善，且并未像美国那样实行第三方准入制度。

目前我国全国只有300多个城市铺设了天然气管道。随着西气东输三线、西气东输四线等几条主要干线的规划建设，我国地区管道和城市燃气管道建设将进入一个高速增长期。据《全国城镇燃气发展“十二五”规划》，到“十二五”期末，我国城市燃气普及率要达到94%以上，县城及小城镇的燃气普及率达到65%以上。其中，居民用气人口达到6.25亿以上，用气家庭数达到2亿户，居民用气量达到330亿 m^3/a。

表6-2　我国“十二五”天然气管网重点项目

项目名称	长度/km	输气能力/（亿 m^3/a）	设计压力/MPa	管径/mm	投产年份	气源	备注
西气东输二线东段	3000	300	12/10	1219/1016	2011	中亚一期	天然气战略进口管道①
中亚天然气管道C线	1833	250～300	10	1219	2013	中亚二期	天然气战略进口管道②
西气东输三线	7300	300	12/10	1219/1016	2013	中亚二期	天然气战略进口管道③

续表

项目名称	长度/km	输气能力/(亿 m^3/a)	设计压力/MPa	管径/mm	投产年份	气源	备注
中亚天然气管道 D 线	1000	300			2016		天然气战略进口管道④
陕京四线	1300	230	10	1219	2013	长庆、中亚	天然气干线管道
中卫－贵阳天然气管道	1620	150	10	1016	2013	中亚、塔里木气	天然气干线管道
东北天然气干线管网	1100	90～120	10	1016	2011	俄气、中亚气、大连 LNG	天然气干线管道
青藏天然气管道	1320	18	10	508	2014	青海	天然气干线管道
鄂尔多斯－安平	680					鄂尔多斯气、煤制气、晋陕煤层气	
冀宁联络线复线	904	150	10	1016	2013	长庆、塔里木、LNG	天然气联络线、干线配套支线
宁鲁输气联络线工程	630	27	8	711	2013	鄂尔多斯、川气、LNG	天然气联络线、干线配套支线
南疆天然气利民工程	2485	14	10	508/219	2013	塔里木气	天然气联络线、干线配套支线
海上气田天然气管道	1000			325/813	2013	海上	天然气联络线、干线配套支线
储气库配套管道	600			610～1219	2014	储气库	天然气联络线、干线配套支线
已有管网改造	700	60			2015	东北、西南	天然气联络线、干线配套支线
LNG 接收站外输管道及联络线	6000				2015	LNG	天然气联络线、干线配套支线
已建干线的新建支线	3500						天然气联络线、干线配套支线
新疆煤制天然气外输管道						新疆煤制天然气	煤制天然气和煤层气管道
煤层气管道	2054	120	6.3/4	408/813	2015	煤层气	煤制天然气和煤层气管道

①西气东输二线工程设计输气能力 300 亿 m^3/a，西段于 2009 年 12 月建成投产，东段于 2011 年建成投产，干线全长 4895km。

干线：阿拉山口至南昌段，长度 4046km，管道直径 1219mm，设计压力 12MPa。

南昌至广州段，长度786km，管道直径1016mm，设计压力10MPa。

支线：轮南至鄯善段，长度500km，管道直径1016mm，设计压力10MPa。

靖边至西安段，长度500km，管道直径1015mm，设计压力10MPa。

吐哈至鄯善段，长度104km，管道直径610mm，设计压力10MPa。

南昌至上海段，长度700km，管道直径941mm，设计压力10MPa。

广州至南宁段，长度620km，管道直径711mm，设计压力10MPa。

②中亚天然气管道C线已于2014年5月31日正式投入运营。C线与A线、B线并行铺设，全长1830km，设计输气能力250亿 m^3/a。其中100亿 m^3 来自土库曼斯坦，100亿 m^3 来自乌兹别克斯坦，50亿 m^3 来自哈萨克斯坦。

中亚天然气管道C线起源于土库曼斯坦和乌兹别克斯坦边境的格达依姆，经乌兹别克斯坦、哈萨克斯坦，在新疆霍尔果斯口岸入境，与西气东输三线相连。

③西气东输三线管道工程是继西气东输二线之后又一项关系国计民生，具有重大政治、经济、社会和环保意义的国家重点工程。

西气东输三线工程全线包括1干8支3库1LNG应急调峰站。干支线沿线经过新疆、甘肃、宁夏、陕西、河南、湖北、湖南、江西、福建和广东共10个省、自治区，干线、支线总长度为7378km。干线设计压力12～10MPa，管道直径1219mm/1016mm，干线于2012年10月开工。西气东输三线建成后，每年可向沿线市场输送300亿 m^3 天然气，可使天然气在中国一次能源中的消费比重提高1%，每年可替代煤炭7680万t，减少二氧化碳排放1.3亿t、二氧化硫144万t、粉尘66万t。

西气东输三线的主供气源为新增进口中亚土库曼斯坦、乌兹别克斯坦、哈萨克斯坦三国天然气，补充气源为新疆煤制天然气，其中，新增进口中亚天然气250亿 m^3/a，新疆伊犁地区煤制天然气50亿 m^3/a。

④中亚天然气管道D线已于2014年8月开工建设，项目总投资67亿美元，计划于2016年投运。

以下介绍西气东输系统工程有关情况：

西气东输一线概况：西气东输工程（西气东输一线）是中国西部大开发的标志性工程。西气东输一线以新疆塔里木气田为主供气源。管道干线西起新疆塔里木轮南，东至上海白鹤镇，干线全长3843.5km。通过实施增输工程，截至2012年10月管道全线输气能力已达到170亿 m^3/a。西气东输一线已向河南、安徽、江苏、浙江、上海、山东、河北64家用户及3000余家企业供气，覆盖人口达2亿。截至2012年10月中旬，西气东输一线天然气管输商品量1389亿 m^3，可替代标煤18140万t，相当于减少850万t有害物质、61420万t二氧化碳与二氧化硫排放。

西气东输二线概况：西气东输二线是我国第一条引进境外天然气资源的战略通道，气源来自中亚进口天然气。工程1干8支，全长8704km，年输气量300亿 m^3，西起新疆霍尔果斯口岸，东达上海，南抵广州、香港，总投资约1422亿元。西气东输二线东段西段工程于2009年12月31日建成投产；西气东输二线东段干线工程于2011年6月30日建成投产，2012年底8条支干线及香港支线全部建成投产。

截至2012年底，西气东输二线已惠及23个省（区、市）数亿人口，累计接输中亚天然气超过420亿 m^3。

6.3 天然气汽车产业

6.3.1 天然气被世界公认为最为现实的和技术上比较成熟的车用汽柴油的代用燃料

天然气汽车是以天然气为燃料的一种气体燃料汽车。天然气的甲烷含量一般在 90% 以上，是一种相对分子质量最小的气体烃类燃料，燃烧完全，具有很好的燃烧性能和环保性能(二氧化碳和氮氧化物的排放仅为煤炭的 1/2 和 1/5 左右，二氧化硫的排放几乎为零)。但由于是气体燃料在汽车上使用方面不方便，所以上世纪天然气汽车(NGV)的推广不很普遍。

天然气汽车具有的两个突出的优点就是他的经济性和清洁性，正是这两个因素推动力了天然气汽车在当今得到了快速发展，也可能是今后天然气产业链开发甚至是能源结构优化的一个十分重要的亮点，本节将予以较深入地进行讨论。经过处理后的天然气已开始成为技术上比较成熟的车用汽油、柴油的代用燃料，本世纪天然气汽车已在世界和我国各省市得到了推广应用，从目前我国情况而言，由于大气污染的日益严重，天然气汽车的清洁性特点可能更为突出。国家环保部 2013 中国机动车污染防治年报指出：机动车排放污染是大气污染的一个主要来源，2012 年全国机动车污染物排放量 4612.1 万 t，较 2011 年增加了 0.1%，其中汽车排放占总量的 84.7%。

就使用对象而言，天然气车队适合用于每天都需要在路上行驶很长距离并且对燃料需求量较大的车队，包括出租车、公交车和校车、机场大巴、工程车辆、垃圾车、运输车和公共工程车辆。这些车队用车都是集中维护，这就使得燃料补给过程更为方便、可靠。天然气汽车适合用于长途卡车和大客车。世界上有包括福特、通用、丰田和沃尔沃等超过 40 家汽车制造商在生产 NGV，NGV 汽车在安全性能、经济性能和维护成本等方面都具有优势。

早期开始使用的天然气汽车(NGV)主要是压缩天然气(CNGV)汽车，近来液化天然气(LNGV)汽车由于在能量密度和 PM2.5 排放方面的优异性能，成为替代柴油车和集装箱车的不二品种，在西方发达国家开始得到快速发展。

2012 年全世界有 1820 万辆天然气汽车，主要分布在阿根廷、巴西、伊朗和巴基斯坦等发展中国家(见表 6-3)，根据 Navigant 调查公司的数据，全球天然气汽车的数量到 2020 年可能会增长 90% 以上，达到 3490 万辆。目前 NGV 主要在一些发展中国家使用比较普遍，如在伊朗和巴基斯坦等国，NGV 拥有较大的数量，是因为这些国家中车辆能以廉价的改装费转换为小油箱的天然气汽车，且无需经过质量检查，这些转换成本可能是仅为在美国进行同类改装费用的 1/10。表 6-3 中的数据表示中国在全球天然气汽车数量的比例占中上水平(2012 年)。相比其他国家，美国的天然气汽车市场才刚刚起步。在美国，燃料箱改装可能要占前期成本的一半，且燃料箱体型较大，如本田天然气汽车为给天然气燃料箱腾地方牺牲了行李厢的空间，即使这样，燃料也仅够汽车行驶 350km。截至 2012 年的数据，美国天然气汽车占该国总车辆比重仅为 0.05%，总数为约 12 万辆，但美国页岩气革命带来的天然气热的影响已促使美国天然气汽车加速发展，推动美国发展 NGV 的一个重要因素是“汽油和天然气的价差”这一经济因素。最新数据显示，美国的 CNG 售价相当于每加仑 2.1 美元，而汽油为每加仑 3.59 美元(汽油价格是天然气的 1.7 倍)，柴油为每加仑 3.99 美元(是天然气的 1.9 倍)，天然气相对比较便宜，二者存在较大的差价。现在，美国有 2013 款的工作型卡车和货车配有同时可用汽油和天然气的燃料系统，而轿车中有本田思域 CNG 款可供美国消费者选择。2013 年夏季，美国天然气联盟推出了 6 款装有改进燃料系统的汽车。2014 年起，福特公司计划改装 F－150 型卡车，使其同时可使用汽油和压缩天然气(CNG)。

表 6－3　2012 年全球主要国家天然气汽车数量统计

国家	NGV 数量/百万辆	加气站/座	NGV 占比/%
孟加拉	0.21	600	61
亚美尼亚	0.24	345	30
巴基斯坦	3.10	3330	26
玻利维亚	0.25	156	26
阿根廷	2.21	1922	24
哥伦比亚	0.40	692	24
伊朗	3.30	1960	14
巴西	1.74	1789	5
印度	1.50	724	5
意大利	0.75	909	2
中国	1.50	2800	1.0
美国	0.12	1000	0.05

资料来源：产业信息网。

6.3.2　天然气汽车(NGV)的分类和特点

天然气汽车(NGV)根据所使用的天然气燃料种类可分为压缩天然气汽车(CNGV)、液化天然气汽车(LNGV)和液化石油气汽车(LPGV)三种。从我国多年实践过程看，液化石油气汽车(LPGV)的使用越来越少，主要使用的是压缩天然气汽车(CNGV)和液化天然气汽车(LNGV)两种。表 6－4 为汽柴油和各种清洁能源的技术经济比较[27]。由于能量密度较高，LPG 和 LNG 重量发热值略超过汽柴油，证明了使用 LPG/LNG 的行车距离较长，同时 LNG 和 LPG 的辛烷值为 100～130，远高于汽油水平，佐证了它们是汽柴油最理想的代用燃料。

表 6－4　各种清洁能源技术经济性比较

项目	柴油	汽油	甲醇	乙醇	LPG	LNG	DME
C/%	86.0	84.9	37.5	52.2	80.0	75.0	52.2
H/%	13.9	15.1	12.5	13.0	20.0	25.0	13.0
O/%	0	0	50.0	34.8	0	0	34.8
低热值/(MJ/kg)	40.1	42.5	19.9	26.8	45.6	49.7	31.5
蒸发热/(kJ/MJ)	～6.0	～8.0	56.4	33.8	8.6		14.4
空燃比/(kg/kg)	14.6	14.8	6.4	9.6	15.2	17.8	9.6
RON		95	>110	>100	约 100	约 130	
十六烷值	45－55						>55
CO 排放/(g/MJ)	74.2	73.3	70.0	71.5	63.8	57.7	67.5
价格排序	3	2	6	1	4	7	5

(1)压缩天然气汽车(CNGV)

压缩天然气汽车(CNGV)是一种已经普遍推广的天然气汽车，车用压缩天然气的压力一般在 20MPa 左右，天然气经过脱水、脱硫净化处理后，经多级加压制得这 CNG，其使用状态为气体，是一种比较容易得到和可靠的 CNGV 燃料资源。目前中国推广压缩天然气汽车(CNGV)产业经过十来年特别是近几年的快速发展，已基本形成从集整车装配、车辆改装、加气站建设、设备制造、技术标准制订及新产品研发于一体的产业化发展格局，具备较完善的天然气汽车推广应用政策法规及运行管理、燃气气源保障、燃气价格调控等体系，且形成了不同地区各具特色的 CNGV 发展模式，详见文献[28]。目前，我国压缩天然气汽车(CNGV)大多为双燃料汽车，可通过转换装置选择天然气或其他燃油，今后还将大力推广应用单燃料天然气汽车。

使用 CNGV 的优点为：

①燃烧稳定，不会产生爆震(高辛烷值)，冷热启动方便。

②压缩天然气储运、减压、燃烧都在严格的密封状态下进行，不易发生泄露。储气瓶经过各种特殊的破坏性试验，设备安全性高。

③压缩天然气燃烧完全，积炭少，减少气阻和爆震，有利于延长发动机各部件的使用寿命，减少维修保养次数，大幅度降低维修保养成本。

④发动机的润滑机油消耗量减少。

⑤使用压缩天然气与汽油相比，可大幅度降低尾气中一氧化碳、二氧化硫、二氧化碳等的排放，并且没有苯、铅等致癌物和有毒物质危害人体健康。

使用 CNGV 的气/油耗经济性：

①气耗：1L 柴油 $=1\sim1.1\text{m}^3$ 天然气。

②供气价格计算模式：1m^3 天然气是 1L0 号柴油市场零售价的 60%。例如 0 号柴油的零售价是 7.5 元/L，则天然气的价格为：$7.5\times60\%=4.70$ 元/m^3。

(2)低温液态天然气汽车(LNGV)

这是以低温液态天然气(LNG)为燃料的新一代天然气汽车，其突出优点是 LNG 能量密度大(约为 CNG 的 3 倍)，汽车续驶里程长，可达 400km 以上，克服了压缩天然气汽车(CNGV)一次行车里程短的缺陷，可以代替用于柴油的常规汽车和集卡上(注：目前能实际大规模用于柴油车的替代燃料不多，LNG 已经在许多场合中推广用于柴油公交车和集卡)，特别适合于城市公共交通代替柴油车使用。

LNGV 的特点和优势：

①LNG 组分更纯，在燃料汽车中燃烧更完全，减排效果最佳。

LNG 为天然气经严格预处理、冷却等工艺环节再经液化而成，经过深冷液化前的预处理，除去了其中绝大部分 H_2O、CO_2、H_2S 以及有机硫化物等杂质；然后经深冷液化处理又可分离出不同沸点的重烃类成分和其他气体成分，使甲烷(CH_4)含量达到 90% 以上，因此组分更纯，燃烧更完全。作为汽车燃料，使用 LNG 的车辆发动机积炭少，燃烧运转平稳，减少了气阻和爆震。发动机寿命较长，不需经常更换润滑油和火花塞，降低了汽车的保养和运行费用，间接提高了使用的经济性。

研究发现，LNGV 与燃油汽车相比，尾气排放的一氧化碳(CO)可以减少 93%，碳氢化合物(CH)可以减少 73%，氮氧化合物(NO)可以减少 39%，二氧化硫(SO_2)可以减少 90%，铅(Pb)可以减少 95%，$PM_{2.5}$可以减少 90% 以上。另外，LNG 汽车排放的温室气体二氧化碳可以减少 28%，对实现低碳交通贡献较大。美国、日本、挪威、法国、德国、英国等许多国家已经把发展 LNG 汽车作为交通领域减排的一种途径。根据 BP 中国碳排放计算器提供的资料，相比汽、柴油车，每辆 LNGV 每年可减少 CO_2 排放约 60t，如按照 8 年使用期计算，每辆 LNGV 可减少 CO_2 排放约 480t。

当前，美国最大的交通天然气提供商——Clean Energy 正在建设一个“跨越美国的天然气高速公路”项目，将在美国各大交通干线上建设 150 座 LNG 卡车加气站，连起了跨越全美第一条天然气高速公路，并计划进入天然气汽车的下游产业链，包括加气站、运输、出租车、机场交通及市政车辆市场。中国最大的民营能源企业之一——新奥集团正在美国推进 LNG 重型卡车的基础设施建设，计划今年在美国建设 50 座 LNG 加气站。

②油气差价使得 LNG 汽车燃料成本较低，相对使用柴油车具有显著经济效益。

目前 LNG 车经济性分析通常比照柴油计算。据测算，长途公交和重卡运输车 1.2m^3 天然气和 1L 柴油行驶距离相当，而价格却相差 25% 以上。如果 LNG 按照 6500 元/t 计算，相当于 4.7 元/m^3 天然气价格，经综合各种工况和柴油标号统计，LNG 汽车较柴油车至少可节约 25% 甚至以上的成本。

LNG 能量密度大于 CNG(约为 CNG 的 3 倍)，汽车续驶里程长，克服了压缩天然气汽车(CNGV)一次行车里程短的缺陷，LNGV 每瓶 LNG(220m^3)的运程为：

(a)LNGV 按标准吨位运营，每瓶气运程为 400～500km，最高可达 600km。

(b)LNGV 按 80t 拉运，每瓶气运程为 200～300km。

总之 LNGV 与柴油车比较，LNGV 可节省燃料费用 30%，减少废气排放 70%。表 6－5 为 LNG 和柴油排放项目比较。表 6－6 为 LNG 公交车和同吨级柴油车燃料消耗比较。表 6－7 为 LNG 公交车和同吨级柴油车机油(润滑油)消耗比较。表中数据可佐证使用 LNGV 表现出良好的清洁性和经济性[29]。

表 6－5　LNG 和柴油排放项目比较

排放项目	LNGV	柴油车	国Ⅲ限值	国Ⅳ限值
CO/[g/(kW·h)]	0.007	0.84	5.45	4.0
非甲烷烃化合物 NMHE/[g/(kW·h)]	0.027	0.22	0.78	0.55
甲烷 CH_4/[g/(kW·h)]	1.29	0.48	1.6	1.1
NO_x/[g/(kW·h)]	3.32		5.0	3.5
烟度 CO_2	0	0.321		

表 6－6　LNG 公交车和同吨级柴油车燃料消耗比较(2008.4～2009.3)

车型	最大总质量/t	平均车日行驶/km	平均百公里消耗燃料	平均燃料价格	平均百公里燃料成本/(元/100km)③~⑤
LNG 空调公交车①	14	273	39.55m^3 LNG	3.25 元/m^3	128.54
柴油空调公交车②	13.5	273	38.83L 0 号柴油	5.55 元/L	193.3

①车型为广通 GTQ6105NGJ3 型 LNG 空调公交车。

②车型为广通 GTQ6102GJ2 型柴油空调公交车。

③LNG/柴油平均百公里燃料消耗减少额为 64.76 元。

④LNG/柴油平均百公里燃料消耗减少幅度为 33.50%。

⑤LNG/柴油平均每车每月燃料消耗减少额为 5303.03 元。

表 6-7　LNG 公交车和同吨级柴油车机油（润滑油）消耗比较（2008.4～2009.3）

车型	最大总质量/t	平均车日行驶/km⑤	更换机油及滤清器里程/km	每月更换次数	更换机油及滤清器费用/(元/次)	平均月更换机油及滤清器费用/元③④
LNG 空调公交车①	14	273	30000	141.4	494	69851.6
柴油空调公交车②	13.5	273	10000			216554.1

①车型为广通 GTQ6105NGJ3 型 LNG 空调公交车。

②车型为广通 GTQ6102GJ2 型柴油空调公交车。

③LNG 公交车/柴油公交车机油成本减少总数 146702.5 元。

④LNG 公交车/柴油公交车每车每月机油成本减少额 225.7 元。

⑤总运行里程 424201.8km。

③LNG 汽车因续驶时间长，终端加气站网络无须过密，且由于 LNG 运输及加注技术国内已经过关，终端加注站无需大型动力设备，占地少，投资低，一辆 LNG 运输的半挂车（容积 $52m^3$，相当 31000 Nm^3 天然气）可以方便地将 LNG 运到城市橇装式充液站进行 LNG 车的充装，终端设施性价比高，易于大范围快速推广应用。根据统计，目前我国民用大中型载客汽车超过 300 万辆，重、中型载货汽车保有量为 800 万辆，总计超过 1100 万辆。如果其中 10% 更换为 LNG 汽车，按单台车耗气 5 万 m^3/a 计算，年耗气 550 亿 m^3，可替代成品油 3850 万 t，节约 620 亿元的运输成本，挖潜增效的价值是巨大的。北京等地已积累许多经验。

④LNGV 的技术性能要求：

（a）发动机功率达到 200kW 以上；

（b）发动机最低燃料消耗率达到 195g/（kW · h）；

（c）整车尾气排放达到国Ⅳ标准，减排二氧化碳 90%，综合减排 80%；

（d）整车可靠性达到国家相关标准要求；

（e）整车成本增加不大于原燃油车辆成本的 25%；

（f）整车运行成本在原燃油车辆运行成本的基础上减少 40%；

（g）整车安全性符合 GB 7258—2004《机动车运行安全技术条件》。

⑤LNGV 燃料资源分析。

LNGV 所使用的 LNG 在供应方面有一定的特殊性，不像汽柴油来源方便，可考虑使用进口 LNG，也可使用中小型 LNG 装置国内自产的 LNG，主要应先在大中城市推广。

我国许多沿海城市已经建设或正在建设 LNG 进口接收站，预计到 2015 年，中国 LNG 的总接受能力将超过 6000 万 t/a，完全可以满足交通运输对 LNG 的需求。此外，国内内地已建成投产的天然气液化厂超过 50 座，这些中小型 LNG 装置也可为 LNGV 提供一定的资源，页岩气革命提供大量页岩气也是制备 LNG 的可靠资源。如重庆市由于可依托涪陵页岩气资源，该市在继推广公共交通领域用 CNG 替代汽油之后，中石化重庆石油将在涪陵区白涛化工园区建设全国首个页岩气 LNG 工厂。该项目是中国石化和重庆市政府签订战略合作协议的重要内容之一，将年产 LNG（液化天然气）68 万 t，建成后可实现年产值 50 亿元。并在下游建设 LNG 加气站发展各种类型的 LNG 汽车。

6.3.3　国产 NGV/LNGV 的推广及瓶颈分析

我国推广 NGV 的资源条件和技术条件均日趋成熟。无论是使用管道天然气的 CNGV 还是液化天然气汽车 LNGV，近年来我国已经具备足够的资源条件用于发展 NGV。前不久，国家能源局公布的《天然气利用政策》首次提出"城际客货运输车辆优先使用天然气"的要求。在旧版的《天然气利用政策》中，只提到"鼓励出租车、公交车使用天然气"，而新版《政策》中"城际客货运输车辆优先使用天然气"的提法，意味着"汽车强国战略"成为国家战略的背景下，推广天然气汽车的政策会不断强化。今后，国家发改委鼓励新能源汽车的多项具体政策将出台，将广泛使用天然气车辆 NGV，实际上今后 NGV 可能是一类最为现实的环保型新能源汽车。

我国已出台多个文件具体鼓励推广天然气汽车，例如《建设低碳交通运输体系指导意见》、《公路水路交通运输节能减排"十二五"规划》等文件明确提出：将"推广使用天然气车辆"列入"节能与新能源车辆示范推广工程"；在有条件的地区鼓励道路运输企业使用天然气、混合动力等燃料的营运车辆，鼓励在干线公路沿线建设天然气加气站；逐步提高城市公交、出租汽车中天然气车辆的比重。

财政部表示，要对推广应用天然气车船给予奖励和财政扶持。在国家政策的推动和指导下，今后，天然气汽车的推广应用会呈现有关部门加强合作、合力推进的局面。

(1)中国已成为世界上最大的、最具有发展前景的天然气汽车市场。

我国天然气汽车起步于 2000 年，首先从城市公交开始使用 CNGV，2004 年开始使用 LNGV。2012 年 6 月和 8 月，国家连续颁布"节能与新能源汽车产业发展规划"和"节能减排十二五规划"，明确鼓励以天然气代替石油燃料油，大力发展天然气汽车。

到 2012 年底，我国天然气汽车 NGV 的保有量为 157.7 万辆，建成天然气加气站 2784 座，整车生产厂以每年 20 万辆左右的速度投放市场。在公路客货运输市场中 LNG 汽车的潜在发展空间较大。目前，各地推广 LNG 汽车的热情高涨。据车辆装备厂家和试点单位的统计，2011 年营运型 LNG 汽车达 6 万辆。到 2015 年，道路运输车辆中 LNG 汽车总量将达 25 万辆，占营运的天然气汽车总量的 25%。

国产液化天然气汽车(LNGV)开发、推广包括从改车到原装车、天然气发动机开发和批量生产及发动机再制造等。

目前国内 LNG 公交车生产主要厂商有：郑州宇通；厦门大金龙；苏州金龙；安徽安凯；青年客车和重庆恒通。车身长度有 5～9.5m 和 9.5～12m 两种，牵引功率 190～360 马力。

目前国内 LNG 重卡生产主要厂商有：陕汽重卡；中国重汽；中国一汽；东风商用；东风特商。具有中型载重能力，牵引功率 360～380 马力。

相关 LNG 装备的制造如低温储罐(－160℃)、LNG 燃料瓶、低温换热器、低温阀和加注设备都已经成熟和批量生产。

(2)推广 NGV 的瓶颈分析

使用天然气燃料是一种本土资源与环境效益的最佳结合，是连接现有燃料和未来环保替代品的桥梁。但相比于全球目前保有 8 亿辆的汽车(预测到 2035 年可能增加到 17 亿辆)而言，目前天然气汽车的规模可算是小巫见大巫，推广 NGV 需要认真进行瓶颈分析，包括一类是本身特点所带来的先天性问题，另一类则是客观条件因素的限制。

NGV 本身的一些缺点造成其推广过程中将遇到一定的困难，主要有：

①NGV 的空间不足。因为 NGV 必须放弃一部分宝贵的载货和车厢空间，来容纳燃料储气瓶，而且这些气瓶的设计和制造成本可能较高，导致 NGV 总体成本高于汽油动力汽车。

②在于 NGV 的行驶里程有限，尤其是压缩天然气提供的能量约是汽油的 30%，压缩天然气(CNGV)通常只能行驶汽油动力汽车的一半路程，这就影响了 NGV 的普及率。而新一

代液化天然气汽车(LNGV)则基本上可以克服CNGV这方面的弱点，因而在代替柴油车和集卡方面后者取得了较大的进展。

和CNGV不一样，LNG汽车及其加气站技术的关键在于LNG的储存和运输，因为-162℃的使用温度对LNG设备有一些特殊要求(使用深冷钢)，因此其技术难度较CNGV和LPGV都大。但从一些发达国家的实际应用情况来看，LNG汽车和加气站技术是完全成熟的，世界各国正大力推广LNG汽车，在LNG车用技术上美国处于领先位置。

要说明的是，对于LNG加气站的主要设备如低温常压储罐和空温式气化器等，国内生产厂家已掌握了有关核心技术，可大批量生产。

此外，推广采用NGV的难度和瓶颈的客观因素主要是要过好“经济关”和“加气关”这二道关。

①经济关。

目前，我国天然气汽车已具备推广条件，但仍然需要国家政策的支持，最关键的是国家要制定合理的天然气定价机制和资源保障。

推广NGV首先要确保天然气销售价格和销售价差方面较其他可比能源(诸如汽油、柴油等)具有一定的价格优势，以调动起有关企业、加气站和司机的积极性。据介绍，各国天然气价格与该国汽柴油的价格都有一定的差价，天然气的价格一般为汽油价格的40%~60%。按照目前的发动机技术水平，替代1L汽油需要1~1.05m^3天然气(如出租车)，替代1L柴油平均需要1.15~1.3m^3天然气(如公交车和公路客货运输车辆)。按照气、油价格比0.6∶1计算，使用LNG可比燃油车节省燃料成本15%~25%，这或许是LNG汽车具有推广潜力的最重要的一个原因。

一些国产CNG汽车的百公里天然气消耗量仅为5.4m^3。如果按天然气与石油的价格比达到1∶2计算，相比使用普通汽油车，使用它们能节省至少50%的费用。

前面曾经提到美国消费者可以买到的本田思域CNG款轿车，和本田思域常规车型比较，常规模式下每年跑1.5万英里的燃料成本约1680美元，混合车型燃料成本为1220美元，CNG车型燃料费用仅1020美元，但购买CNG车型要比常规车型贵8300美元，比混合车型贵1900美元。在美国其他地区，CNG车型燃料费用甚至可能降至605美元。如果年均行驶里程数较多，如每年行驶2.5万英里，则省下的燃料费用5年内可抵消CNG车型与常规车型的差价。美国目前天然气汽车每加仑燃料可比汽油汽车省1.5美元，从经济性分析NGV具有较大的发展空间。

在车辆价格方面，国产CNG汽车的价格低于其他新能源汽车和美国同类车情况。例如，目前，东风雪铁龙的爱丽舍CNG、奇瑞风云CNG、夏利A等的售价，与在售的汽油车价格相差1万元(约合1600美元)，性价比高。这些车型上市以来，在南京、成都、海口等地的销量一路攀升，很有利于NGV的推广。

稳定气价也是推广NGV一个重要的方面。如果燃气价格不断上涨，LNG客车的经济优势将逐渐消失，企业使用推广LNG汽车的积极性将受到影响。目前客户一般直接购买使用LNG燃料的新车，一辆同样规格的LNG重卡出厂价比传统重卡高8万~10万元，把传统重卡改装成LNG重卡得花6万~9万元，相当于车主一年的收入。如果燃气上涨到与燃油价格相当，钱就白花了。当然，对于天然气价格的进一步分析，美国天然气批发价实际上仅占零售价的1/5，加气站零售价的很大一部分是来自分配和营销成本以及天然气公司的利润。因而，加气站的零售价很大程度上并不完全依赖于基准气价，但当NGV已形成一个规模数量以后，天然气的零售价和基准气价之间的差距就会很大程度上得到减少。此外，日本等国为了推动 CNGV 的发展，对于用于城市交通的 CNG/LPG 等采用特别的低税率来平稳气价，实际上是国家让一部分利。

这方面有廉价天然气资源的城市在发展 NGV 时具有得天独厚的优势。作为国家首批试点天然气汽车的城市之一，重庆市天然气汽车保有量达 20 万辆，车用 CNG 已成为重庆城市公共交通的主要能源。为了改善环境、改善民生，重庆市政府将进一步提升公交、出租车和私家车气化率，天然气市场前景广阔。目前重庆市汽油价格是 CNG 的 3 倍，一次加 10 公斤 CNG 只要 50 多元，发展 CNG 汽车具有经济和环保的优势。为充分消化已产出的页岩气，2013 年重庆石油使用 CNG 槽车运销了 1220 万 m^3 的涪陵页岩气，成功将页岩气试采工作与终端市场有效结合起来。涪陵页岩气的大规模开发利用，不仅可以满足民用、车用天然气需求，极大地缓解重庆供气紧张现状，而且能填补工业企业的能源缺口，有助于重庆能源结构调整和资源优势转化。

②加气关。

NGV 产业发展初期普遍存在的问题是加气站点少、布局不合理、加气难，这可能是困扰 NGV 发展尤其是压缩天然气车（CNGV）的最主要的一个障碍。这个问题近年来已有明显的好转，尤其是一些大石油公司如中石化和中石油的介入，由于他们既掌握资源又有雄厚的资金，对推动 NGV 的发展起到了举足轻重的作用。此外地方政府重视这个问题进行统一规划也是重要的一环。

在推广 LNG/LNGV 产业中，中石油下属的昆仑能源（中国石油拥有 50.75% 股权）取得了较好的进展，到 2013 年底，由昆仑能源投资控股的江苏和大连 LNG 接收站均已投产，合计接收能力达 650 万 t/a，占国内接收能力的 30%。昆仑能源在新疆、内蒙古、四川、陕西、海南、青海、山东、河北等地区投运 LNG 工厂 8 座，产能达 553 万 m^3/d，约占国内液化能力的 34%。在建 LNG 工厂 8 座，液化能力 1155 万 m^3/d，建成后总能力将达到 1708 万 m^3/d，其中在建的湖北黄冈 LNG 工厂（500 万 m^3/d）是国内单体规模最大的国产化项目。预计到 2015 年，昆仑能源 LNG 接收能力将达到 1000 万 t/a，LNG 工厂总能力达到 2883 万 m^3/d，按产能 50% 计，可以为 25 万辆 LNG 汽车提供资源保证。

在 LNG 终端基础设施和运输能力建设方面，昆仑能源为 LNG 汽车用户提供专业化服务。在建设 LNG 标准站的同时，昆仑能源以 LNG 撬装加气站为主，在公交站场、加油站场、高速公路、国道等场地快速建站，保证了合作项目的快速启动和平稳运行。截止 2013 年 3 月，昆仑能源在全国投入运营的 LNG 站已达 342 座，占全国投运 LNG 加气站总量的 50%，加注能力已达 928 万 m^3/d。“十二五”期间，规划配套建设车用加注站 1285 座，加注能力将达 2570 万 m^3/d。该公司在 LNG 加气站和 LNG 运输方面实施专业化管理，为保证 LNG 资源与终端的有效衔接，采用租赁、合资和自购方式拥有 LNG 运输槽车 309 辆。同时，通过与国内中心城市和大型运输公司开展合作，签属联合开发 LNG 清洁能源汽车协议并付诸实施。目前 LNG 示范项目在北京、重庆、海口、保定、广州、徐州、张家界、宁波等城市取得了较好进展。

6.3.4 大气污染严重的大中型城市应该高度重视 NGV 车辆的推广

我国许多大型和特大型城市的污染问题特别严重，车辆尾气排放是大气污染一个主要的来源，包括大量城市公交车辆的尾气排放，尤其是城市柴油公交车的排放，一辆柴油公交车的尾气污染物排放量总的相当于 50 辆小汽车的排放量，而城市公交车辆目前主要使用柴油车，应该高度重视柴油车的尾气排放。目前人们比较重视的是使用清洁汽油和清洁柴油，大城市使用的汽油质量已经达到国际水平(国Ⅴ标准)，相对而言柴油质量就差一些，而且炼厂生产高质量柴油所增加的成本和能耗都比较高。

高度重视推广天然气汽车应该是大气污染严重的大中型城市为解决车辆尾气排放的一个既经济又现实的手段。如采用 LNG 车辆的 $PM_{2.5}$ 排放量比普通柴油车可降低 90%。如果将北京市 1.5 万辆使用普通能源的公交车改成 LNG 公交车，相当于改造了 75 万辆清洁小轿车，对于改善北京大气环境意义是不言而喻的。2007 年统计上海公交车辆数量为 1.7 万辆，运行路程 11.32 亿 km，略高于北京，同样存在严重的尾气排放问题。从目前实际情况来看，我国大城市对于 NGV 车辆的推广，尤其是 LNGV 的推广重视程度和认识程度是有差别的，发展是不平衡的。北京、重庆在发展天然气汽车方面所取得的进展值得其他特大型城市学习和借鉴。

作为首都，北京市高度重视发展 NGV 以减少车辆尾气排放造成的空气污染，北京雾霾天气的增多，加快了推动车用天然气的使用进程，北京市的做法为其他特大型城市提供了一个先行榜样。

在天然气汽车发展类别方面，除了公交车外，今年北京市将发展 1 万辆天然气汽车，包括 2000 辆出租车、3143 辆城市公交车，其余还有环卫车、驾校教练车等。目前，市民已经能买到使用天然气的私家车，但车型较少。随着今后更多加气站的投入使用，天然气汽车的应用也将进一步普及，到 2017 年每年推广不少于 3 万辆天然气汽车。

目前北京市燃气集团在全市运营的天然气加气站共有 27 座，基本能满足 2000 辆出租车每天 5000 车次以上的加气需求。加气站的建设也在紧锣密鼓地进行中，今年将建设 70 ~ 100 座，并适当利用公交场站、驾校、长途车站及现有加油站等场地建设 LNG 及 CNG 加气站。从今年至 2017 年，北京将力争每年建设 70 座汽车加气站，全面保障北京市天然气汽车用气需求。

值得指出的是，北京今后将大力采购 LNG 公交车代替柴油公交车。截至 2014 年初，北京公交集团拥有 LNG 公交车达 6000 辆，成为世界最大的 LNGV 公交运营企业。

韩国政府也非常重视城市公交车使用天然气。2002 年，韩国首都首尔曾投入 3500 亿韩元，完成了对包括市内公交车、区间公交车、道路清扫车等总计 1.03 万辆车的更换工作。2014 年内首尔市内公交车将全部更换成天然气公交车，包括该市 8750 辆柴油公交车更换成天然气公交车或 CNG(压缩天然气)双燃料公交车。

不仅特大城市，国内一些大中型城市也都在积极发展以 LNGV 为代表的天然气汽车。如 2014 年 1 月，宁波市第一批 60 辆 LNG 环保能源车正式投放该市鄞州区，用于替换中心城区公交线路的国Ⅱ排放柴油车，可达到国Ⅴ标准。据统计，宁波市鄞州区已有 LNG 车 300 辆，占运营车辆的 24.65%。

6.4　大力推广分布式燃气冷热电三联供技术(DES/CCHP)

未来我国天然气利用产业链中发展的一个重要方向就是大力推广高能效的分布式燃气冷热电三联供技术(DES/CCHP)，这特别和建筑用能节能有重大关系。

目前我国建筑能耗占社会总能耗的 20.7%，而供热与空调能耗又占建筑能耗的 65%。居民所用空调几乎 100% 为电空调，商用空调约 80% 是电空调，电力高峰负荷出现在夏季，其中40%的电力负荷是用于电制冷空调。如果不高度重视这方面的节能以及改善能源消费结构，则今后能源、电力的供需矛盾将面临严峻挑战[30]。

分布式燃气冷热电三联供技术(DES/CCHP)(Combined Cooling, Heating and Power)是指以天然气为主要燃料带动燃气轮机或内燃机发电机等燃气发电设备运行，产生的电力用于满足用户的电力需求，同时，系统所排出的废热通过余热回收利用设备(余热锅炉或者余热直燃机等)向用户进行供热、供冷。经过对能源的梯级利用使整个过程能源的利用效率从常规发电系统的40%左右提高到80%左右，能源梯级利用效率可达到60%~80%，可大量节约一次能源。因此说，燃气冷热电三联供系统是分布式能源的先进技术之一，也是最具实用性和发展活力的系统。

典型的燃气冷热电三联产系统一般包括动力系统和发电机、余热回收装置、制冷或供热系统等组成部分，主要用到的发电设备有小型和微型燃气轮机、燃气内燃机、燃料电池等；空调设备有余热锅炉、余热吸收式制冷机以及以蒸汽为动力的压缩式制冷机等。针对不同的用户需求，冷热电联产系统可以有多种多样的组织方式，方案的可选择范围较大。

分布式燃气冷热电三联供技术(DES/CCHP)具有利用燃气和电力季节性峰谷差互补的特点，将夏季一部分电力高峰负荷转移到燃气上来，有利于季节调峰和改善能源供给结构。该系统资金密集度相对较低，建设快，容易上马。不同规模的DES项目在国内外已有不少成功运行的先例。从国外30年的发展经历看，美国1999年DES的统计数据代表了一种模式，当时980个项目中1MW以下装机规模的就达79%，而10MW以下装机规模的高达91%。美国已经有6000多座分布式能源站，仅大学校园就有200多个采用了分布式能源站。美国政府计划到2020年有一半以上的新建办公或商用建筑采用、15%的现有建筑改用分布式冷热电三联供系统。

我国大中城市发展DES/CCHP项目是今后天然气利用的一个重要方向，目前已有不少已建及在建项目，在北京、上海、广州、武汉、杭州等大中城市都有推广。上海早期计划到2010年装机量达300MW，2020年装机量达1GW[31]。

发展城市三联供技术进展并不顺利，关键问题就是不能盲目照搬照抄国外，一定要适合中国的国情和实际情况，同时要适应市场经济特点。目前在DES/CCHP项目开发方面，学术界有较高评价，但产业界却遇到很大的困难。不仅对于DES的合理经济规模和适用对象等问题存在着不同的意见，其主要问题是围绕系统项目的实际运营无经济效益，可以归纳为“节能不增效”，产生运营亏损。不解决这些问题，这个技术就不可能为中国市场所接受。

首先，DES/CCHP系统本身存在一定的缺点。如要求有较高的热负荷，同时要求冷热负荷稳定。在三联供成本构成中燃料占了主要地位(67%~78%)，其经济效益受市场价格(电价、气价、热价)的影响很大。所以，前期项目可行性研究非常重要，在推广起始阶段国家在贷款准入、税收方面要求给予优惠，否则即使能源利用率上升了，但经济上却出现亏损，无法满足投资回收的要求。

其次，国内缺乏生产小型、微型燃气轮机的能力，依靠进口设备将提高投资成本，设备国产化也是推广该技术的一个非常重要的任务。分析已建成系统项目亏损的原因虽然有多个方面，但主要是项目投资成本过高，系统主要设备燃气发电机组来自于进口设备。以按现有的电力销售价和燃气消费价分析，燃气发电机组的设备价格在现行价格的基础上打4折后才能保持气电生产与销售平衡状态，余热部分的收益可维持燃气发电机组的运行管理和维护保养成本，明确地说分布式冷热电三联供系统所配置的燃气发电机组的采购单价在1000.00

元/kW(折合 100000.00 元/t)左右时，具有一定的投资意义。目前进口燃气发电机组的采购是整个系统中最大的单件设备，经测算是 2800.00 元/kW(折合 250000.00 元/t)，上海市政府 2013 ~2015 年采取设备采购补贴政策，补贴费用是 1000.00 元/kW，这样还需要实际弥补 800.00 元/kW 的差额空间，加上还要计算建设周期的资金占用等等成本，作为企业投资主体来说，目前是只亏不赚的项目，也是无法吸引民间资本来投资建设燃气冷热电三联供系统项目的根本原因[32]。目前我国 40 多个天然气能源示范项目中受各种因素影响只有半数在运行，半数因为电网、效益和技术等问题处于停顿状态，较为成功的有上海浦东机场项目(4MW)、广州大学城项目(150MW)、北京燃气集团控制中心大楼项目(1.2MW)、北京火车南站项目(3MW)等。

作者认为，我国如果页岩气革命进展比较顺利的话，天然气资源和价格就可能有较好的客观条件推广这个技术。同时要充分发挥政府在城市发展和建筑节能中的主导作用，制定出符合我国国情的节能发展规划和政策引导。对于有可能搞分布式能源系统的公用建筑、居民区和工业园区等要有计划、有步骤地进行试点，只有通过试点和实践来找到更符合我国的实际情况的分布式燃气冷热电三联供技术(DES/CCHP)发展路线。此外系统采用的主要设备 - 燃气发电机组的国产化也是非常重要的一个方面。

第7章　机遇与风险及风险规避

7.1　国外(美国)页岩气开发过程及经验教训

美国页岩气商业化开发最为成功，页岩气商业开发量从2000年的122亿 m^3 上升到了2013年的1700亿 m^3，其产量已远超同期中国天然气总产量1025.3亿 m^3，这对于世界能源工业影响之深远，已是世人的共识。页岩气整个开发过程有十分丰富的经验和教训，也充满着机遇和风险，值得我们学习和借鉴。

7.1.1　*历史的简单回顾*

20世纪80年代，美国独立天然气开采商乔治·米切尔开始试验从巴奈特(Barnett)页岩中获取天然气。巴奈特页岩横跨整个达拉斯至沃思堡地区，甚至包括埃克森在得克萨斯欧文市的总部。地质学家知道，页岩中蕴藏大量的石油和天然气，页岩是产生传统天然气最深的岩石层，但要从中开采碳氢化合物是一项既困难又昂贵的工作。不过米切尔认为这是可行的，经过20年的反复试验，米切尔能源公司开发了利用水和沙子开采天然气的水力压裂法，这家公司在巴奈特的天然气产量开始飙升。2002年，米切尔将他的公司以32亿美元的价格卖给了德文能源公司，德文能源获得了米切尔的技术，他们将产量提升得更高。很快，德文能源和其他公司在巴奈特开采了大量的天然气。

美国页岩主要发育在20个州21个大小不等的盆地里。据最近的估算，美国页岩气资源量为42万亿~52.6万亿 m^3，2012年前后商业开采主要集中在5个盆地，即密歇根盆地的Antrim页岩、阿巴拉契亚盆地的Ohio页岩、福特沃斯盆地的巴奈特页岩、伊利诺伊盆地的New Albany页岩和圣胡安盆地的Lewis页岩。其中，巴奈特页岩是当前美国页岩气开发的主力层位，也是各国页岩气勘探开发学习的样本。据美国地质调查局(USGS)最新的统计，巴奈特页岩资源量约0.74万亿 m^3，产量在2005年已经超过美国页岩气产量的一半，现在所占比例更高。

从巴奈特页岩开采看美国页岩气开发技术历程，可分为4个阶段：

第一阶段：1997年以前——直井大型水力压裂；

第二阶段：1997~2002年——直井大型清水压裂为主；

第三阶段：2002~2007年——水平井压裂技术开始试验；

第四阶段：2007年至今——水平井套管完井及分段压裂技术，并逐渐成为主体技术模式。

美国页岩气的商业化开发成功和美国政府的政策支持是分不开的。

从20世纪80年代开始，美国政府实施了一系列鼓励替代能源发展的税收激励或补贴政策，这些政策法规包括：1980 年的《能源意外获利法》出台替代能源生产的“税收津贴”条款，对 1979～1993 年钻探的非常规油气，包括 2003 年之前生产和销售的页岩气和致密气实施税收减免，对油气行业实施 5 种税收优惠；1990 年的《税收分配综合协调法案》和 1992 年的《能源税收法案》扩大了非常规能源的补贴范围；美国联邦能源管理委员会 1992 年取消了管道公司对天然气购销市场的控制，规定管道公司只能从事输送服务，这使得非常规天然气的供应成本大幅度降低；1997 年的《纳税人减负法案》延续了替代能源的税收补贴政策；2004 年的《美国能源法案》规定 10 年内政府每年投资 4500 万美元用于包括页岩气在内的非常规天然气研发等；2005 年美国《能源政策法案》将水力压裂从《安全饮用水法》中免除，解除了环境保护局对这一过程的监管权力，从而让水力压裂技术很快应用起来。从 2005 年起，美国政府加大了对开发难采天然气的政策扶持力度，大大降低了天然气开采税；为激发土地所有者与开采公司签署土地租赁合同的积极性，政府给土地所有者增加了 25% 的强制提成；并且鼓励天然气企业积极开展水平井钻探和多级地层水力压裂工序等技术创新。在这一系列政策扶持措施的推动下，美国页岩气勘探开发取得了明显成果。

最近几年，随着墨西哥湾深水油气产量的急剧下滑，一些大石油公司开始通过对已有页岩气开发经验的中小公司的合伙、参股或收购等形式参与美国页岩气的勘探开发。

这方面，埃克森美孚石油做法是比较典型的。埃克森美孚公司在巴奈特组建合资公司，租了一大块土地进行页岩气开采。埃克森美孚首席执行官蒂勒森说：“这次开发非常规油气资源让我明白了两件事情：一是今后开采页岩气非常重要，二是埃克森美孚迟早要参与进来”。同传统的油气产业相比，页岩气开采属于典型的劳动密集型产业。蒂勒森幽默地说：“它不是在地层打个孔，等着原油自己流出来，而是要不断地钻孔，还要通过水力压裂法将岩石击碎。”2009 年 12 月 14 日，埃克森美孚以 410 亿美元价格，收购本国非常规天然气巨头 XTO 能源公司。收购 XTO 能源公司后，埃克森美孚页岩气探明储量增加了 81%，达到 82 万亿立方英尺（2.32 亿 m^3）。当时，因为美国天然气价格暴跌，埃克森美孚没有取得很好的经济效益。在 2009 年，美国亨利港气价为 12 美元/百万英热单位，而到了 2012 年，气价跌至 3.5 美元/10^6Btu。对于开发商来说，只有气价在 4 美元/百万英热单位时，才能收回成本。为此，埃克森美孚高层认为：“气价下跌，让我们输个精光。但从长远看，XTO 项目会带来高额回报”。他们自信对页岩气投资的成本，将在 25～30 年内收回。“我们和其他竞争者不同，我们有耐心等待页岩气春天的到来。”这充分说明，大石油公司开发页岩气必须要有长远的战略眼光，要有抗风险的意识。

2011 年，埃克森美孚不但是美国最赚钱的公司，当年收入为 4860 亿美元，超过沃尔玛成为当年财富 500 强第一名。帮助这家公司实现这一目标的不仅是高企的油价，还有大量出售的页岩气。现在埃克森的天然气开采量和石油一样多，该公司高层表示，页岩气的好戏才刚刚开始。410 亿美元的年利润在该公司历史上排名第二，仅次于 2008 年的 450 亿美元。过去获取巨额收入主要得益于持续走高的油价，可今天的埃克森石油的收入 50% 来自于天然气。

2012 年 12 月，埃克森公司发布了年度能源展望报告，报告给出了这家公司对直到 2040 年以前世界能源需求和消费的分析。这个报告的主要观点认为是世界电力需求将大幅度攀升，埃克森以此来制定公司的战略规划。该公司估计，由于数以亿计的发展中国家人口如中国将达到中产阶级的生活水平，到 2040 年世界电力需求将增加 80%。他们认为，大部分增加的电力将由天然气产生，到 2025 年，天然气将超过煤炭，成为仅次于原油的燃料。

埃克森一直在着手准备应对天然气不断增加的需求。在有大量天然气储备的卡塔尔，这家公司已经投入重金购买了生产和出口液化天然气的设备。埃克森还出资157亿美元在巴布亚新几内亚开发了液化天然气项目，预计2014年起将供应亚洲的消费者。同时他们还参与了澳大利亚的Gorgon液化天然气项目。

进入21世纪以来，美国页岩气产业可谓一路高歌猛进。一些大型页岩气田的产量大幅增加，其中包括得克萨斯的巴奈特页岩（巴奈特页岩气田 the barnett shale field http：//thebarnettshale. com），东得克萨斯到路易斯安那州的海恩斯维尔页岩（Haynsvill）以及东北的马塞勒斯页岩（Marcellcus）。近10年美国页岩气产量增长了12倍，占本国天然气总产量的25%。能源生产结构的重大变革从深层次改变了美国的能源供需结构，降低了美国天然气消费的对外依存度，美国国家能源安全在一定程度上得到保障。

10年前，舆论一致认为美国将很快用完所有经济的可开采天然气资源，并且需要从国外大量进口，而现在美国有的是可开采的天然气。据美国能源信息署2011年能源年度报告发布的数据显示，自2005年以来，美国的天然气产量增长了28%。其中，2011年三分之一的天然气产量来自页岩气，而2008年只有11%。受国内页岩气产量快速增长影响，2010年起美国天然气进口占国内消费总量的比例开始呈快速下降态势，使天然气消费逐步实现自给。预计2010～2035年，这一比例将逐渐降至1%，届时页岩气产量将占到国内天然气总产量的46%。

按照现在的消费水平，美国天然气数量至少还能用100年以上。奥巴马的国情咨文中提到，美国可以从页岩中获取100年的天然气供应，这个数据来源于美国潜在天然气委员会发布的报告。2010年页岩气工业雇佣了60万工人，预测到2015年将为美国经济贡献1180亿美元。

页岩气产业的迅猛发展在改善美国能源供需结构同时，也在一定程度上给全球尤其是能源供应不足的国家树立发展的标杆。美国页岩气产业的成功有可能成为全球页岩气产业的“引擎”，引发世界能源产业的一场革命。页岩气开发的兴旺将改变世界能源产业现状，由于在南美、中国以及欧洲都陆续发现了页岩气田，开采页岩气已经成了全球的趋势。国际能源署IEA估计，全球的页岩气储备可供开采250年。

值得一提的是，美国页岩气产业的成功开发带动了其页岩气化工的迅速发展，主要是为其提供了原料。如克洛斯提柏石油和其他能源公司都对伍德福德地区（Woodford）趋之若鹜，因为这里生产大量含有凝析液的“湿气”。通常天然气被称为“干气”，成分主要是甲烷，我们一般用这种天然气取暖、发电。但是干气的价格并不诱人，过去十几年美国天然气的平均价格是5. 78美元/10^6Btu，如今已经降到了2美元10^6Btu。埃克森和其他能源公司正把勘探设备移到富含“湿气”的地方去，湿气中包含乙烷、丙烷、丁烷和轻烃，据说，美国页岩气中平均含轻烃量12%，它是页岩气化工的重要原料，可用于乙烯裂解过程制取乙烯等轻烯烃和芳烃，其价格比甲烷要高得多。对于中国页岩气开发商而言，应一开始就注意寻找可能富含“湿气”的矿区，以此来推动我国页岩气化工的发展，同时也可提升天然气产业的经济效益，有利于改善页岩气产业的投资回报。

据美国能源安全分析公司最新研究报告显示，受页岩气产量快速增加的影响（起作用的是湿气），2013年美国NGL分馏能力将增加至260万桶/d，比2012年增加57. 5万桶/d。新建天然气凝析液（NGL）分馏产能大幅增加的直接后果是2013年美国乙烷剩余产能达6万桶/d，2013年，美国乙烷产量将达到111万桶/d，比2012年增加12. 5万桶/d。该报告称，即便对现有乙烯装置进行改造后能加工更多的乙烷原料，美国乙烷供应过剩的局面也要比2012年更加严峻。供应过剩将令美国乙烷价格继续疲软，从而对化工业形成利好局面，促使在美国新建多套以乙烷为原料的乙烯裂解装置（详见第4章）。

7.1.2　页岩气开发的美国模式

7.1.2.1　美国页岩气产业开发成功的突出特点

(1)美国共有 32 个州生产天然气

美国过去从来不生产天然气的州，如阿肯色州现在都成了天然气的生产大户，这对于世界上其他一些缺油少气的国家和地区应该是一个榜样。根据舍尼尔能源公司提供的数据，美国本土 48 个州(不含夏威夷和阿拉斯加州)1996 年技术可开采的页岩气、致密型砂岩气和煤层气储量总量为 10.36 万亿 m^3，到 2012 年这个数字上升为 53.92 万亿 m^3，是 1996 年的 5.2 倍。其中页岩气的增幅最大，截至 2013 年 1 月 1 日，美国拥有页岩油气钻井平台 1761 个，而欧洲只有 125 个，亚洲为 240 个(中国不到 100 个)。该公司预测，仅在得克萨斯州(Texas)东南的科珀斯克里斯蒂附近的伊格福特(EagleFord)油气田，页岩气和致密气产量将从 2011 年的 7.65 亿 m^3 增至 2035 年的 13.31 亿 m^3。从 2010 年到 2035 年，美国国内天然气的产量将远远大于消费量，到 2035 年美国天然气产量每天将多出 7.36 亿 m^3，国内市场无法消费，必须为它们找到出路。如果美国在可预见的将来实现能源自给自足或成为能源出口国，那么美国将无须担心其他国家在世界石油和天然气富集地区的投资了。图 7－1 为美国本土主要页岩油、气带分布。

图 7－1　美国本土主要页岩油、气带分布图

值得注意的是，美国非常规天然气产业发展过程中，与页岩气一起发展的致密气产量也占有很大的比重，今后它将超过常规天然气的产量。图 7－2 为 1990～2035 年美国天然气产量及其构成的历史数据和预测数据，根据美国的情况，致密气开发同样也是很值得引起我们重视的一种非常规天然气。

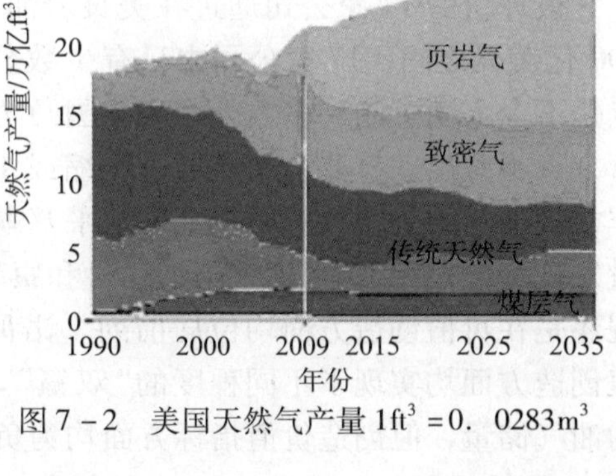

图 7－2　美国天然气产量 $1ft^3=0.0283m^3$

(2)页岩气革命是技术革命，不是勘探革命。

过去美国缺乏有效的技术手段将页岩气开采

出来。居高不下的石油价格催生了开采页岩油和页岩气的技术革命。随着技术的进步，今后开采时间将更短，产量增速将更快，对开采所需要的水量和环境影响将更小。

7.1.2.2　美国非常规油气经营情况喜忧参半

就总体而言，美国页岩气产业开发是非常成功的。但如果对一个具体的企业而言，在美国参与非常规油气开发经营的油企是喜忧参半，也就是说搞页岩气是机遇与风险共存。

随着美国页岩气革命的兴起，在全球油气行业有重要影响的17家公司纷纷参与了美国非常规油气勘探开发。然而10年过去，他们的经营状况却相去甚远。具体是在33家引领全球油气勘探大潮的国际石油巨头中，17家进入了美国陆上非常规油气开发领域。这些国际石油公司已经在页岩资源领域创造了157亿美元的净价值。由于各公司采取不同的策略和操作方式，客观条件也有差异，其回报率各不相同。根据伍德麦肯锡的最新报告，17家公司中真正创造了价值的只有6家，占总数的35.3%，约占近三分之一。美国情况如此，在发展中国家开发页岩气初期的风险一般讲可能更大一些。

巨大的差异是由哪些因素造成的？这17家在全球油气行业有重要影响的国际石油公司参与了美国非常规油气勘探开发，这些企业既有美国本土企业，又有海外企业。17家公司中包括埃克森美孚（Exxonmobil）、BP（British Petroleum）、壳牌（Shell）、雪佛龙（Chevron）、道达尔（Tptal）和康菲（ConocoPhillips）等6家超大型石油公司，也包括了阿帕奇、阿纳达科、马拉松、BG等大中型石油公司。这些公司在过去的投资中有200亿美元用于区块租赁，180亿美元用于风险勘探等前期评价。总共获得了230亿桶的商业油气储量，包括商业化的煤层气、页岩气、页岩油等非常规油气储量，这一规模与米德兰盆地220亿桶和威利斯盆地200亿桶的总商业储量规模相当，为全球油气储量增长做出重大贡献。

据估计在过去5年里（2008~2012年），17家石油公司的储量发现对美国的陆上非常规油气勘探有了越来越强的依赖。竞争有序的市场环境、健全的产业服务体系、稳定的政治环境和常规油气开发技术的成熟等客观因素是全球石油公司成群结队涌向美国页岩气资源区的重要因素。17家公司在这5年新增储量构成中，40%以上的新增储量中多数来自美国非常规油气公司。马拉松公司新增储量的90%来自美国非常规油气，康菲公司新增储量的55%来自美国非常规油气。阿纳达科在过去5年间新增储量规模最大，接近50亿桶，其中有将近25亿桶的储量来自美国非常规油气。

7.1.2.3　经营情况的深度分析

2003~2012年，上述公司在美国的非常规油气领域的投资总共创造了157亿美元的净利润。但是从经营结果看，这些公司的经营表现大相径庭。

（1）多数公司经营惨淡

被评价的17家公司通过在美页岩油气、煤层气开发、经营的商业价值区间在-43亿~100亿美元之间，17家公司中只有少数公司在储量发现与价值创造方面实现“双赢”，这一点是不令人满意的。多数公司为美国乃至全球油气储量的增长做出了贡献，但代价是惨淡经营，入不敷出。有些公司还通过压缩或中断投资计划等手段应对财务压力。17家经营美国非常规油气的公司投资回报平均水平基本处于投资的盈亏平衡点附近，略有净收益，公司储量发现均值接近15亿桶。阿纳达科和康菲在17家公司中的经营业绩最好，无论是在储量发现还是在价值创造方面均位居前列。诺贝尔、墨菲石油、BG、马拉松石油在储量发现和价值创造方面均实现了不同程度的“双赢”。挪威国油、埃克森美孚和壳牌虽然发现了大规模的油气储量，但创造价值指标方面均为负值。此外，阿帕奇、BHP、塔里斯曼等公司对美国储量发现有贡献，但整体经营并不理想，原因之一是和期间美国天然气价格大幅度下跌有重大关系。从 2009 年到 2012 年美国亨利港气价由 12 美元/百万英热单位跌至 3.5 美元/百万英热单位。对于开发商来说，只有气价在 4 美元/百万英热单位时，才能收回成本。所以即使在美国开发页岩气，企业也必须要有长远的战略眼光，要有抗风险的意识。

(2)领先者的业绩

在美国页岩油气“品牌区带”拥有核心资产，是 6 家石油公司能够取得较好投资回报水平的关键因素。阿纳达科和康菲在伊格福特、巴肯、马塞勒斯和奈厄布拉勒区带均有大量资金投入。阿纳达科开发页岩资产，按照折现率 10% 计算的税后利润达到 260 亿美元(以 2013 年 1 月 1 日作为折现日)，伍德麦肯锡认为该利润一半来自公司有效勘探。康菲非常规油气项目投资税后净现值达到 230 亿美元(折现日同前)，其中 120 亿美元来自有效勘探而非并购。

诺贝尔和墨菲石油在 6 家石油公司之中价值创造的效率最高。诺贝尔实现了每 1 美元支出创造 2.65 美元业绩，墨菲实现每 1 美元支出创造 2.9 美元价值的较好业绩。就投入产出比而言，这两家公司在被评价公司中表现最为抢眼。

尽管发现的储量中 93% 是天然气，在低气价形势下开发这些资源有一定困难，但 BG 公司在美非常规油气业务经营过程中对成本严加控制。具体做法是保证每 1 美元的支出创造 0.5 美元以上收益。马拉松采取多元化开发资源的做法，同时推进 7 大区带页岩油气资产商业化，这种做法的好处在于能够帮助公司在实现价值创造能力方面高于平均水平。

美国有 23 个页岩气盆地，运用活跃上产的也只有 6 ~ 7 个盆地，有的盆地开发数年后年产量就达到百亿立方米，也有的多年产量徘徊不增，这表明受技术水平和市场气价的约束，发展是不平衡的。

(3)油气产量比例成为影响业绩的关键

埃克森美孚、雪佛龙、阿帕奇、赫斯、壳牌、塔里斯曼、道达尔以及 BP 等公司在美国均有页岩资产，但相比而言其开发步伐较慢。部分公司全部非常规油气资产是通过市场并购获得，如埃克森美孚、赫斯、BHP 以及塔里斯曼。部分公司正在从事页岩区带的商业化开发，如雪佛龙、阿帕奇和西方石油正在从事二叠纪盆地的页岩资产商业化开发，道达尔致力于开发尤蒂卡页岩，但是目前尚未见效益。这些公司(如 BG、壳牌和 BP)在美国的资产多为页岩气，不可否认的是，美国国内低迷气价对这些公司创造价值形成了十分严重的制约和影响。

在被评价的 17 家公司中，埃克森美孚、BP、壳牌、道达尔等大型公司发现了 97.5 亿桶储量[1 石油桶(美) = 0.15898m^3]，占整个储量发现的 42%，然而他们发现的储量中仅有 33% 是页岩油，这是他们页岩资产商业化开发步伐缓慢的主要原因，低气价让这些资源的开发变得无利可图。若将康菲的油气储量剔除在外，这些超大型公司发现的页岩油储量比例将下降至 17%。总体而言，气多油少已成为影响美国石油公司业绩的一个关键因素。

得益于页岩气开发中采用的“水力压裂”技术，美国页岩油产量也在飞速增加，使美国石油产量强劲反弹，导致美国自 1949 年以来 2011 年首次成为炼厂石油产品净出口国。国际能源署认为，到 2020 年美国将成为全球最大原油生产国。美国康菲石油公司表示，到本世纪 20 年代中期美国将不必进口石油。也就是美国页岩气的快速发展改变了美国的能源消费结构，不仅降低了煤炭以及其他能源的消耗比例，也减少了其对中东国家石油能源的依赖。

(4)美国国内天然气产量大于消费量

美国国内天然气产量大于消费量，页岩气产业发展对世界能源产业造成了极为深远的影响。

第一是对全球经济发展大环境的影响。

尽管从长远看，化石能源消费最终要退出历史舞台，取而代之的是以可再生能源为代表的新能源，但以目前的发展水平来看，新能源尚不能在短时期内完全取代化石能源。化石能源让位于新能源将经历石油取代煤炭、天然气取代石油这两个阶段。天然气较石油、煤炭而言，具有清洁环保的特点，更加符合发展低碳经济的基本要求。今后，天然气的消费将逐渐进入刚需时代，而在常规天然气资源不能完全满足需求的背景下，发展页岩气、煤层气、致密气等非常规天然气产业就成了必然选择。

第二是对全球页岩气资源的影响(见本书第2章)。

第三是对油价的影响。

平稳上扬的气价是刺激页岩气发展最为重要的一架马车。虽说由于美国页岩气资源的成功开采提升了国内天然气产量，有效抑制了国内天然气价格过快增长，使得北美天然气价格不断走低，目前美国天然气价格尚不足以对全球形成较大冲击。

而从全球范围看，天然气价格和油价基本上是挂钩的，油价近几年虽然波动，但一直是向高位回归，因此油价上涨对气价将形成有力拉动，降低了页岩气等非常规天然气资源的开采门槛。相反，如果天然气产量增加其价格下跌，也可能对油价产生反作用(包括促使天然气成为油品的替代燃料)。

7.1.2.4　大石油公司四大投资经营战略拉开了竞争差距

上述各石油公司在美国页岩油气投资经营策略各有不同，这些战略有成功之处，也有经验教训，以下进行一些简要分析。

(1)先入战略

阿纳达科和康菲都有在美国购买非常规油气资产的行为，先期并购是这两家公司获得成功的关键影响因素。为了获得落基山脉的致密气和煤层气，阿纳达科在2006年并购了西部天然气公司的股份。同年，康菲出于在落基山脉、海湾以及中部地区获得天然气资产的战略需要，出资并购了伯灵顿资源公司。在这些交易中，那些油气产量比例高，且在交易时尚未被证实储量的资产，在其后康菲和阿纳达科的价值创造过程中发挥了重要作用。

(2)以静制动策略

阿帕奇和西方石油公司本来就在二叠纪盆地拥有页岩资产，特别是在一些关键地区，包括Wolfcamp、Cline和Bonespring地区。在这些地区拥有页岩资产的最大好处是不受与美国地方政府规定的区块租约规定的投资期限和最低工作量投入限制，而是潜心做好生产和投入规划，并从该地区其他从业者那里得到有效信息和经验教训，有一定的主动性。

这一战略也有其不足，具体表现在当资产所有者准备开始实施相关规划的时候，这些被延迟商业化的资产面临高成本的商业化。由于高成本的制约和限制，到2012年年底，阿帕奇只打算开发Wolfcamp资产，西方石油公司只打算开发Bonespring资产。这两家公司非常规油气经营处于盈亏平衡点之下，但接近于盈利，延迟开发与过分求稳策略对其经营有一定影响。

(3)打好外围“资产牌”

阿帕奇的又一战略是低成本进入有潜力的页岩区域。该公司在伊格福特和巴肯购买了页岩资产权益，但是资产的位置不在核心区，而是在边缘地带，因为边缘地带的进入成本更具有竞争优势和经济性。阿帕奇希望在边缘地区从事勘探，逐渐为公司创造核心资产，而不是让公司一开始就进入成本高的核心地区。当非核心地区的资产越来越有经济性的时候，核心地区的范围也会发生相应变化。

(4)新区进入战略

这是一些大公司通常采用的战略。分析发现，美国新发现的非常规油气储量大多集中在少数核心区带。陆上油气储量中，34%来自马塞勒斯，21%来自伊格福特。面对这一形势，一些资金实力相对雄厚的公司，并没有实施热点地区进入战略，而是选择不断尝试进入新的页岩区，以希望取得大发现。挪威国油、埃克森美孚和道达尔就实施了这一战略。这也是他们经济效益不理想的主要原因之一。

总之，在过去 5 年里，美国非常规油气资源不断有新的储量发现，作业者创造了新的价值。只要有投资者的坚守和投入，美国本土非常规资源的开发规模将继续保持增长，新的发现和商业化步伐将持续下去，美国业界期待非常规油气价值创造和储量发现进入正向循环，"投资者的坚守和投入"的观点值得引起我们重视。

业界也非常清楚地意识到，非常规油气生产充满了挑战性，作业者很难适应由气转油的调整。已发现的非常规油气储量中 62%的资产是天然气，许多投资公司难以有效回收资金，他们寄希望于美国天然气价格的回升。受此市场形势影响，在美国从事非常规油气生产的公司正在积极进行战略调整，具体内容包括有发展民间勘探、组建合资公司、资产并购和收购等分担风险。

目前巴肯、伊格福特以及马塞勒斯页岩区引领着美国陆上非常规油气勘探开发。在接下来的 1 ~2 年，二叠纪盆地的 Wolfcamp、Cline 以及 Bonespring 将成为热点。作业者已经将触角伸向尤蒂卡和 Tuscaloosa 页岩，以及美国本土以外的其他区域，以期有更大发现。

7.1.2.5　中、小公司成为美国页岩革命先锋，大石油公司接力成为开发主力军

(1)回顾美国页岩气产业开发全过程，美国页岩油、气革命起先并非由雪佛龙或埃克森美孚这样的超大型国际石油公司引领，起关键作用的反而是北美能源界的一些中、小公司，包括市值数十亿美元的中型公司和小型新兴企业。

来自得克萨斯州的技术先驱者乔治·米歇尔和俄克拉何马州的德文能源公司，最先看到了水力压裂法开采页岩气的潜力。而切萨皮克能源公司和大陆资源公司迅速获得了最有前途的页岩区块的开采权，并在气价走低时迅速将重点从页岩气转移到页岩油。

因为页岩油、气时代的到来，近一个世纪以来都是美国石油行业中心的二叠纪盆地再次迎来春天。去年，西方石油公司、先锋自然资源公司和阿帕奇石油公司是该盆地能源业的佼佼者。而在巴肯页岩区，大陆资源公司、Whiting 石油公司和赫斯公司表现也非常出色。在伊格福特页岩区，EOG 资源公司、康菲石油和切萨皮克则成了领头羊。

当然，并不是所有这些公司都是无名小卒。西方石油公司市值 720 亿美元，康菲石油市值 760 亿美元。但这些公司与国际能源巨头在规模和运作上有较大差别。

较小规模公司最大的优势在于灵活性。国际大型石油公司有固定的框架，他们往往提前制订计划，且可运作非常复杂的项目。但在页岩资源的开发过程中，有时这些优势反而成了弱点。你需根据后期了解的市场和储量情况及时进行调整，而这种不断适应市场变化的规划调整恰是规模较小的公司所擅长的。

雪佛龙公司承认，大公司在页岩气开发方面确实比一些小型公司速度慢。因为"我们要确保所做的是正确的，因此花的时间可能比别人长"。

(2)国有大石油公司应成为中国页岩油气开发的先锋和主力军。

结合中国具体情况，长期以来，中国可供油气勘探的区域几乎全被中石油、中石化和中海油等所谓“三桶油”所占有，主要盆地甚至是全覆盖，无他人置喙之地。有些地方长期投入的工作量很少，没有实现新发现也不再做工作，但也不退出，使其他企业无法进入展开新的探索。

中国的勘查区块多面积较大，形成“跑马圈地”后，许多可进行深入工作的地块被闲置，形成了事实上的“三不管”局面。但是“能源革命”和“跑马圈地”不是一回事，这种局面对非常规油气，特别是有较大开发风险的页岩油气开拓更是形成了明显的阻碍，大量有积极性的企业无法及时获得可供立足的区块，成为卡在发展道路上的第一个关口。同时，和美国情况不同，中国大量独立的中小石油公司和服务公司均未发展成熟，只有国家石油公司掌握着数十年积累的资料、经验、研究力量和人才。

中国虽拥有后发优势，也可以借鉴美国技术，同时天然气市场正处于快速发展时期，价格对促进页岩气开发可起到重要的正面拉动作用，但也必须面对先天不足的客观环境。因此国外的经验可以借鉴，但“美国模式”在中国是难以复制和完全照抄的。需要从中国的实际情况出发，创造条件走一条具有中国特色的页岩气产业可持续发展的道路。

作为油气生产主力的国家石油公司应更主动、更自觉地承担主力和开拓页岩气先锋的责任。由于历史遗留和现实利益的影响，大石油公司与原先曾为一体的服务公司间仍有密切联系和相互优惠，某些方面还有排他性。显然，上述技术上的优势是新成立的中小石油公司所难以比拟的，所以在现阶段国有大石油公司应成为中国页岩油气开发的先锋和主力军。

进一步分析，由于非常规油气一般都是低丰度低品位的，必须依靠多井、低产、大量打井来获得产量和效益，因此需要大量的投入，在开发初期回报也不一定理想。调研显示，截至 2012 年 4 月底，我国共计完钻 63 口页岩气(油)井，其中石油企业 61 口，国土资源部 2 口，有 30 口页岩气井获得工业气流，但产量很低。以中石化江汉油田分公司在重庆涪陵焦石坝试验区为例，当初规划打井 24 口，预计页岩气年产量达到 3 亿 m^3，截至 2012 年 4 月，仅完钻一口井，生产井从年初开始产气，但产量已经从 20 万 m^3/d 衰减到了 6 万 m^3/d。

美国的页岩气埋藏深度一般仅为 1000m 左右，储层厚度达数百米，单井钻井成本不足两千万元，完钻时间仅需一周左右，经估算，其页岩气开采成本是 1 ~ 1.27 元/m^3。但中国四川、重庆等地的页岩气埋藏深度普遍在 2600 ~ 3000m，储层厚度仅几十米，单井钻井、压裂成本接近亿元，而且钻井平台整体水平明显落后美国等发达国家，智能化和系统化水平低，打一口井需 3 个月左右，综合下来目前中国开采成本大约是美国的 4 ~ 5 倍，即 5 ~ 6.3 元/m^3。

此外，目前我国没有专门的页岩气运输管道，页岩气只能通过现有的天然气管道和公路进行运输，目前天然气管道在页岩气分布地区非常有限，且缺乏分支官网，页岩气无法接入管道，只能通过公路运输，中石油和中石化在四川长宁和重庆涪陵焦石坝页岩气生产井每天生产页岩气 5 万 ~ 6 万 m^3，前期是通过压缩然后使用压缩天然气运输车进行运输，增加了成本。在这种情况下，如没有国家扶持，前期投入巨大，企业基本属于亏本经营。因此，截至 2012 年，参与页岩气实验区勘探开采的基本上仅是具有雄厚技术和资金的中央油企。虽然国家出台了补贴标准为 0.4 元/m^3 的扶持政策，但页岩气开发企业能否收回成本或实现盈利心里没底，开发的积极性普遍受到影响。

当前，石油国企同时担负着国家常规油气开发、炼油和石油化工产业地等多方面的任务，本身资金也很紧张，因此不仅大的国营石油公司要有、而且全国上下在对待页岩气开发方面都必须要有长远的战略眼光，要有抗风险和规避风险的意识。国家在政策和财政方面的支持是确保大石油公司拿下非常规油气开发的一个重要保证。

可以从中国石化发现和攻克重庆涪陵国内首个整装页岩气田的过程来说明这一点。

中国石化搞页岩气开发实际上从 20 世纪 90 年代就开始做信息追踪，把美国的有关信息逐渐变成我们自己的东西，一开始选区评价依据什么标准，主要就是照搬，把美国页岩的厚度、页岩的有机质含量、页岩的岩化程度、埋藏深度等这些参数弄过来，开始在中国的南方地区，包括四川，进行了评价。从 2009 年开始进行了大量实际工作，主要经历了选区评价、钻探评价和产能评价与商业开发四个过程。

打页岩气探井最早布置在安徽宣城，到 2011 年陆续打了宣页 1 井、河页 1 井、黄页 1 井和湘页 1 井等，找到了一些气但产量不高，经过专家论证后认为产量不高的原因是中国南方地区页岩化程度比较高——有些地下气已经衍化成炭了，有的地方保护程度也较差。经过分析认为，整个大南方地区靠近四川盆地条件会好一些，就向四川盆地转移。

在四川盆地选区评价实际上开展了两块，一开始是在四川陆相的几个地方部署打井，因为在四川我们原来的常规天然气有很多老井，就先对这些老井进行普查，普查以后又定了一批新的井，包括建页 1 井、建页 2 井等，在 2011 年、2012 年这些井陆续打成，也见到了气，有些井产量还可以到日产 1 万多立方米，但是大部分都是日产五六千立方米、两千多立方米，应该说是产出了气，但没有利润，不具备商业开发的条件。陆相方面情况就是这些。

另外在 2011 年下半年到 2012 年在海相地层也安排了一些探井，包括焦页 1 井、彭页 1 井等，同时对一口老井进行了测试。最早有页岩气苗头的是彭页 1 井，这个井当时产量达到了 2.5 万 m^3/d，是中国石化从 2010 年开始找到比较好的井，这口井就转入了试采阶段，试采能够稳定产量在 1.5 万 m^3/d。并接着安排了彭页 2 井、彭页 3 井，稳定产量基本在 2 万 m^3/d 左右。真正取得重大突破就是在 2012 年年初开始部署的焦页 1 井，焦页 1 井分成了 15 段进行了压裂，试产最高产量达到 20 万 m^3/d，比较稳定的产量是 11 万 m^3/d，估计焦页 1 井最终可采出 1.1 亿 ~ 1.2 亿 m^3 的天然气。还有丁页 2 井也很好，水平井长度 1000m 左右，分 12 段压裂，这个井最高产量也获得了 10 万 m^3/d，最后试采是 2 万 ~ 2.5 万 m^3/d。

焦页 1 井获得高产以后，围绕涪陵焦石坝地区又部署了焦页 2、3、4 这些井，这三口井都获得了成功，通过整个评价以后，我们认为在整个四川的东南部地区的志留系龙马溪组这套页岩应该说是比较好的页岩，一个是分布比较稳定，再一个厚度比较大，有机质含量高、含气性好，具有良好的页岩气形成条件，中国石化就把工作重点全部转移到川东南的龙马溪组。

中国石化在这个地区安排了一个实验井组，一共是 18 口井，这 18 口井到 2013 年底已经完成了 13 口，这 13 口井日产气在 180 万 m^3 左右，2013 年当年产气 1.43 亿 m^3，销售 1.34 亿 m^3，到 2013 年 12 月份，它的生产能力已经达到了每年 5 亿 m^3。2014 年 4 月，国土部宣布，涪陵的页岩气开发成为国家勘探开发示范基地。

因为试验区开展的比较好，中国石化已经意识到这是一个很好的页岩气田，在 2013 年下半年开始编制方案，要在这个地区建立一个 50 亿 m^3/a 生产能力的页岩气生产基地，这标志着我们国家第一个大型商业开发的页岩气田正式启动。

从 2010 年的 5 月份开始打第一口探井，到 2012 年的年底第一口真正的商业发现，其中做了很多工作，也走了很多弯路，交了很多的学费，我们初步算了一下，从 2010 年到 2013 年，我们在陆相页岩气打了 15 口井，有一部分井见到了气，但是没有一口具备商业开发价值。针对海相地层，一共有10口探井，其中有4口井见到了好效果，所以中国的页岩气勘探开发的难度还是相当大的。

从投入方面分析，中国石化实际在焦页1井发现之前，大概花掉了20多亿的投资，这20多亿的投资是不是打了水漂？主要成果是取得了很多资料，没有前面所取得的那些资料和研究，最后这个发现也是不可能的。页岩气勘探开发是一个累计的历程，是一步一步发展过来的。当20多个亿投入进去以后终于有了一个好发现，而这个发现也标志着我们中国的页岩气开始正式走上了一个商业开发的道路。

规划的50亿m^3/a生产能力的页岩气生产基地的方案，动用的面积是229km^2，部署打253口井，在2013年前期的实验方案里已经实施了23口井，在2014年要打100口井，到2015年打130口井，最近投产了9口井，高产的有40多万m^3/d、50多万m^3/d的，初步的估算这100多口井最终产能要高于50亿m^3/a。

从以上中国石化发现和攻克重庆涪陵国内首个整装页岩气田的过程来分析，针对中国的实际情况，国有大型石油公司理应成为中国页岩油气开发的先锋和主力军。中国石化能做到的其他国有大型石油公司也完全可以做到。

7.1.3 外国经验

美国是世界上页岩油气产业化运作最为成功的国家，这与美国相关产业政策的激励不无关联。在加强促进天然气消费的政策措施研究方面，我国的近邻日本和韩国虽然他们的资源十分贫乏，但在这方面有不少成熟经验值得我们借鉴。

7.1.3.1 美国

目前，美国共有21个盆地发现页岩气，其中产量最大的6个含气盆地是Fort Worth盆地的Barnett页岩、Arkoma盆地的Faretteville页岩和Woodford页岩、Appalachian盆地的Marcellus页岩和No. LA/E. Tx盆地的Haynesville页岩和Eagleford页岩。在页岩气可采储量上排序，Marcellus页岩居最大，Haynesville页岩次之。

支持促进美国页岩气产业快速开发的各种因素可归纳如下8条，值得我们认真地研究和借鉴。

(1)有一个自由开放的天然气市场

美国页岩气资源开发的因素具有商业化的性质。天然气市场结构已经非常成熟，可以向竞争各方完全开放。天然气生产、运输和销售活动之间没有互相牵制，因此完全不可能由单一的实体来对这些业务全面加以控制，而在管道等下游基础设施方面，所有权也并不等同于对能力的控制，第三方同样有权竞标将天然气运往下游市场的运输业务。如果没有充分自由化的美国能源市场结构，目前在美国从事页岩气业务的许多公司便很可能由于市场准入的限制而被拒之门外。这和许多发展中国家的天然气市场是不同的，这些国家的国有石油公司或市政工程公司拥有天然气供应基础设施的垄断权。

另外，美国还拥有成熟的天然气终端用户群体，包括民用、商业、工业等各类用户，尤其是发电工业。这种情形也与美国之外的一些发展中国家不同。在中国和印度等新兴的市场化经济还只是刚开始了解到天然气对其经济发展的潜在作用，而且由于这些国家的市场对于价格的高度敏感性，总是采用经济刺激措施来鼓励使用煤炭等更为廉价的燃料。与此同时，另外一些市场如欧洲等地的现行政策都支持使用可再生能源等更清洁燃烧的燃料，并且可能对天然气利用采取惩罚性措施。这些因素都可能阻止了他们以与美国相当的规模来开发页岩气资源。

(2)有许多开发型企业构建成的竞争性的工业环境

这指的是有许多中间承包商公司组成的富于竞争性工业体系。

(3)业界致力于技术创新

非常规天然气(包括页岩气)与常规天然气的区别在于前者的开采难度大，成本高，要想有效开发，必须有过硬的技术。长期以来，由于技术“瓶颈”难以消除，世界页岩气一直在“沉睡”中。直到2005年以后，情况开始有很大变化，技术屏障已被美国的石油作业者突破。

数据显示，自1997年起，美国在巴奈特盆地钻探了1.35万口页岩气探井，到2004年这些探井的产量有下降趋势。但恰巧当时，美国成功开发了页岩气水平井生产技术，实现了对原有技术的突破，受该技术应用和推广影响，2004年反而成为巴奈特盆地页岩气产量迅速增长的起始年。美国在页岩气生产方面的实践至少能够说明，制约页岩气生产的技术屏障是能够被突破的，美国在页岩气生产方面的技术创新鼓舞了全球油气行业工作者。

除税收政策支持外，美国政府鼓励非常规油气技术的研发，有意识地创建非常规油气开采技术体系。在积极的税收政策鼓励下，美国国内外众多石油公司出于发展战略的考虑，对页岩油提炼技术开展了广泛的应用研究，加快了页岩油气产业化的发展。除石油公司专门的科研机构外，社会上还有大量科研机构及大学在进行页岩油的基础和应用研究，研究领域涵盖资源、地质、干馏、燃烧、环保、水供给等，美国非常规油气产业具有国家、石油公司、社会三个层面的强大技术支撑体系。

(4)庞大而独立的油田服务部门(略)

(5)有完备的天然气加工和管道配套设施

美国有完善的天然气管网配套设施为页岩气产业发展提供了保障。美国天然气干线管道长度超过53万km，其中洲际管线占70%。全国整体上已经形成管道网络化、供应多元化、地下储气库遍布全国的供气格局。

(6)提供多种融资渠道的金融市场

在美国从事页岩气勘探开发的公司不仅仅有美国的公司，还有大量外国公司。大量的外资公司不仅给美国本土的非常规油气开采注入了资金(目前约占到10%)，而且带来了技术，成为美国非常规油气产业的重要组成部分。中石油、中石化已经开始积极布局进入美国等国外页岩气项目。

(7)鼓励私人土地主自愿出让土地

在美国，私有地产的业主同时享有或部分享有土地上的采矿权，并可以将土地租赁出去进行矿业开发，或出售其土地表面/采矿权。因此要取得私有土地的使用权时，只需要在运营公司和私人业主之间进行合约谈判，而后者因为有财政方面的利益刺激，是很愿意将其产业租赁给上游能源开发公司的。

(8)优惠的财政和法规构架

在美国，石油公司之所以积极开采页岩油气，与政府相关产业政策的激励不无关联。从20世纪80年代以来，美国政府已经先后累计投入超过60亿美元的资金用于页岩气产业。美国政府还实施了一系列鼓励能源储备、替代能源发展、替代燃料技术贸易化等方面的税收激励或补贴政策，这些税收补贴来源于1978年的能源税收法案，后来在1980年的原油暴利税法中得以扩展。其中关于替代能源生产的税收补助的规定，极大刺激了美国国内非常规能源的生产。除税收政策支持外，美国政府还鼓励非常规油气技术的研发，有意识地创建非常规油气开采技术体系。在积极的税收政策鼓励下，美国国内外众多石油公司出于发展战略的考虑，对页岩油气的开采技术展开了广泛的应用研究，加快了页岩油气产业化的发展。美国政府鼓励页岩油气开发的政策包含在鼓励“非常规能源开发”的总体政策中，政策激励的主要着力点是税收优惠。政策的系统性和结合实际的可操作性是值得我们认真研究和学习的。

应指出，美国天然气工业赖以发展的财务和法规架构虽然在各州之间有所差异，但都鼓励对非常规石油储量的开发。企图从事开发活动的企业都需要得到财政的支持和法律的许可，在很大程度上，全美国范围内都制定了相关的政策。一般来说，不管是在联邦、州属或私有土地上从事石油生产的公司对于相关的联邦/州法律及税收体系都有充分的了解。这对于此类公司判定项目的经济性、并就大规模投资决策时是至关重要的。

7.1.3.2　英国为页岩气开采提供“最慷慨”税制

英国政府一直在刺激天然气生产以此来应对北海不断下降的天然气供应，以及降低进口依赖度。2012 年，英国政府取消了水力压裂技术的禁令，并于 6 月份表示英格兰北部的页岩气储量的规模是原先估计的两倍。英国政府正在寻求复制美国的页岩热潮来削减能源成本和提振本国经济。

英国政府计划为页岩气提供世界上“最慷慨”的税收制度，以鼓励开发这种足以满足英国近 50 年需求的能源资源。英国政府财政部 2013 年 8 月 19 日在一份声明中表示，与目前石油和天然气开采 62% 的税率相比，英国政府目前提出了页岩产量收入 30% 的税率。其财政大臣说：“页岩气是一种增加英国能源潜力的资源，这个新的税制——我想使其成为世界上用于页岩气开发的最慷慨税制——将有助于改善英国的能源结构。”

7.1.3.3　日本

在石油危机前，日本天然气在一次性能源中比例仅为 1.2%。石油危机后，日本积极扩大天然气进口量，并采取一整套行之有效的政策措施促进天然气的消费，提高天然气在一次性能源消费结构中的比例，降低日本对进口石油的依赖。目前，日本一次性能源供给中，天然气的比重占 15.7%，见表 7-1。1985 年天然气在日本一次能源消费中猛增到 9%，由于核电的安全问题，日本近年来更加倚重于天然气，到 2030 年，日本天然气在一次性能源供给中所占比率将进一步提高到 18%，可见日本对天然气产业的重视程度。日本天然气产业主要依赖于液化天然气(LNG)，其 LNG 的进口量位居全球首位，2011 年度约为 8318 万 t。福岛第一核电站“311”事故之后，随着需求迅速增加，液化天然气进口量与 2010 年度相比增加了 18%。在各种电源发电量构成中，比例占到 39.5%，增加了 10 个百分点。从安全、供应稳定性以及对环境影响等多个角度来看，液化天然气今后将是日本能源政策的核心问题之一。对于整个日本来说，以具备竞争力价格稳定采购液化天然气是日本能源产业一个较大的课题，也是我国 LNG 产业需要高度重视的问题(我国 LNG 进口价格远高于日本，详见第 5.8.2 节中国 LNG 进口价格)。

表 7-1　日本一次能源消费结构变化　%

项目	1973 年	1985 年	1997 年	2001 年	2005 年	2008 年	2010 年①
石油	76	56	52.6	51	47	43.7	43
煤炭	17	19	16.5	17	23	25.4	21.9
天然气	1	9	11.6	13	14	16.6	13.2
核能	1	10	17.7	13	13	11.2	15.0
水力与其他	5	6	1.6	6	4	3.1	4.9

①系 2010 年日本一次能源供应结构变化的标准值。

日本政府主要做法是：

（1）加强天然气产业立法

石油危机后，日本制定了一系列利用天然气的法规。1994 年，制定了“天然气市场自由化”法，解除了政府对大用户和供气公司的气价管制，允许大用户（年消费量达 200 万 m^3 以上）可以与供气公司直接谈判气价，并且可以从任何一个供气公司购气。

日本是世界上唯一颁布天然气储备法的国家。

（2）大力发展燃气企业

政府支持和鼓励发展燃气企业，在企业初创期间给予减免税的优惠政策。各级政府还直接投资创办燃气企业。

日本共有 244 家燃气企业，其中 173 家是私营企业，71 家属各级地方政府所有。主要燃气企业有东京、大阪和东邦瓦斯株式会社等 3 家，供气量约占全国的 75%，用户量占全国的三分之二。

（3）鼓励天然气发电

日本政府采取直接投资、优惠贷款、减免税收等支持和鼓励天然气发电。

1970 年，日本从美国阿拉斯加进口 LNG 供南横滨电厂 350MW 机组发电，开始利用天然气发电。到 2006 年，日本已建造 34 座燃气电厂，燃气机组 128 台，总装机容量 53540MW。占全国总装机容量 27.6%。据统计，日本每年用于发电的 LNG 量占进口量的 63%，占发电燃料总消费量的 25%。日本电力及燃气行业以往采取的战略是，优先考虑能源的稳定供应，选择可靠的合作伙伴，主要是通过长期合同采购大量液化天然气，从马来西亚、澳大利亚、卡塔尔、印度尼西亚、俄罗斯、文莱及阿拉伯联合酋长国的进口量占整体进口量的 9 成以上。关于合同价格，构筑及维持了与原油价格挂钩的价格体系，相对于石油产品具备一定的竞争力。从大约 40 年前日本就开始进口液化天然气，成为全球屈指可数的液化天然气买主，日本企业主要是通过长期合同进口液化天然气用于本国市场，这样 LPG 的价格就可以得到控制，这是值得我国学习的。

（4）大力发展燃气空调

20 世纪 60 年代末，日本政府意识到燃气空调有削减夏季电力高峰压力，同时填补夏季燃气低谷的功能。大致用了 10 年时间，燃气空调已占据日本中央空调市场的 85%，至今仍保持这一纪录。

大量采用燃气直燃型吸收式空调代替各种电空调，可有效地降低夏季高峰用电负荷，从而缩小电力峰谷差。而燃气轮机驱动空调即使在不回收余热的前提下，其制冷的能源利用率也比燃气吸收式空调高 30% ~100%，克服了燃气吸收式空调节电不节能的缺点。

在燃气消耗的构成中，燃气空调消耗的燃气占有相当的比重。2005 年，日本共销售燃气 317 亿 m^3，其中用于燃气空调的燃气高达 39 亿 m^3（占 12.3%）。

（5）加强天然气实用技术的开发

具体项目有：天然气汽车、燃料电池、废热利用、天然气摩托车、天然气燃烧技术、燃气空调和天然气泄漏自动报警系统、天然气管道建设和维护等。

（6）财政信贷支持天然气进口

日本自 1969 年开始从美国进口 LNG，以后逐步扩大进口数量。目前，日本进口天然气主要来自马来西亚、印度尼西亚和澳大利亚，其进口量已占日本总进口量的 80%。

日本正通过外交和经济途径，争取从俄罗斯和中亚地区进口更多的天然气。

(7)值得注意的是，即使石油资源匮乏的日本在2014年4月也宣布计划在在北部秋田县建设日本首个页岩油商业化生产项目。从2013年3月至今，日本油气日均产量为7.7万桶油当量，其中2.54万桶油当量来自日本石油勘探公司(Japex)。Japex预测，秋田县拥有1亿桶页岩油储量，Ayukawa油气田深处页岩地层产出原油量达220桶/d。另外，从5月起将在Fukumezawa油田钻探页岩油井。

有分析认为，日本近年来经济形势不好，贸易收支开始出现赤字，2012年日本的贸易收支赤字已达5万亿日元，2013年的数字更不容乐观，能源问题是造成日本出现贸易赤字的重要因素。自主勘探开发页岩油，是日本破解近年来经济发展困局的重要手段，因为对日本这个能源匮乏的国家来说，一旦实现价格低廉的页岩油的商业化生产，就是给其化工业注入了“强心剂”。日本业内人士：“依靠进口能源来缓解能源紧缺现状，不能从根本上解决问题，还可能导致日本受制于他国，自主开采能源才是最佳选择。”

7.1.3.4 韩国

韩国政府在20世纪70年代经济高速增长期间逐渐认识到大量使用煤炭将会产生严重的空气污染，同时冬季煤炭供应出现短缺情况，为改善环境和城市居民生活水平，70年代末起，政府下决心引进天然气，经过不懈努力，终于取得不小收获。

韩国天然气消费特点主要是用于城市燃气和发电，消费量在1987～1996年以平均每年20%的速度递增。在使用天然气初期的1987年，天然气总消费量95%应用于电力生产，而城市燃气仅占5%。随着韩国政府迫于环境而制定的燃料使用法规的出台，城市燃气消费量快速增长。天然气在韩国一次能源供应中的份额2000年为9%，2010年达到15%左右，天然气总消费达27Mt/a，其中60%用作城市燃气，40%为电力工业用。

21世纪开始韩国政府重视城市公交车使用天然气。2014年内首尔市内公交车将全部更换成天然气公交车，包括该市8750辆柴油公交车更换成天然气公交车或CNG(压缩天然气)双燃料公交车。

7.2 页岩气产业面临的风险分析

21世纪内天然气将在世界能源消费结构中的比重逐步有所上升。然而随着时间推移，除非技术进步能使得碳捕集和管理技术更加高效，在经历了一个相当的时间段后全球对包括天然气在内的化石能源的依赖将会不断降低。期间如同天然气一样页岩气产业也面临各种风险，主要是存在以下五大关键风险。

应注意的是，风险分析有它的不同的基准和时间因素，克服了某些风险将推动整个过程向前发展，甚至获得巨大的成功，因此人们要分析风险、重视风险、规避风险，但不要为它所吓倒，把它看成为取得成功的动力所在。

(1)经济风险/价格风险

全球天然气价格未来的走势仍是一个最大未知数。页岩气资源投资获得收益之前，需要经过很长时间的勘探、开发和开采阶段。在这期间，天然气价格上涨或下跌，都会对收益产生巨大影响，因此价格风险是天然气产业面临的最大的经济风险。

页岩气开发项目需要巨额投资，现有基础设施不足的国家和地区将使得开发成本变得更高。在美国，尽管现在一些市场的天然气价格出现下降，但很多公司还在持续投资开发页岩气，他们相信气价最终仍将回升。目前，美国天然气价已经降到3美元/千立方英尺(105.9

美元/km^3)以下，根据测算，要想回收全部的页岩气开发成本，天然气价应该在 7.5～8 美元/千立方英尺(265～282 美元/km^3)之间。

从中国的实际情况而言，由于目前需求快速增加，供需的不平衡将导致近期天然气价格不会大幅度下降，相反天然气价格的合理调整对天然气包括页岩气的开发起到一种促进作用，至少在开发初期是如此(详见本书第 5 章 5.7 节)。

(2)技术风险

目前中国页岩气产业正处于创业阶段，对资源情况的实际了解和开发适合中国特定地质条件的勘探技术等都有待完善和进一步开发。页岩气开发具有开采寿命长和生产周期长的优点——大部分产气页岩分布范围广、厚度大，且普遍含气，使得页岩气井能够长期地稳定产气。但页岩气储集层渗透率低，开采难度较大。页岩气藏的储层一般呈低孔、低渗透率的物性特征，气流的阻力比常规天然气大，所有的井都需要实施储层压裂改造才能开采出来。另外，页岩气采收率比常规天然气低，常规天然气采收率在 60% 以上，而页岩气仅为 5% ～60%(一般是 20% ～30%)。低产的特点影响着人们对它的热衷度。美国已经有一些先进技术可以提高页岩气井的产量，但到中国以后能否适应中国的具体情况还需要大量的实践和改进，存在相当的难度和较高的技术风险，可以讲，技术风险是目前我国页岩气开发过程中面临的一个比较突出的风险。

当前一方面我们要通过示范区方式以点带面来突破和规避这个风险，同时根本措施还是要加大研究力度，加大勘探工作量和投资，克服技术风险必须要通过大量的实践，本书在前面提到的中国页岩气产业要打持久战就包含这个意思。

(3)效益风险

页岩气生产商需要经过相当长的时间才能获得经济效益。与此同时，企业成本将保持螺旋增长。随着生产规模的扩大，这些公司需要对生产效率和技术等方面进行投资。从中长期看还有可能因为新的温室气体排放对化石能源的开发增加带来新的税收成本。所以有关企业应高度关注现金流，仔细识别未来财务需求和投资选择，并评价流动性风险。同时，也需要通过经济建模来预测分析未来同需求、价格、成本、投资收益方面变化相关的风险以及其他关键绩效指标。当然不仅仅是天然气存在对于环境的影响，其他如煤炭、石油都有这个问题，尤其是煤炭的风险更大，也就是能源结构不进行调整和优化的话，大气污染问题是不可能得到根本解决。因此对于同样都存在类似风险的产业相比较，应该取风险小的产业作为首先发展方向。

(4)信誉风险

根据业界调查结果，对页岩气在环境方面和可持续发展方面的担心，是其发展中面临信誉风险的最大挑战，对相关法规制度的担心则排在第二位。公众认为，页岩气开发过程中的水力压裂作业将给环境带来不利影响，页岩气行业需要控制信誉风险并扭转公众偏见。比如，英国议会发现，如果作业安全得当，没有证据表明水力压裂会危及水资源供给。在这种情况下，他们谨慎批准了这种页岩气开采方法。中国要吸取近年来在厦门、大连等地发生的“PX 事件”的教训，一上来就要注意页岩气开发的环境监管方面的问题，包括从中央到地方的法律监管，美国联邦相关法律主要包括有清洁水法案、安全饮用水法案、清洁空气法案和国家环境政策法案，近来还颁布了首个控制页岩气开发环境污染的法规[33]。州和地方也公布了各具特色的规章制度进一步去规范页岩气开发环境监管方面的问题。为了我国页岩气产业的健康发展，应高度重视页岩气开发可能产生的环境影响，参照国外成熟经验，制定相应的法律法规，实现对页岩气开发有效的环境监管，将页岩气开发过程中可能产生的环境影响控制在最低限度。同时要加强相关的研究和科普宣传教育(包括对相关工作人员、科技人员的科普知识教育)，避免由于各种误解带来的不应该发生的后果。

(5)地缘政治风险

页岩气无疑将对地缘政治和整个能源行业带来不可预知的战略影响。例如，欧洲页岩气的开发和生产，以及从美国进口页岩气(LNG)的举动，将降低欧洲地区对俄罗斯天然气的依赖。进而，俄罗斯将需要采取各种措施来开拓新的天然气市场。此前，俄罗斯已可能尝试对现有市场施加政治和经济压力来保证渠道畅通。

在其他地区，比如美国，都曾很依赖政治敏感地区的能源进口，从而限制了本国的外交政策选择，充足的天然气产量能够帮助这些进口国获得能源供给安全，并因此将使这些国家同其他国家之间的关系发生较大变化；另外，加拿大等出口国将在不久就会看到，原来最大的天然气消费国将转变成竞争性的产气国，因此需要对基础设施进行巨额投资来为剩余产能开拓新的出路。最终，在新的未开发和政治敏感地区勘探页岩气储量，可能会面临全新的政治挑战和风险等。

7.3 中国页岩气产业发展应走一条有中国特色的可持续发展道路

回顾世界能源发展史，19 世纪石油代替煤成为主力能源，进入本世纪以后，不少能源专家提出：21 世纪将不可避免地由天然气代替石油，未来一段时间后，天然气也可能被其他新能源所代替，但估计将是数十年乃至百年以后的事情了。目前世界正处于将天然气逐步代替石油作为一种主要能源转换的前夜。

能源安全是影响到国家安全的一个重要因素，我国能源结构的调整和优化将不仅影响到国民经济的高效率可持续发展，对于当前的环境尤其是严重的大气污染来说更是一个根本解决问题的途径。进入 21 世纪以来，我国天然气的消费已进入到一个快速增长阶段。目前中国的石油对外依存度已经超过 50%，如果天然气产量不能及时跟进，石油对外依存度的继续上升将不可避免，这对经济发展十分不利。因此，如何借鉴国外经验，从中国的实际情况出发，为页岩气等非常规天然气产业发展营造良好氛围，走出一条具有中国特色的天然气可持续发展的道路是当务之急[34]。

7.3.1 页岩气产业发展战略研究

被称为“美国页岩气之父”的乔治·米切尔说过，第二次页岩气革命将发生在中国，因为中国页岩气储量为全球之最。然而，我国虽然页岩气储量丰富、发展潜力巨大，但页岩气开发面临很大困难。

对此，中国页岩气产业必须要有一个长远的战略眼光，要有抗风险的意识。首先是要进行战略研究，包括国家和大石油公司两个层面上的战略研究。

7.3.1.1 国家层面战略研究

我国政府应在顶层设计层面上统筹规划，吸取国外经验教训，制定页岩气开发五年规划，着眼于中长期、宏观的战略决策和刺激页岩气产业的专项补贴，包括为此进行必要的经济立法。

发挥我国特有的“发展型地方政府”对页岩气发展的推动作用，建立和完善页岩气开发的相关宏观管理体制，为页岩气开发提供良好的制度环境。同时应对我国非常规油气开发尤其是页岩气开发，要有一个战略上的安排，要有打“持久战”的决心。

从战略上分析，我国探明的常规石油储量为330亿t，按15%生油推算，仅赋存于页岩等烃源岩中的资源量就高达1600亿~2500亿t，勘探前景广阔。一旦低品位资源开发成本大幅下降，将彻底改变我国的能源供给状况。对于像对页岩气这样一个全新的气种，当前，我们在战略上应该少一点悲观，多一点自信。目前仅凭百十口井就要判定我国页岩气发展如何，为时过早，理由有：

(1)我国页岩气勘探开发的历程很短，2004年出现页岩气地质勘探类文献，2007年正式开始勘探开发，至今经历了跟踪调研、资源评价、目标优选、技术储备和先导试验五个阶段。国土资源部表示，目前我国页岩气开发已进入到规模化开发的初期阶段，到2014年7月，全国共设置页岩气探矿权54个，面积17万km^2，累计投资200亿元，钻井400口，相继在四川、额尔多斯盆地的长宁、威远、昭通、涪陵和延长等地取得突破，获得三级储量近5000亿m^3，形成了年产15亿m^3产能，建成了首条93.7km的页岩气管道，预计2015年页岩气产量有望达到或超过65亿m^3的规划目标。而美国页岩气开发有数十年的历史，截至2012年，页岩气井高达6万口。二者在发展时间段上，在勘探工作量方面均存在明显差距。

(2)我国沉积岩面积670万km^2，比美国还要多10万km^2。国际公认的页岩气储量位于世界第一，长远前景非常良好。

(3)近来，我国页岩气勘探已取得实质性的突破，如涪陵区块的元21井，日产量57万m^3，评价井焦页6-2HF井，于2013年9月29日正式投入试产，累计稳定生产300多天，目前，该井日产气量仍为33万m^3，成为全国首个产气量超过1亿m^3的页岩气井。在鄂尔多斯盆地钻探的7口井，虽在生油层之上，但日产量也达100万~184万m^3，比主力油层还高。

应指出即使在美国，其页岩气开发前期也并不是很成功的，但在政府各种优惠政策的支持下，中小油气公司坚持开展深入的技术研发工作，最终在水平井和水力压裂技术方面实现了突破。这个漫长的发展过程说明，页岩气开发不可能一蹴而就，需要有耐心。我国页岩气开发要有打“持久战”的决心。当前急需要抓好页岩气示范区建设。重点是一些国家级的页岩气示范区建设，政府要从各个方面予以支持。

7.3.1.2 大石油公司的战略研究

大型国有石油公司的战略研究应首先服从于国家的战略安排，要从公司的实际出发，更好地完成国家的任务。当然，石油公司的战略研究可能更要结合实际，不仅有中长期的规划任务，也要有一系列近期的实际问题的决策，后者主要涉及到投资决策和经济回报两个方面。本书在第8章中讨论了美国大石油公司页岩气开发的四大战略，即先入战略；以静制动策略；打好外围“资产牌”战略和新区进入战略等各有利弊可供参考。之外本章还讨论以下几个方面：

(1)投资力度和经济回报问题

有人推算，国内一口页岩气勘探井的成本高达2000万~3000万元，总投入可能超过1亿元，勘探成本增加，页岩气生产成本随之增加，风险就会加大，参考成功采气的气井日产气量11000m^3计算，按目前天然气平均市价计算，至少须稳定产气10年以上才能收回成本，而这还不算输气与管理等其他费用在内。更重要的是，页岩气矿井的特点是产量递减率高，往往第一年高产，日产可达上万立方米，但第二年产量急转直下，第三年甚至只能维持最初的30%产量，难以保证平稳生产。这种勘探开发成本高、后续生产投入大且产量下滑过快等因素，导致即使在那些储量丰沛地区，石油公司也不敢实现页岩气商业化生产。

(2)多方向博弈和确定各个阶段的主攻方向

2012年，我国非常规天然气产量达445亿m^3，三种非常规天然气占2012年我国天然气总产量的41.75%。其中，致密气产量达320亿m^3，净增长64亿m^3，同比增长25%，占非常规天然气产量71.9%；煤层气产量达125亿m^3，净增长10亿m^3，同比增长8.8%，占非常规天然气产量28%；页岩气产量达0.5亿m^3，占非常规天然气产量比例极小。

可以预见，未来几年非常规天然气将占我国天然气产量的半壁江山，2015年全国致密气产量有望达到500亿m^3。但是在这三种非常规天然气中目前页岩气产量几乎为零，居于很小地位。的确，从目前三种非常规天然气开发情况而言，煤层气和致密气项目是值得进行投资的项目，而页岩气项目尚处于开发初期，三种非常规天然气正处于不同的开发阶段，可以有它不同的开发重点和投资策略，大石油公司的战略研究任务应该针对三种非常规天然气的多方向博弈来确定不同阶段的主攻方向。以下就现阶段作为非常规天然气的主力的致密气开发进行一些分析。

致密气也称致密砂岩气，是指渗透率小于0.1mD的砂岩地层天然气，就中国目前情况而言，虽然致密气的远景资源量比页岩气小，但致密气产量已成为我国天然气产量的主力，是需要加以重视的。就资源情况而言，近几年，我国致密气地质储量年增3000亿m^3，产量年增50亿m^3，呈快速增长态势。2011年底，致密气累计探明地质储量为3.3万亿m^3，占全国天然气总探明地质储量的40%；可采储量1.8万亿m^3，占全国天然气可采储量的1/3。成为我国天然气勘探开发中重要的领域。

就储存条件而言，与石油相比我国天然气储层致密程度更高，以致密砂岩和灰岩中的油气储量为主。鄂尔多斯盆地是全国天然气储、产量最大的盆地，分别占全国油气总量的33.4%、26.7%。其中，上古生界致密砂岩储层分别占该盆地储、产量的77.6%和90%。我国最大的苏里格气田，探明地质储量达1.1万亿m^3，年产量达105亿m^3，分别占全国储、产量的14.7%、12.1%。这些天然气全部产于上古生界致密砂岩中。我国陆上7个主要盆地，致密气资源量预测为9万亿~12万亿m^3，占7个盆地预测天然气资源量的49%。可以预测，全国待发现天然气地质资源量中，致密气比例可达60%，这比最新全国资源评价中的数据要大。显然，致密油气在我国已占相当重要的地位。

资源调查表明，我国致密气重点分布在鄂尔多斯和四川盆地，其次是塔里木、准噶尔和松辽盆地，占资源总量的90%。苏里格气田目前是我国最大的致密气产地，经过十几年的勘探开发，该气田2012年产量达到135亿m^3，占长庆气区的53%。

早在20世纪60年代，我国就在四川盆地发现了致密气，但受认识和技术限制，致密气开发较为缓慢。引入市场化机制后，在我国两大石油公司主导下，致密气开发技术取得长足进步。近年来，随着大型压裂改造技术的进步和规模化应用，致密砂岩气勘探开发取得了重大突破，先后发现了鄂尔多斯盆地苏里格、四川盆地须家河组两个致密砂岩大气区，在吐哈、塔里木、松辽、渤海湾等盆地也相继出现了一批产量较高的致密砂岩气井，鄂尔多斯、四川、塔里木三大盆地成为我国目前致密气的主要勘探开发区块。致密气开发之所以能够成气候，并达到规模，其原因主要是中国致密气开发早在20世纪70年代就已启动，致密气可采资源量基本掌握，开发技术也比其他非常规油气开发的技术成熟得多，并已经得到大面积推广；此外，在地质上致密气分布与常规气有不少重叠之处，基础设施建设方面不需要增加很多成本，具有投资少、上马快的特点。

以长庆油田苏里格中区气田为例，共投产 2681 口气井，平均单井日产量 1 万 m^3。2011 年苏里格气田产量达到 121 亿 m^3，储量动用程度逐步提高。总体而言，有序监控下的市场化机制，促使我国致密气开采获得突破性进展。

我国致密气具有大面积分布的特点，还有很大潜力。但由于当前的天然气价格尚未到位，全面动用还缺乏经济动力。以苏里格地区为例，目前，苏里格地区主要动用的是Ⅰ类气和Ⅱ类气的一部分，Ⅲ类气和表外气的储量基本没有动用，主要原因是在现行天然气价格体系下，开发成本偏高，投入产出比较小，经济效益差，甚至亏损。

目前，我国致密气开发现实性最好，具备优先加快发展的条件，应尽快形成规模产量。可以将鄂尔多斯、四川、塔里木等盆地作为重点，加快致密气探明储量和增加产量的步伐。鄂尔多斯盆地上古生界致密气探明储量和产量逐年大幅增加，是致密气快速发展的基础和保障。川中地区须家河组气藏分布较为复杂，2006 ~ 2011 年累计探明储量 6000 亿 m^3，但 2011 年的产量仅为 15 亿 m^3，若加快增产步伐，有望成为致密气产量的重要增长区。塔里木盆地库车地区深层白垩系致密气资源潜力大，是增储上产的重要地区。同时，库车地区侏罗系致密气资源也有大的突破，也应积极勘探。

准噶尔盆地侏罗系致密气资源潜力巨大，具有 5000 亿 m^3 的可采储量，最近几年还在准噶尔盆地东部火山岩中发现大量的天然气。以克拉美丽火山岩气田为例，储层渗透率都很低，应归属致密气范畴。松辽盆地白垩系致密气具有 1 万亿 m^3 规模的可采储量。同时，在松辽盆地的北部和南部，徐家围子及长岭地区发现大量火山岩天然气，岩性也非常致密，应纳入致密气范畴加快发展。此外，吐哈、渤海湾和柴达木盆地的致密气勘探开发应积极进行，争取紧跟鄂尔多斯、四川、塔里木等主要致密气区的勘探开发步伐，尽快实现规模上产。

在我国非常规油气开发中，开发非常规气比开发非常规油来得现实。在非常规气中，致密砂岩气开采已有相当的生产规模，开发技术渐趋成熟，正由“非常规”转变为“常规”。煤层气已进入商业开采阶段，今后若干年将会有较快的发展。而页岩气尚处于起步阶段，处于分地区、分层系、分类型全面对地质进行深入研究阶段。

事实上，美国在“页岩气革命”尚未到来之际，非常规油气领域最早到来的浪潮就是致密气的快速开发，可参考图 7 – 2。目前，中国的页岩气开发仍旧“家底不清”，开发技术也没有突破瓶颈，加之地质条件复杂、容易造成环境污染等因素，比较普遍的看法是在“十二五”期间，页岩气难当大任。相比之下，致密气近些年“拿得出手的成绩”是令人鼓舞的，我国的致密气产量已占到全国天然气总产量的 1/4。如果推动页岩气和致密油气的同步发展，那么，致密油气可能会给我们带来更多、更快的惊喜和资本回报，这是来自我国三大石油企业以及石油高校许多专家、学者力挺致密气开发的一个重要原因。

2012 年，我国最大的致密气田苏里格气田产量达到 135 亿 m^3，具备 210 亿 m^3 配套生产能力，一跃成为我国最大的天然气田，形成了“苏里格模式”。通过 10 多年的探索，鄂尔多斯盆地苏里格气田的开发技术不断升级，工程技术持续优化，单井产量稳步提高，开发成本逐年下降（见图 7 – 3），苏里格气田致密气开发模式的核心是“低成本技术体系”和“低成本管理体系”，而且具有“可复制、可推广”的特点，其原因是存在地质上的相似性[11]。

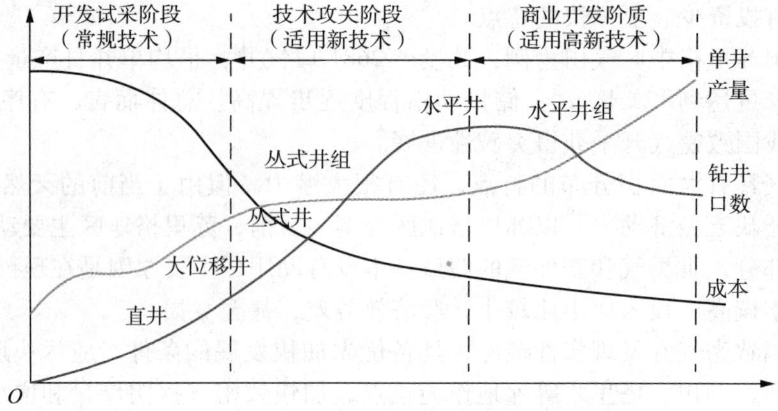

图 7－3　苏里格气田开发效果曲线

(3) 对于三种非常规天然气开发应采取并举和提出不同阶段有不同重点的方针

世界上三种非常规天然气的勘探开发历经百年历史，进行规模开发也探索了 30 年，近 10 年来才获得迅速发展。回顾历史表明，20 世纪三种非常规天然气的勘探开发基本上是同时并举的，图 7－4 为美国非常规天然气发展历程图。由该图可见，美国经过至少 50 年以后，2011 年其非常规天然气产量才达到 3628 亿 m^3，占其天然气总产量的 55.7%。此时，页岩气产量超过致密气成为一种主要的非常规天然气。

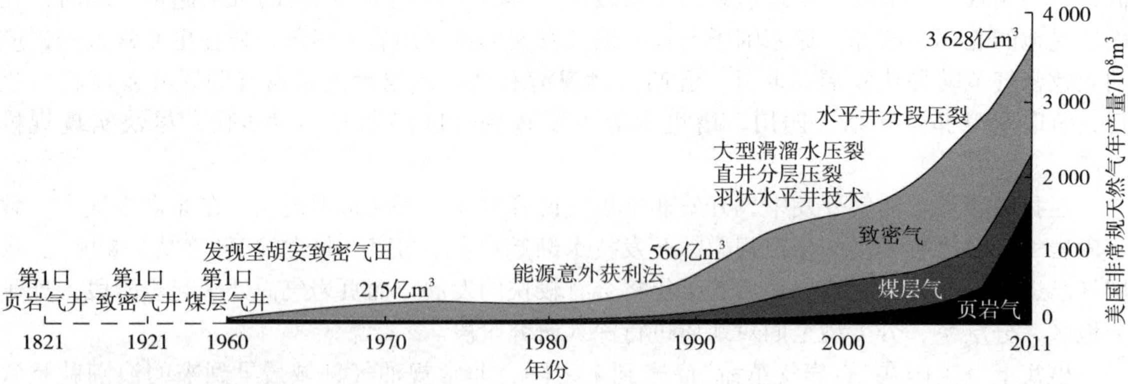

图 7－4　美国非常规天然气发展历程图

如何确定下一阶段非常规油气勘探开发重点。首先应科学分析每一种非常规资源勘探开发的具体特征和真正潜力，对症下药，避免一时的炒作和盲目跟风。从战略层面上分析可以得出如下建议：总的来说，中国三种非常规天然气开发应采取并举的方针，不同阶段可以有不同的重点。可归纳为：当前要抓紧致密油气大规模勘探开发、页岩气示范区突破和建产、煤层气提高单井产量、油页岩和油砂实现储备资源、甲烷水合物超前研究。同时国内致密气开发的成功模式和经验值得页岩气开发领域参考和移植。

以往世界石油版图一直是以中东为中心，然而一张新的世界石油版图正在逐步显现，即将形成两个供油气中心：以中东地区为主的东半球“常规油气中心”和以美洲地区为核心的西半球“非常规油气中心”。西半球“非常规油气中心”将在未来世界能源结构和地缘政治中逐步扮演重要的角色。它的出现总体上带有一定的偶然性，因为 5 年前，全球还没有人预测到它的出现。它的形成既不是计划的结果，也不是美国“能源独立”政策的成果，而是人们持续深入的基础研究和技术创新的硕果。

现在我们要做的是经过不懈努力以后，能否大胆设想未来世界上在亚洲出现一个以中国为核心地位的油气中心？当然这也是一个“非常规油气中心”，如果能在可预见的将来实现这个目标，则不仅对中国乃至世界都是一个极为重大的贡献，这是一个真正的属于中国的“非常规油气梦”。中国古代大文学家韩愈讲过一句名言：“业精于勤，荒于嬉。行成于思，毁于随。”应该讲，这句话对于我国要成为一个世界天然气大国和实现“非常规油气梦”是有指导意义的，我们理解所谓“业精于勤”指的是大量的科学研究和科学实践，所谓“行成于思”指的是我国要有一个科学可行的符合实际的远景规划和计划，并不断地从理论到实践进行思考。油气事业是大有可为的，是值得我国广大石油工作者及有关专家、学者们为之奋斗终生的。

7.3.2　中国页岩气开发技术难点和技术突破

在页岩气产业开发方面我国是个新手，只有真正掌握了自己的技术，跨越页岩气开发领域的诸多障碍，才有望在世界最大的页岩气生产国之间占有一席之地，这是油气业界的共识。

7.3.2.1　中国页岩气开发技术难点

前已指出，由于中国页岩气存储地区有着自身的地质特点，其开采不会像美国页岩气那么容易。专家观点认为；大部分中国页岩气资源的平均埋藏深度达到美国的两倍之多，而且可能含有较高的氢化硫成分；相对于美国页岩气田而言，我国南方古生界海相页岩成熟度高，构造非常复杂，后期破坏相当严重，寻找保存条件好的稳定区是最大的挑战；中国多山的四川盆地页岩气田开发更为困难，页岩气地层的断裂和褶皱更多，这也使得页岩气开发常用的水平井完井法更难实施，经济性要打折扣；还有一大差别在于，中国页岩气储层多与黏土混杂在一起，而美国则多与较脆的基岩混杂，这意味着中国在有些地块开发页岩气较难采用水力压裂法，美国技术需要改进后才能应用于中国；虽然我国在体积改造、压裂工具系列和裂缝监测等技术方面已取得了重要进展，但在页岩气关键技术、核心工具和设备方面仍处于研发和攻关阶段，与国外相比还有一定差距，特别是在水平井钻完井、分段压裂、裂缝监测等方面差距较大；中国大多数页岩气田位于偏远地区，而且这些地区普遍缺水，影响了水力压裂法的实施。总之，中国企业界希望借助美国技术能成功地进行国内页岩气开发，但现在还不能完全照搬照抄美国成功开采页岩气的高级技术，还需要进一步研究和二次开发才能让美国的技术适用于中国的地质条件，这方面中国正在努力。实际上不仅是中国，英国、法国和挪威也希望借助美国的页岩气革命带动欧洲乃至世界其他地区的页岩气开发科技革命，如作为欧洲第二大天然气生产商的挪威国家石油公司，同 BP 和美国切萨皮克能源公司合作开发美国宾夕法尼亚州的页岩气田，中国、挪威、日本等国都在美国页岩气开发项目中投入巨额资金，希望学习岩石层油气开发的技术，进而去开发美国以外尚未开发的大量页岩气资源储备。

总之，美国技术未必完全适合中国的实际，中国企业还是要开发适合中国页岩气开采所需的技术，这是完全必要和可能的。

7.3.2.2　重点突破具有中国特色的低成本页岩气开发技术

中国页岩气开发刚刚起步，页岩气开发必须进行先导试验，对有利区块的页岩评价技术、钻水平井及分段压裂改造技术等都亟须进行技术攻关。若攻关顺利，将可能在“十二五”末形成系列配套的具有中国特色低成本页岩气开发技术，并于 2020 年左右形成规模产能，并在2025年前后实现大发展。

根据资料分析，中国有页岩气资源潜力的暗色页岩主要分海相、陆相和海陆过渡相3种类型，其中海相页岩又分为稳定区海相页岩和改造破碎区海相页岩，而稳定区海相页岩是最为有利的页岩气资源潜力区。据初步评估，中国稳定区海相页岩资源量达到7.5万亿m^3，可初步与美国海相页岩气进行类比，尽管目前精度较差，仍能初步判断中国页岩气资源潜力很大，但需要扎实工作。当务之急是在有利地区再增加一批先导试验区，加大先导试验区的力度，对页岩气勘探、评价、开采、管理进行全过程的攻关试验，包括高精度三维地震采集、处理和解释；海相页岩全方位的地质评价；钻水平井及精细分段压裂；对各井段压裂效果的微地震监测；对试验区各井组钻完井、压裂、排液及试采的工厂化营运；各井组长期试采产量递减规律的研究等，逐步获得经济有效的运行模式，再逐步推广。

现阶段市场化大环境下页岩气开发应采取探索技术路线与资源开发方式并重的方针，重点突破低成本页岩气开发技术，降低开发成本。如水平井和体积压裂在我国已成为一个成熟的体系，但水平井水平段的分段压裂在我国还没有变成现实的技术。如果能掌握这种改造技术，页岩气开发成本将大幅度下降。

探索天然气低成本开发方法，我国还是有不少好经验可以互相借鉴，如长庆油田苏里格气田。苏里格气田是我国目前第一大气田，属典型的“低压、低渗、低丰度”致密气藏，靠传统常规技术无法实现效益开采。2008年后，长庆油田吸取国内外成功经验，推出适应该气田的天然气水平井开发储层预测及精细描述、水平井部署及优化设计、水平井快速钻井、水平井地质导向、水平井多段压裂改造等系列技术，特别是水平井多段多簇压裂改造技术的推广应用，在地下形成了缝中套缝的网状气流通道，从根本上提高了单井产量。

7.3.3 政策和财政支持[35]

美国是世界上页岩油气产业化运作最为成功的国家，其成功的原因主要可归纳为三点，即：政策支持、经营模式改革与技术创新（详见第7.1.3.1节）。我国具有丰富的页岩油气资源，但产业化步伐滞后。中国页岩气产业若要大发展，同样需要在政策支持、经营模式改革和技术创新方面下大工夫。

（1）出台具有可操作性的产业政策——核心是对页岩油气开采给予财政补贴和税收优惠

从国际经验看，国内页岩油气产业方面要取得突破，政策的鼓励和支持是一个关键因素。目前国家已出台一系列针对煤层气产业发展的相关政策。为进一步刺激页岩气开发活动，中国政府制定了促进页岩气行业发展的补贴政策，详见本书第8章。

从目前形势看，页岩油气产业要大发展，企业的努力只是一个方面，政策的推动可能更为重要，“欲将取之，必先予之”，需要双管齐下。有了政策推动，企业的积极性才会被调动起来。

就产业政策而言，重点在于解决对进入者如何进行激励与支持，竞争政策重在解决如何出现更多进入者，国家政策将决定哪些区块能投入开发、谁来开发、何时开发、开发规模以及最终发展速度等一系列问题。目前我国页岩气发展的市场化是比较滞后的，这将抵消行业规划与产业政策两大政策的效果，同时页岩气开发又是一个庞大而又复杂的系统工程，有其一定的内在规律和发展阶段，即使在美国，也不是一蹴而就的，这方面的改革力度和进程将由政府顶层设计所决定，目前我国正处于从政策、市场机制和技术等诸多层面摸索前进的阶段。

加强顶层设计，推进页岩气领域的一揽子改革。政府应在页岩气取得独立矿种的基础上，建立落实独立矿种的协调机制，强化监管权威，建立退出机制。对于页岩气领域的监管，需要减少准入审批，从国土管理、环境保护与市场管理着手，建立全过程的页岩气监管体系。

国家对资源的监管机制也有待完善。目前我国找不到成体系的监管框架，随着进入该领域的主体日益多元化，谁来监管将成为问题，页岩气发展必须制定综合的全方位监管体系。

市场的作用还须加强。“市场在资源配置中起决定作用”，这能够有效降低企业准入门槛，让企业平等地获得资源，尤其需要严格管理勘探采矿的许可证，加快资源流转。

要实现“公共资源配置市场化”，就需要在矿权逐步开放的基础上，推进实质性的竞价机制，充分体现经济的激励性与制约性。

(2)引进外资和技术，加快开发适合中国页岩气开采所需的技术

加快国内页岩油气勘探开发。需要大力吸引外资和技术以发展本国非常规油气产业。比较之下，国内页岩油气开采目前尚处于起步阶段，引进外资和技术，加大同国际石油公司的合作力度则显得更为迫切。同时通过消化吸收、二次开发和国内自有成熟技术的转移加快开发适合中国页岩气开采所需的技术。在这方面，目前除了国土资源部开展一些页岩气基础性的资源调查工作，国家发改委/能源局也从科技、研发中心、装备、示范中心等方面做了四位一体的科研攻关：一是依托重大科技专项，国家予以很大投入；二是设置了页岩气研发中心，给了很多装备和设备的投入；三是装备的国产化，支持国内企业进行国产化的实验；四是依托示范工程，能源局已批了三个页岩气的示范区，包括四川、重庆、陕北等地。

(3)创新页岩油气产业发展模式，实施积极的“走出去”战略

通过收购部分国外页岩油气区块权益学习他们的管理经验和技术。2010 年中海油通过并购切萨皮克能源公司(Chesapeake 公司)股份进入美国页岩气勘探开发领域。切萨皮克能源公司具有全球领先的页岩气开采技术，是许多大型能源公司效仿学习的对象。中海油通过收购有望获得相应技术，为国内大规模商业化开采做好准备。中国石化、中国石油也正借鉴此经营模式，通过并购国外页岩油气资产推动技术进步。如 2012 年中国石化以 22 亿美元价格收购德文公司(Devon)5 个页岩油气区块 1/3 的资产权益。2012 年初，中石油收购了皇家荷兰壳牌石油集团与加拿大 Groundbirch 页岩气项目中 20% 权益，2012 年末中石油取得了加拿大 EnCana 页岩气项目 49% 的股份等。

(4)充分调动一切积极因素打“持久战”

《中共中央关于全面深化改革若干重大问题的决定》时表示，要进一步激活民间投资的活力。尽快在金融、石油、电力、铁路、电信、资源开发、公用事业等领域，向民间资本推出一批符合产业导向、有利于转型升级的项目，形成示范带动效应。这方面，地方政府和民营企业是页岩气开发一个重要的生力军。

国家发布的《页岩气产业政策》中(详见本书第 8.4 节)，鼓励包括民营企业在内的多元投资主体投资页岩气勘探开发；鼓励从事页岩气勘探开发的企业与国外拥有先进页岩气技术的机构、企业开展技术合作或勘探开发区内的合作；鼓励页岩气资源地所属地方企业以合资、合作等方式，参与页岩气勘探开发；鼓励各种投资主体进入页岩气销售市场。

我国一批欲通过进军页岩气产业进入油气行业的民间资本，对于降低开发成本和规避巨额勘探风险是没有很多经验的，同时又缺乏勘探技术和优质气田资源，总的来说这些因素对推进民间资本进入到这个领域是不利的。解决问题的一个途径就是联合，实施混合型经济，通过联合来增强实力(经济实力、技术实力、销售实力)和分担风险。

案例一：2013 年 12 月我国首个中央和地方合作的页岩气开发公司——四川长宁天然气开发有限公司在成都成立。该公司由中石油、四川省能源投资、宜宾市国有资产经营公司和北京国联络员投资基金等四家公司联合组建，总注册资本金 30 亿元，负责宜宾市长宁区块的页岩气开发。该区块位于长宁 - 威远国家级页岩气开发示范区内，包括长宁、珙县、筠连、兴文 4 县，总面积 $4200km^2$。至目前为止，区块内页岩气累计产量已达 2000 万 m^3。2014 年计划投产 8 口气井，计划到 2016 年，页岩气产量将达 10 亿 m^3，2020 年将达 30 亿 m^3。

案例二：山东四部门联合下发加快页岩气装备制造业发展的意见，将打造东营、青岛、烟台、潍坊、德州五大页岩气装备制造基地；重庆也在两江新区投建页岩气工业园；湖北鄂西也组织开展页岩气勘探工作，预计后期还有地区投入到页岩气产业的推进工作中，值得加以推广。

"实践是检验真理的标准"，只有充分调动一切积极因素用打"持久战"的方式去实践，才能促使页岩气产业进入一个新的发展周期。页岩气也将成为我国油气领域改革的一个新的突破口。

7.3.4 基础配套和设施共享

7.3.4.1 压裂用水——水资源约束问题

页岩气开采的工程实质就是利用液体作为工作介质，把能量传递到地下将页岩"压碎"使页岩气产生流动从而采至地面的过程。由于水不仅使用方便、安全，而且成本低廉，因此被大规模应用于页岩气开采中。

每口页岩气井用于水平井分段、分簇压裂和其他操作所需的水量一般为 11000 ~ $15000m^3$。为达到 500 亿 m^3 的页岩气产量，估计每年需要消耗 1800 万 m^3 新鲜水。鉴于中国目前可再生水资源人均占有量为每年 $2080m^3$，水资源仅占全世界 6% 的国情条件下，满足页岩气生产用水将是一大挑战。而有一些页岩盆地落在水资源受限的省份，使得形势更为严峻。中国石油计划到 2015 年形成年产 15 亿 m^3 页岩气的产量，估算需要耗用约 100 万 m^3/a 的水。

如何解决页岩气勘探开采中水的问题呢？采用地表水不利于民生，利用雨水也不是办法，可以学习北美一些盆地的做法，利用地下深层水资源，并加以循环利用，这是解决问题的有效途径。要注意由于钻井所使用的水注入了页岩层，比地下蓄水层要深得多，有可能被岩石吸收，不能再回收利用的问题。

建议加强地下水深层水资源的勘察，开展利用地下水进行压裂的技术研究，解决水质的配伍性。研制生产废水处理及回用装置，应该与研发页岩气开采主体技术同步进行。从当前页岩钻井实践来看，压裂法注水量约有 20% 会作为废水排出，但排出的废水含有一定量的化学物质和重金属，并不符合用于压裂法注水的水质标准要求。此前，这部分废水通常注入地下极深的注水井，再利用率很低。美国得克萨斯大学奥斯汀分校开展的研究发现，得克萨斯州 2008 ~ 2011 年间压裂法用水量增长 125%，其中 1/5 的用水量来自对压裂法注水的循环再利用，而且循环再利用的趋势有增长的势头。油田服务企业斯伦贝谢公司在压裂法废水处理再利用方面取得了成功。该公司预测，从现在到 2035 年，新钻页岩井数量将达 100 万口，其产生的废水必须进行有效处理，油田节约用水已不只是环境问题，而是涉及能源企业生存发展的一个关键战略问题。从长远看，随着页岩资源开发的推进，在美国，压裂法废水处理有着达数十亿乃至上百亿美元的市场，也许可迎来一个快速发展的重大商机。

虽然现在已突破了无水压裂液体系的技术瓶颈，力图采用液化烃、二氧化碳代替水作为压裂工作液，或用爆炸法代替压裂，这些无疑是大胆的技术创新，但要实现在现场应用，不仅要攻克压裂工艺技术难关，还要解决原料的来源供给、运输储存、安全环保、成本费用、配套装备等一系列问题，需要必要的时间和大量实践，估计近期是难以进入矿场实现产业应用的。

7.3.4.2　管网和基础设施的共享

随着页岩气勘探权逐步向民间开放，未来十年页岩气开发将有望迎来快速发展的“黄金十年”。到 2015 年底，仅页岩气开采阶段设备需求的投资超过 150 亿元，2020 年末相关设备需求则超过 1000 亿元。

页岩气开发的提速，除使石油设备制造商进入长期的高景气周期外，相关油井管和输气管制造商也将进入快速发展期。

目前，我国油井管的年需求量在 500 万 t 左右，随着页岩气开发的提速，预计未来油井管的需求每年增长 30% 以上。其中，高端油井管的增长更快。

同时，根据“十二五”规划，2015 年底全国油气输送管总长度将达约 15 万 km，以全长 9035km 的西气东输二线消耗 440 万 t 钢管来测算，则“十二五”油气管需求量近 3500 万 t。

页岩气井的地质条件要比常规油井复杂得多。我国页岩气井钻探深度有的达到 3000 ~ 5000m，甚至 7000m，如川东北地区的高酸性油气田，油气资源中含有很高的硫化氢成分，又含有二氧化碳等腐蚀性气体，需要使用镍基合金油井管。镍基合金油井管有多个型号，含镍量从 8% ~20% 不等，有的还需要加钼、加钨、加碳，国内这类管材的售价也从 10 多万元/t 至 20 多万元/t 不等，进口的则要达到 100 万元/t。目前，500 万 t/a 油井管需求中，镍基合金油井管等高端管材占 10% 左右，因此，尽管国内油井管总体上供大于求，但高端管材需求旺盛，并呈快速增长之势。

要使页岩气开发在中国取得成功，需要相当可观的基本投资来建设所需的运输基础设施。目前，我国天然气主管网的所有权还是控制在中石油和中石化等国有大公司手中，与这些大公司没有联盟关系的上游生产厂商要取得第三方入网权可能是存在一定困难的，即使是大石油公司之间进行联网也不是一件容易的事情。这一个问题值得引起注意，尤其是非常规天然气产业开发中的天然气管道输送问题，政府要在国家层面上统筹进行安排。

第8章　发展规划和产业政策

本章主要介绍21世纪内中国政府已经发布的有关天然气和页岩气开发的发展规划和产业政策。包括中国天然气发展“十二五”规划(摘要)；中国天然气利用政策(摘要)；中国页岩气发展规划(2011~2015年)(摘要)；中国页岩气产业政策(摘要)；页岩气开发对民营企业采取进一步开放政策等。在个别地方，作者可能加进去一些补充或说明，由于是摘要，同时受作者水平的限制，不可避免可能存在一些缺点和不足之处，必要时读者可以去查对原文。

8.1　天然气发展“十二五”规划(摘要)(国家发改委2012-10-22发布)

8.1.1　开发天然气基本原则

加强国内开发与稳步引进相结合。对国内资源要加大勘查开发投入，增加探明储量规模，不断夯实资源基础，实现国内天然气产量快速增长。根据国内天然气生产能力、气价承受能力、市场需求情况及国际天然气市场变化趋势，稳步引进境外天然气资源，形成多元化供应格局，确保供气安全。

常规与非常规天然气开发相结合。页岩气和常规天然气分布区多有重叠，输送和利用方式相同，页岩气开发利用要与常规天然气开发有机结合。

整体布局与区域协调相结合。统筹国内外多种气源及各地区经济发展需求，整体规划、适度超前、分阶段分步骤有序推进天然气基础设施建设，鼓励各种投资主体投资建设天然气基础设施。根据各地区调峰需求、地质条件等情况，有针对性地布局调峰及应急储备设施建设。

保障供应和节约使用相结合。提高天然气安全保供水平，以人为本，优先满足居民生活用气需求。加强天然气需求侧管理，按照“量入为出”的原则有序开发市场，坚持节约优先，抑制低效率的用气需求，鼓励应用先进工艺、技术和设备，加快淘汰天然气利用落后产能，提高天然气商品率和利用效率，推进天然气消费结构优化调整。

引进技术与自主创新相结合。积极引进先进的天然气勘查开发技术，加强企业科技创新体系建设，在引进、消化和吸收的基础上，提高自主创新能力，依托重大项目实施重大技术和装备自主化。

体制改革与加强管理相结合。加强天然气基础设施等薄弱环节的制度建设，不断创新体制机制。同时，进一步加强行业监管，保障天然气产业有序健康持续发展。

8.1.2　天然气开发发展目标

(1)资源储量

“十二五”期间，新增常规天然气探明地质储量3.5万亿m^3(技术可采储量约1.9万亿m^3)；新增煤层气探明地质储量1万亿m^3。

(2)国内产量

2015 年国产天然气供应能力达到 1760 亿 m^3 左右。其中，常规天然气约 1385 亿 m^3；煤制天然气约 150 亿 ~ 180 亿 m^3；煤层气地面开发生产约 160 亿 m^3。

(3)页岩气发展目标

到 2015 年，探明页岩气地质储量 6000 亿 m^3，可采储量 2000 亿 m^3，页岩气产量 65 亿 m^3。基本完成全国页岩气资源潜力调查与评价，攻克页岩气勘探开发关键技术。

(4)进口预期量

根据已签署的合同，到 2015 年，我国年进口天然气量约 935 亿 m^3。

(5)基础设施能力

“十二五”期间，新建天然气管道(含支线)4.4 万 km，新增干线管输能力约 1500 亿 m^3/a；新增储气库工作气量约 220 亿 m^3，约占 2015 年天然气消费总量的 9%；城市应急和调峰储气能力达到 15 亿 m^3。

到“十二五”末，初步形成以西气东输、川气东送、陕京线和沿海主干道为大动脉，连接四大进口战略通道、主要生产区、消费区和储气库的全国主干管网，形成多气源供应、多方式调峰、平稳安全的供气格局。

(6)用气普及率

到 2015 年，我国城市和县城天然气用气人口数量约达到 2.5 亿，约占总人口的 18%。

8.1.3　加强勘查开发增加国内资源供给

(1)常规天然气

加强鄂尔多斯盆地、四川盆地、塔里木盆地和南海海域四大气区勘查开发工作，夯实资源基础，到“十二五”末，形成四个年产量 200 亿 m^3 以上的大型天然气生产区。其中，塔里木和鄂尔多斯气区实现新增探明储量分别为 7500 亿 m^3 和 7000 亿 m^3，产量分别达到 320 亿 m^3 和 390 亿 m^3。

西南气区以四川盆地及其周缘为重点，实现新增探明地质储量 1 万亿 m^3，产量达到 410 亿 m^3。

海上天然气生产基地以南海海域为主，实现新增探明储量 4600 亿 m^3，产量达到 200 亿 m^3，见表 8-1。

表 8-1　我国“十二五”常规天然气开发重点项目

气区	新建产能/(亿 m^3/a)	2015 年产量/亿 m^3
鄂尔多斯盆地	261	390
四川盆地	195	410
塔里木盆地	147	320
南海海域	100	150

(2)非常规天然气

页岩气资源潜力调查与评价，优选一批页岩气远景区和有利目标区。页岩气勘探开发以四川、重庆、贵州、湖南、湖北、云南为重点，建设长宁、威远、昭通、富顺 - 永川、鄂西渝东、川西 - 阆中、川东北、延安等 19 个页岩气勘探开发区，初步实现页岩气规模化商业性生产。

煤层气。以沁水盆地和鄂尔多斯盆地东缘为勘查开发重点，建成煤层气产业化基地，已有产区稳产增产，新建产区增加储量、扩大产能，实现产量快速增长，继续做好煤矿区煤层气地面开发。开展新疆、贵州、安徽、河南、四川、甘肃等省(区)煤层气试验性开发，力争取得突破。

煤制气。继续推进"十一五"期间国家已核准煤制气项目的建设，尽快达产达标。"十二五"期间，开展煤制气项目升级示范，进一步提高技术水平和示范规模。

8.1.4 加快天然气管网建设

按照统筹规划两种资源、分步实施、远近结合、保障安全、适度超前的原则，加快天然气管网建设。

(1)建设主干管网进一步完善西北通道

重点建设西气东输二线东段、中亚天然气管道C线、西气东输三线和中卫－贵阳天然气管道，将进口中亚天然气和塔里木、青海、新疆等气区增产天然气输送到西南、长三角和东南沿海地区；建设鄂尔多斯－安平管道，增加鄂尔多斯气区外输能力；建设新疆煤制气外输管道。优化和完善海上通道。加快沿海天然气管道及其配套管网、跨省联络线建设，逐步形成沿海主干管道。

(2)完善区域管网建设

进一步完善长三角、环渤海、川渝地区管网，基本建成东北、珠三角、中南地区等区域管网。加快联络线、支线及地下储气库配套管道建设。建设陕京四线，连接长庆储气库群和北京，满足环渤海地区调峰应急需要。积极实施西气东输、川气东送、榆济线、兰银线、冀宁线等已建管道增输和新建支线工程。适时建设冀宁复线、宁鲁管道等联络线。建设东北管网和南疆气化管道，改造西南管网。积极推进省内管网互联互通。

(3)加快煤层气管道建设

根据资源分布和市场需求，统筹建设以区域性中压管道为主体的煤层气输送管网。在沁水盆地、鄂尔多斯盆地东缘及豫北地区建设输气管道。

(4)完善页岩气输送基础设施

在天然气管网设施比较完善的页岩气勘探开发区，加快建设气田集输管道，将页岩气输入天然气管网。

对于远离天然气管网设施、初期产量较小的勘探开发区，建设小型LNG或CNG利用装置，防止放空浪费。

根据勘探开发进展情况，适时实施建设页岩气外输管道。

8.1.5 LNG接收站建设

LNG接收站布局要以资源为基础，以市场为导向，统筹规划，合理布局，适度超前，突出重点，在做好现有项目建设的同时，优先扩大已建LNG接收站储存能力。"十二五"期间适时安排新建LNG接收站项目。

"十二五"期间，投产运行LNG接收站二期扩建项目以增加储气能力为主，主要考虑满足中心城市及辐射地区的应急调峰需求，并新增一部分接收能力。

适度发展小型LNG液化和气化站，以解决不同地区不同用户的用气问题。

8.1.6 储气工程设施建设

天然气储气设施是保障天然气安全稳定供应的重要手段，是天然气输送体系的重要组成部分。目前储气能力建设已严重滞后，要根据全国天然气管网布局，加快建设储气工程设施，力争到“十二五”末，能保障天然气调峰应急需求。在长输管道沿线必须按照因地制宜、合理布局、明确重点、分步实施的原则配套建设储气调峰设施。

北京、天津、河北、山西、辽宁、吉林、黑龙江、山东等省(市)储气设施建设起步较早、基础较好，今后以逐步完善现有储气库和新建地下储气库为主，辅以 LNG 中小液化装置和 LNG 接收站储罐。结合已有储气设施，建设完善辽河、大港、华北、大庆、胜利等枯竭油气藏储气库群，包括辽河双 6、齐 13、胜利永 21、大港板南、华北苏 1、功 20、苏 4、苏 49、顾辛庄、文 23、大庆和吉林油田枯竭油气藏。

上海、江苏、浙江等省(市)地下储气库建设条件较差，可建立以 LNG 储罐为主，地下储气库和中小储罐为辅的调峰系统。主要项目包括江苏盐穴储气库和江苏油田枯竭油气藏储气库。2015 年前主要以 LNG 储气为主，依托江苏、浙江现有 LNG 接收站增建扩建 LNG 储罐，形成江苏 LNG 储气体系和浙江 LNG 储气体系。

福建、广东、广西、海南和云南等省(区)储气系统以 LNG 接收站储罐为主，中小储罐、地下储气库及中小液化装置为辅。力争在 2015 年前建成依托福建、广东、海南现有 LNG 接收站增建扩建 LNG 储罐的储气体系，以满足地区调峰需求；2020 年前，在合理布局基础上新建 LNG 接收站以增加储气能力，同时建设一定规模的地下储气库工作气量，形成多种调峰手段互补、满足本地、辐射两湖的储气能力体系。

安徽、湖北、湖南等省具备一定的地质条件，可建立以地下储气库为主，LNG 中小储罐和中小型液化装置为辅的调峰系统。主要项目包括湖北应城、云应、黄场盐穴储气库等。

山西、河南、四川等省要利用枯竭油气藏建设地下储气库，同时利用上游气田解决部分调峰问题，辅之以可中断用户调峰和中小型液化装置调峰。主要项目包括中原文 23、中原文 96、西南相国寺等枯竭油气藏储气库。

陕西、甘肃、青海、宁夏、新疆等省(区)储气体系以地下储气库为主，建设新疆呼图壁、榆林等枯竭油气藏储气库。

8.1.7　加强科技创新和提高装备自主化水平

(1)天然气勘查开发技术科技创新

以大型油气田及煤层气开发国家科技重大专项及其他科技项目为支撑，形成一系列符合我国气藏特点的先进且经济有效的核心工程技术和配套装备，完善高酸性气田安全开发技术，努力攻破页岩气勘查开发关键技术；掌握煤层气富集规律及高效开发关键技术。依托大型油气田及煤层气开发重大专项，开展页岩气专项科技攻关，包括页岩气资源评价技术、页岩气有利目标优先评价方法、页岩储层地球物理评价技术、页岩气水平井钻完井技术、页岩储层改造及提高单井产量技术、产能预测和井网优化与经济评价技术等，形成适合我国地质特征的页岩气勘探开发技术体系。同时，着手编制相应的页岩气技术标准和规范，并加快培育专业化技术服务公司。

(2)重大天然气装备工程

研究制定《页岩气主要装备自主化专项规划》。依托页岩气开发示范区项目，实现高效钻头、可钻式桥塞及分段压裂封隔器、3000 型压裂车等关键装备的本地化制造，研究同步压裂和微地震裂缝监测等技术装备；开展新型压裂液、压裂液处理和再利用、储层伤害机理及保护、分段压裂、长井段射孔和体积改造等技术装备研制，掌握适用于我国页岩气开发的核心装备技术体系。

依托重大项目建设，加快突破管道建设关键技术和关键设备，如燃气轮机压缩机等，大力提高自主化水平。管材实现100%国产化。国内大型阀门和压缩机等关键设备技术接近世界先进水平，并在工程上应用。

依托重大工程继续做好LNG装备自主化工作，加大科技研发投入，引进消化吸收相结合，重点突破大型LNG液化工艺等关键技术，抓紧海水气化器、海水消防泵等设备国产化工作，整体降低接收站建设成本。继续支持“国船国造、国货国运”，推动LNG造船和运输业发展。

8.1.8 实施节约替代和提高能效工程

(1)天然气节约工程

实施天然气节约工程，努力提高天然气商品率，增加外供商品气量，科学合理安排油气田生产自用气，避免放空浪费。

(2)天然气替代工程

在经济相对发达地区和天然气产区，因地制宜稳步实施以气替油工程，如以气替代油发电、以气替代车用和船用燃料等。

(3)提高天然气利用效率工程

严格遵循天然气利用顺序，鼓励应用先进工艺、技术和设备，加快淘汰天然气利用落后产能。鼓励页岩气就近利用(发电、制成LNG和CNG等)和就近接入管网。

(4)大力发展天然气分布式能源

加快推动示范项目建设，“十二五”期间建设1000个天然气分布式能源示范项目和10个分布式能源示范区域。

8.1.9 政策和管理

(1)加强行业管理和指导，完善全国天然气规划体系

各省(区、市)根据本规划制定本地区的天然气发展规划，并配套制定天然气管道建设等子规划案；大中城市也要制定管网等基础设施发展规划。

(2)通过页岩气探矿权招标试点，推动上游市场化改革

在管输和配气领域以新疆煤制气外输管道为试点，探索天然气管输、配气服务与天然气供应业务分离的有效途径；制定合理的管输价格标准，引导企业降低投资成本和造价。

(3)完善天然气基础设施建设与运营管理的相关制度

明确建设单位、运营企业、销售企业以及用户等相关各方在基础设施建设、运营与天然气供应过程中的权利、义务和责任，保障安全稳定供气，促进天然气产业有序健康持续发展。

(4)研究制定储气调峰有关制度，明确供用气各方责任

天然气销售企业应当逐步建立天然气商业储备，满足市场季节性调峰和资源供应中断时应急用气需求，以及直供天然气用户的调峰应急用气需求。城镇燃气经营企业也要建立天然气商业储备，满足所供区域的日、小时调峰和应急用气要求。

8.1.10 建立完善天然气勘查开发促进机制

(1)推动天然气探矿权、采矿权竞争性出让制度，严格探矿权退出机制，加快增储上产。

(2)做好天然气勘查开发与其他固体矿产勘查开发的衔接工作，协调解决天然气勘查开发区域与其他固体矿产矿业权、整装勘查区重叠的问题。

(3)天然气资源勘查开发按现行税收政策规定进行税前扣除。

(4)明确页岩气作为新矿种的管理办法，继续推进和扩大页岩气探矿权区块招投标工作。

8.1.11　落实页岩气产业鼓励政策

将页岩气纳入战略性新兴产业加以培育和引导，推进页岩气投资主体多元化，加强页岩气勘探开发活动的监督管理，推动页岩气科学发展。参照煤层气政策，研究制定具体的页岩气财政补贴等支持政策；依法取得页岩气探矿权、采矿权的矿业权人或探矿权、采矿权申请人可按照相关规定申请减免页岩气探矿权和采矿权使用费；对页岩气勘探开发等鼓励类项目项下进口国内不能生产的自用设备(包括随设备进口的技术)，按有关规定免征关税；页岩气出厂价格实行市场定价；优先用地审批。

8.1.12　积极推动天然气基础设施建设

(1)积极推动核准目录修订工作，经国务院批准后下放部分天然气管道核准权限，并建立地方省市管网等基础设施规划备案制度。

(2)抓紧开展非油气藏型地下储气库库址普查筛选和评价工作。

(3)加快地下储气库及其他储气设施核准工作，确保储气设施与管网联通。

(4)对从事国家鼓励发展的液化天然气进口项目，所需国内不能生产的进口设备，在规定范围内免征进口关税。

(5)鼓励省际管网互联互通。

(6)积极研究天然气战略储备问题。

(7)依据沿海天然气接收站布局，加强与港口规划的衔接，配套建设港口接卸中转储运设施，做好通航安全影响评估和岸线使用审批工作。

(8)加强重大项目社会风险评估工作力度。

(9)继续按《国务院关于鼓励和引导民间投资健康发展的若干意见》(国发〔2010〕13 号)要求，积极支持民间资本参股建设天然气储运设施和城市供气管网。

8.1.13　引导天然气高效利用

(1)修订《天然气利用政策》并组织实施

鼓励和支持天然气分布式能源、LNG 汽车和船舶燃料等高效天然气利用项目，制定船用 LNG 燃料相关技术标准规范，鼓励地方政府出台相关政策支持天然气分布式能源项目，加大市场开发力度。

(2)各地和电网企业应加强配电网建设，电网公司将天然气分布式能源纳入区域电网规划范畴，解决分布式能源并网运行问题。

(3)对城镇居民用气等优先类用气项目，地方各级政府可在规划、用地、融资、收费等方面出台扶持政策，积极推进低碳城市试点。

(4)统筹考虑天然气产地的合理用气需求。符合条件的边疆、少数民族地区气化项目，可按税法规定享受相关税收优惠政策。

(5)将 LNG 接收站冷能利用纳入 LNG 项目核准评估内容，实现节能减排和提高能效。

8.1.14　完善天然气价格形成机制(详见第 5.7 节)

(1)建立反映资源稀缺程度和市场供求变化的天然气价格形成机制

加快理顺天然气与可替代能源的比价关系，充分发挥价格在调节供求关系中的杠杆作用，并为天然气价格最终市场化奠定基础。

(2)研究建立上中下游价格联动机制。

(3)鼓励天然气用气量季节差异较大的地区，研究推行天然气季节差价和可中断气价等差别性气价政策，引导天然气合理消费，提高天然气利用效率。

鼓励天然气生产企业、下游用户通过多种渠道积极参与储气调峰设施的建设，支持发展可中断、可转换、可调节的天然气用户。

(4)研究建立国家级天然气交易市场问题。

8.1.15 深化体制机制改革

(1)完善天然气产业相关制度，依法加强监管。

(2)深入研究管网专营化运行管理机制，为培育竞争性市场创造条件。

(3)实施天然气基础设施互联互通及向第三方提供准入服务。

(4)明确参与天然气供应的相关主体储气调峰义务。

(5)逐步构建与国内天然气产业发展相符的监管体系和政策体系。

8.1.16 保障管道安全运行

(1)研究制定石油天然气管道保护法实施细则，完善有关配套法规和标准

积极开展向全社会特别是管道沿线群众普及管道保护法的宣传活动。督促指导管道企业落实管道保护责任，严格履行各项法定义务。(作者注：特别是要吸取11·22青岛输油管道爆炸事件的经验教训，完善油气管道应急管理，全面提高应急处置水平；加快安全保障技术研究，健全完善安全标准规范。)

(2)各省(区、市)能源主管部门要加强对本行政区域管道保护工作的领导，督促本行政区域内设区的市级、县级人民政府指定主管管道保护工作的部门。县级以上地方人民政府主管管道保护工作的部门要依法履行职责，建立管道保护工作联系制度。

8.1.17 加强国际合作

按照互利双赢原则参与海外天然气开发项目；鼓励开展页岩气等非常规天然气与国外公司的合作，通过对外合作，引进技术，提高自主创新能力。

8.2 天然气利用政策(摘要)(国家发改委2012-10-14发布)

天然气利用领域可分为四大类，即城市燃气、工业燃料、天然气发电和天然气化工。

我国天然气利用应遵循按照科学发展观和构建社会主义和谐社会的要求，以改善环境和提高人民生活质量为目的，加大调控和引导力度，强化需求侧管理，优化天然气使用结构，提高资源利用效率，促进天然气市场健康有序发展的指导思想。政策规定了天然气产业优先发展项目包括城市燃气；民用、公共服务设施用气；天然气汽车(尤其是双燃料及液化天然气汽车)和分布式热电联产、热电冷联产用户等。在允许类一项中包括采暖用气；中央空调；天然气调峰发电项目和天然气制氢项目等。政策还规定了限制类和禁止类项目，如新建天然气发电和天然气为原料的合成氨、甲醇等天然气化工项目。

经验表明，单一采用天然气民用燃气方案必定存在供气量波动较大的缺点，特别是冬季缺气现象对于人民的日常生活将会产生极大影响，所以必须从系统工程角度出发优化开发天然气下游应用市场。我国天然气年消费量突破1000亿m^3以后，更应该注意到加强促进天然

气消费的政策措施研究和各种深化、优化天然气利用技术。

国家发改委于 2012 年 12 月出台了我国天然气利用政策文件，是为了鼓励、引导和规范天然气利用政策天然气下游利用领域。内容包括：政策发布、制定目的、基本原则、政策目标、利用领域、利用顺序、保障措施、相关规定、其他资料、价格形成机制、受益公司、民众获益、注意事项等 13 项规定。政策中天然气的范围是指国产天然气、页岩气、煤层气(煤矿瓦斯)、煤制气、进口管道天然气和液化天然气(LNG)等。

8.2.1　天然气利用基本原则

坚持统筹兼顾，整体考虑全国天然气利用的方向和领域，优化配置国内外资源；坚持区别对待，明确天然气利用顺序，保民生、保重点、保发展，并考虑不同地区的差异化政策；坚持量入为出，根据资源落实情况，有序发展天然气市场。

8.2.2　天然气利用顺序

分为优先类、允许类、限制类和禁止类 4 类。

(1)天然气用户第一类：优先类

城市燃气：

①城镇(尤其是大中城市)居民炊事、生活热水等用气；

②公共服务设施(机场、政府机关、职工食堂、幼儿园、学校、医院、宾馆、酒店、餐饮业、商场、写字楼、火车站、福利院、养老院、港口、码头客运站、汽车客运站等)用气；

③天然气汽车(尤其是双燃料及液化天然气汽车)，包括城市公交车、出租车、物流配送车、载客汽车、环卫车和载货汽车等以天然气为燃料的运输车辆；

④集中式采暖用户(指中心城区、新区的中心地带)；

⑤燃气空调。

工业燃料：

①建材、机电、轻纺、石化、冶金等工业领域中可中断的用户；

②作为可中断用户的天然气制氢项目。

其他用户：

①天然气分布式能源项目(综合能源利用效率 70% 以上，包括与可再生能源的综合利用)；

②在内河、湖泊和沿海航运的以天然气(尤其是液化天然气)为燃料的运输船舶(含双燃料和单一天然气燃料运输船舶)；

③城镇中具有应急和调峰功能的天然气储存设施；

④煤层气(煤矿瓦斯)发电项目；

⑤天然气热电联产项目。

(2)第二类：允许类

城市燃气：

分户式采暖用户。

工业燃料：

① 建材、机电、轻纺、石化、冶金等工业领域中以天然气代油、液化石油气项目；

② 建材、机电、轻纺、石化、冶金等工业领域中以天然气为燃料的新建项目；

③ 建材、机电、轻纺、石化、冶金等工业领域中环境效益和经济效益较好的以天然气代煤项目；

城镇(尤其是特大、大型城市)中心城区的工业锅炉燃料天然气置换项目。

天然气发电：

除第一类第12项、第四类第1项以外的天然气发电项目。

天然气化工：

① 除第一类第7项以外的天然气制氢项目；

② 用于调峰和储备的小型天然气液化设施。

(3)第三类：限制类

天然气化工：

① 已建的合成氨厂以天然气为原料的扩建项目、合成氨厂煤改气项目；

② 以甲烷为原料，一次产品包括乙炔、氯甲烷等小宗碳一化工项目；

③ 新建以天然气为原料的氮肥项目。

(4)第四类：禁止类

天然气发电：

陕、蒙、晋、皖等十三个大型煤炭基地所在地区建设基荷燃气发电项目[煤层气(煤矿瓦斯)发电项目除外]。

天然气化工：

① 新建或扩建以天然气为原料生产甲醇及甲醇生产下游产品装置；

② 以天然气代煤制甲醇项目。

8.3 中国页岩气发展规划(2011~2015年)(摘要)(国家发改委、财政部、国土资源部、国家能源局 2012-03-13 发布)

页岩气是指赋存于富有机质泥页岩及其夹层中，以吸附或游离状态为主要存在方式的非常规天然气，成分以甲烷为主，是一种清洁、高效的能源资源。(作者注：有的页岩气中含有较多乙烷及乙烷以上的轻烃俗称“湿气”，是一种发展页岩气化工的好原料值得关注。)近几年，美国页岩气勘探开发实现了技术突破，产量快速增长，对国际天然气市场及世界能源格局产生重大影响，世界主要资源国都加大了对页岩气的勘探开发力度。

我国国民经济和社会发展“十二五”规划明确提出“推进页岩气等非常规油气资源开发利用”。要求大力推动页岩气勘探开发，增加天然气资源供应，缓解我国天然气供需矛盾，进一步调整能源结构，促进节能减排。

8.3.1 中国页岩气发展的规划基础和背景

(1)页岩气资源潜力

我国富有机质页岩分布广泛，南方地区、华北地区和新疆塔里木盆地等发育海相页岩，华北地区、准噶尔盆地、吐哈盆地、鄂尔多斯盆地、渤海湾盆地和松辽盆地等广泛发育陆相页岩，具备页岩气成藏条件，资源潜力较大。据专家预测，页岩气可采资源量为25万亿m^3，超过常规天然气资源。

(2)页岩气资源调查

我国页岩气资源战略调查工作处于起步阶段，取得初步进展；研究和划分了页岩气资源有利远景区，启动和实施了页岩气资源战略调查项目；初步摸清了我国部分有利区富有机质页岩分布，确定了主力层系，初步掌握了页岩气基本参数，建立了页岩气有利目标区优选标准，优选出一批页岩气富集有利区。

(3) 页岩气勘探现状

我国页岩气勘探工作主要集中在四川盆地及其周缘、鄂尔多斯盆地、西北地区主要盆地。截至 2011 年底，中石油在川南、滇北地区优选了威远、长宁、昭通和富顺—永川 4 个有利区块，完钻 11 口评价井，其中 4 口直井获得工业气流。中石化在黔东、皖南、川东北完钻 5 口评价井，其中 2 口井获得工业气流，优选了建南和黄平等有利区块。中海油在皖浙等地区开展了页岩气勘探前期工作。延长石油在陕西延安地区 3 口井获得陆相页岩气发现。中联煤在山西沁水盆地提出了寿阳、沁源和晋城 3 个页岩气有利区。

截至 2011 年底，我国石油企业开展了 15 口页岩气直井压裂试气，9 口见气，初步掌握了页岩气直井压裂技术，证实了我国具有页岩气开发前景。完钻 2 口页岩气水平井威 201 - H1 和建页 HF - 1 井。

2013 年中石油、中石化两大石油公司在页岩气勘探有重大进展，本书有关章节已有所阐述。

(4) 对外合作

2009 年，与美国签署了《中美关于在页岩气领域开展合作的谅解备忘录》，就联合开展资源评估、技术合作和政策交流制定了工作计划。2010 年美国国务院与中国国家能源局签订了“中美页岩气资源特别工作组行动计划”。美国综合能源企业与机械设备关联企业，如埃克森美孚、康菲和哈里伯顿等公司都在积极参与中国的页岩气开发。我国石油企业与壳牌公司签订富顺—永川联合评价协议，与挪威、康菲、BP、雪弗龙、埃克森美孚公司建立联合研究合作意向。

8.3.2　开发中国页岩气存在的主要矛盾和问题

(1) 资源情况尚不清楚

我国具有页岩气大规模成藏的基本条件，但尚未系统开展全国范围内页岩气资源调查和评价，资源总量和分布尚未完全掌握。

(2) 关键技术有待突破

页岩气勘探开发需要水平井分段压裂等专门技术，我国页岩气开发尚处于起步阶段，目前尚未完全掌握相关核心技术。突破关键技术尚需时日，尚需要做大量工作。

(3) 资源管理机制有待完善

页岩气作为一种非常规天然气资源，需研究制定资源勘探开发准入资质和门槛，以加快其发展。

(4) 地面建设条件较差

我国页岩气藏普遍埋藏较深，页岩气富集区地表地形复杂，人口密集，工程作业困难，经济性较差。

(5) 基础设施需要加强

页岩气资源富集区很多集中在中西部山区，管网建设难度大、成本高，不利于页岩气外输利用和下游市场开拓。

(6) 缺乏鼓励政策

页岩气开发具有初期投入高、产出周期长，投资回收慢的特点。在投入产出效益不确定的情况下，投资规模不足将影响页岩气快速发展。当前迫切需要制定页岩气开发的鼓励政策，加快页岩气产业化。

8.3.3 发展的基本原则

(1)坚持科技创新

用巨大的科技潜力，来改变目前有限的资源状况，通过加大科技攻关和对外合作，引进、消化、吸收先进技术，掌握适应我国资源状况的勘探开发生产和管理技术。

(2)坚持体制机制创新

要创新理念，在资源开发、市场开拓、气价、管理等方面创新体制机制，研究制定扶持政策。

(3)坚持常规天然气与非常规天然气结合

页岩气和常规天然气分布区多数重叠，输送和利用方式也相同，页岩气开发利用要给予特殊优惠政策，与常规天然气有机结合，实现有序发展。

(4)坚持自营与对外合作并举

加强自营勘探开发技术攻关的同时，开展与国外公司的合作，通过对外合作，引进技术，提高自主创新能力。

(5)坚持开发与生态保护并重

页岩气勘探开发过程中要注重井场集约化建设、地表植被恢复和水资源节约利用，严格钻完井操作规程和压裂液成分及排放标准，保护生态环境。

8.3.4 页岩气发展目标

(1)2015 年总体目标

基本完成全国页岩气资源潜力调查与评价，掌握页岩气资源潜力与分布，优选一批页岩气远景区和有利目标区，建成一批页岩气勘探开发区，初步实现规模化生产。页岩气勘探开发关键技术攻关取得重大突破，主要装备实现自主化生产，形成一系列国家级页岩气技术标准和规范，建立完善的页岩气产业政策体系，为“十三五”页岩气快速发展奠定坚实基础。

(2)具体规划目标

“十二五”期间实现以下规划目标：

① 基本完成全国页岩气资源潜力调查与评价，初步掌握全国页岩气资源量及其分布，优选 30 ~ 50 个页岩气远景区和 50 ~ 80 个有利目标区。

② 探明页岩气地质储量 6000 亿 m^3，可采储量 2000 亿 m^3。2015 年页岩气产量 65 亿 m^3。

③ 形成适合我国地质条件的页岩气地质调查与资源评价技术方法，页岩气勘探开发关键技术及配套装备。

④ 形成我国页岩气调查与评价、资源储量、试验分析与测试、勘探开发、环境保护等多个领域的技术标准和规范。

8.3.5 重点任务

(1)页岩气资源潜力调查评价

在全国油气资源战略选区专项中，设置“全国页岩气资源潜力调查评价及有利区优选”项目，将全国陆域划分为上扬子及滇黔桂、中下扬子及东南、华北及东北、西北和青藏五个大区，开展页岩气资源和潜力调查评价工作。

①全国富有机质页岩分布调查

2011~2013 年，分析已有区域地质调查和油气等勘查资料，实施野外地质调查，开展地球物理及地球化学勘查和浅井调查，完成野外剖面实测 50km、非地震地球物理勘查 10000km、地质浅井 200 口，获取各个地区富有机质页岩基础资料，尽快查明我国陆上富有机质页岩的分布和基本参数，优选页岩气资源远景区。

②全国页岩气资源潜力调查与评价

以四川盆地及渝东鄂西，滇黔北，黔南桂中，南盘江；湘中—洞庭，赣西北，苏浙皖；鄂尔多斯，南华北，松辽，渤海湾盆地辽河坳陷，塔里木，准噶尔，吐哈，三塘湖，柴达木，羌塘，比如等盆地和地区为重点，兼顾其他地区，部署二维地震 20000km，非地震地球物理勘探 40000km，调查井 50 口，获取页岩气的系统参数，评价资源潜力，基本掌握全国页岩气地质资源量和可采资源量分布，优选页岩气富集有利目标区，研究总结页岩气富集规律。建设页岩气调查评价、勘探开发和综合利用一体化示范区，推动页岩气产业快速形成和发展。

（2）主要科技攻关项目

①页岩气资源评价技术。

总结海相和陆相页岩气成藏机理、富集规律，建立不同类型的页岩气成藏模式，确定页岩气资源评价的关键参数、方法体系和评价标准，重点研发和形成页岩气分析技术和设备，为查明页岩气资源情况提供技术支撑。

②页岩气有利目标优选评价方法。

在页岩气富集保存地质条件和分布特征研究基础上，进行技术适用性和经济性分析，重点开展页岩气储层地质及成藏主控因素研究，从沉积相、构造演化、埋深条件、有机质含量、热成熟度、资源丰度等方面，建立页岩气有利目标优选评价方法和标准，为勘探部署提供技术支撑。

③页岩储层地球物理评价技术。

在消化吸收国外技术基础上，开展复杂地形和地质条件下，地震采集和处理解释、页岩气测井识别和储层精细描述等地球物理识别技术和评价标准研究，逐步形成富含有机质页岩及含气性地球物理识别关键技术，建立页岩气储层参数识别技术，为确定页岩气“甜点区”提供技术手段。

④页岩气水平井钻完井技术。

借鉴常规油气藏和低渗透气藏钻完井技术，重点开展页岩气钻井和固井辅助工具、定向井井眼轨迹优化、长井段水平井优快钻井及套管完井、适应性油基钻井液体系等研究，不断提高设备适应性、可靠性和安全性，形成一套适用于我国页岩气地质条件的钻完井技术。

⑤页岩储层改造及提高单井产量技术。

研发可钻式桥塞及分段压裂封隔器、3000 型压裂车等装备并实现国产化，研究同步压裂和微地震裂缝监测等技术；开展新型压裂液、压裂液处理和再利用、储层伤害机理及保护、分段压裂、长井段射孔和体积改造等技术攻关，掌握适用于我国页岩气开发的增产改造核心技术，提高页岩气单井产量。

⑥产能预测、井网优化与经济评价技术。

跟踪和分析我国页岩气井产能动态，深入研究解吸、扩散和渗流机理，开展不同参数条件下气井产能数值模拟和最终可采储量研究，形成页岩气开发产能评价技术；结合页岩气井生产特点，开展不同井网与井距组合条件下的采收率研究，形成井网优化技术；开展影响经济效益的因素研究，形成页岩气开发经济技术评价指标体系。

⑦编制页岩气勘探开发技术规范。

编制页岩气地质调查、地震勘探、非地震勘探、微地震、钻井完井、测井、实验分析测试、储层改造及开发与生产等技术规范和储量标准。

(3)页岩气勘探开发布局

页岩气勘探开发以四川、重庆、贵州、湖南、湖北、云南、江西、安徽、江苏、陕西、河南、辽宁、新疆13个省区为重点，建设长宁、威远、昭通、富顺－永川、鄂西渝东、川西－阆中、川东北、安顺－凯里、济阳、延安、神府－临兴、沁源、寿阳、芜湖、横山堡、南川、秀山、辽河东部、岑巩－松桃等19个页岩气勘探开发区。

(4)远景展望(2020年)

在基本摸清页岩气资源情况、勘探开发技术取得突破基础上，“十三五”期间，进一步加大投入，大幅度提高19个勘探开发区的储量和产量规模。同时，大力推进两湖、苏浙皖、鄂尔多斯、南华北、松辽、准噶尔、吐哈、塔里木、渤海湾等勘探开发，建成新的页岩气勘探开发区。力争2020年产量达到600亿~1000亿m^3。

8.3.6 规划实施

(1)加大国家对页岩气资源调查评价的资金投入

设立页岩气调查评价和勘查国家专项，一是开展页岩气资源调查评价和潜力评价；二是开展页岩气靶区优选和勘查技术攻关示范；三是开展页岩气地质理论研究和国际合作交流。

(2)加大页岩气勘探开发技术科技攻关

通过国家科技重大专项等，加大对页岩气勘探开发相关技术研究的支持力度，在“大型油气田及煤层气开发”重大专项中将“页岩气勘探开发关键技术”列为重点项目，增设“页岩气勘探开发示范工程”。加强国家能源页岩气研发(实验)中心和其他页岩气重点实验室建设，建立高层次人才培养和学术交流基地。鼓励国内企业及院所与国外研究机构开展勘探开发关键技术联合研究，通过引进国外技术服务和开展对外合作等，吸收借鉴国外先进成熟技术，形成具有中国特色的勘探开发核心技术。

(3)建立页岩气勘探开发新机制

加快引入有实力的企业参与页岩气勘探开发，推进投资主体多元化。同时要制定准入门槛和资质，推动矿权招投标制度、区块退出机制及合同管理，大幅度提高最低勘查投入，杜绝“跑马圈地”等现象。石油天然气、煤层气矿业权人应综合勘探开发矿业权范围内页岩气资源。页岩气勘探开发要与其他固体矿产矿业权、整装勘查区相互衔接，协调处理好矿业权重叠，确保安全生产。从事页岩气勘探开发的企业，经国土资源部前置性审查，由国家发改委报经国务院批准后，与国外有经验的公司合作，引进页岩气勘探开发技术。进一步完善页岩气勘探开发监管机制。

(4)落实页岩气产业鼓励政策

参照煤层气财政补贴政策，研究制定页岩气具体补贴政策；依法取得页岩气探矿权采矿权的矿业权人或探矿权采矿权申请人可按照相关规定申请减免页岩气探矿权和采矿权使用费；对页岩气勘探开发等鼓励类项目项下进口国内不能生产的自用设备(包括随设备进口的技术)，按有关规定免征关税；页岩气出厂价格实行市场定价；优先用地审批。

(5)完善页岩气利用配套基础设施

①在天然气管网设施比较完善的页岩气勘探开发区，积极建设气田集输管道，将页岩气输入天然气管网。

②对于远离天然气管网设施、初期产量较小的勘探开发区，建设小型 LNG 或 CNG 利用装置，防止放空浪费。

③根据勘探开发进展情况，适时实施建设页岩气外输管道。

(6)加强统筹协调

能源主管部门总体负责规划组织实施，其他各有关部门根据职责尽快落实各项保障措施。建立定期或不定期沟通协调机制，及时解决规划实施过程遇到的各种问题。各公司根据规划确定的目标和重点任务，落实资金和工作量，并及时上报勘探开发进展。

(7)强化规划实施监管

强化规划实施监管，建立规划实施监管机制，掌握各页岩气区块工作量和产量目标完成情况，对“十二五”目标完成较差的公司，按规定要求其退出区块面积。

(8)建立滚动调整机制

加强页岩气行业技术攻关和勘探开发进展的跟踪分析，掌握规划实施情况，适时进行规划中期评估。根据规划实施效果和页岩气行业发展实际，及时调整发展目标和科研攻关及勘探开发任务，研究制定新的保障措施。

(9)当前页岩气开发形势

由于我国中石油和中石化两大石油公司的积极努力，到 2013 年 6 月，我国已完成页岩气井 145 口(包括兼探井)，其中调查井 51 口、探井 58 口、评价井 36 口。经过水力压裂和测试，日产超过 1 万 m^3 的有 27 口，日产超过 10 万 m^3 的有 8 口，有 17.2% 的井发现了页岩气，经过试产的有 4 口，2012 年产量为 3000 万 m^3 左右。目前，我国页岩气勘探在南方下古生界海相、四川盆地侏罗纪陆相、鄂尔多斯盆地三叠系陆相上区域实现了突破，在西北地区侏罗纪陆相、东部断陷盆地古近系陆相、南方上古生界海陆过渡相三个领域取得重要进展。

我国页岩气产能将在 2015 年形成 65 亿 m^3 亿 m^3，完成规划目标的要求，甚至可能超过达到产能 100 亿 m^3，中国石油规划到 2015 年页岩气产能是 25 亿 m^3，中国石化规划是 50 亿 m^3，所以，达到 65 亿 m^3 产能的目标应该是可能的。又据报道，中国石油于 2013 年 12 月于四川长宁—威远示范区建成我国第一个页岩气井工厂。该示范区面积为 6534km^2，探明页岩气地质储量 3000 亿 m^3 以上，拟建成产能 20 亿 m^3 以上。中石化重庆涪陵国家级页岩气示范区也传出单井气日产量 80 万 m^3 的记录。该示范区页岩气井已开钻 30 口页岩气试验井，完钻 21 口，已投入试采水平井 10 口，平均单井日产量 18 万 m^3，其中一口每日产出高达 54.7 万 m^3，累计实现商品气量近 7300 万 m^3。所产气的甲烷含量超过 98%，不含硫化氢等有害气体，气压稳定在 26MPa 左右。

8.3.7　社会效益与环保评估

社会效益：页岩气的开发对推动我国科技进步、带动经济发展、改善能源结构和保障能源安全具有重要的意义。

(1)推动油气勘探理论创新和技术进步

页岩气成藏理论突破了传统地质学关于油气成藏的认识，有利于开拓页岩油等非常规油气资源勘探的思路。水平井钻井、分段压裂、同步压裂、微地震监测和批量工厂化生产等相应的开发技术也可应用到其他非常规油气的勘探开发。

(2)促进改善能源结构

实现页岩气产业化开发，有利于增加天然气供给，缓解我国天然气供需矛盾，改善能源结构，降低温室气体排放，提高我国天然气对外谈判的话语权和影响力。

(3)带动基础设施建设

我国部分页岩气勘探开发区交通不便，管网欠发达。开发这些地区的页岩气资源，对改善当地基础设施建设，促进天然气管网、液化天然气(LNG)、压缩天然气(CNG)等发展具有重要意义。

(4)拉动国民经济发展

作为一项重大能源基础产业，页岩气开发利用可以拉动钢铁、水泥、化工、装备制造、工程建设等相关行业和领域的发展，增加就业和税收，促进地方经济乃至国民经济的可持续发展。

(5)开发利用页岩气有利于减少二氧化碳排放，保护生态环境

按页岩气的年产量65亿m^3计算，与煤炭相比，如果用于发电，由于效率的提高，可减少二氧化碳年排放约1400万t、二氧化硫排放约11.5万t、氮氧化合物排放约4.3万t和烟尘排放约5.8万t。

(6)页岩气开发环境保护措施

页岩气开采工艺与常规气大部分相同，可能产生的环境和生态破坏与常规气基本相同。在页岩气开发各个环节采取有针对性的措施，可有效减少或杜绝可能产生的各种环境问题。

① 工厂化作业减少地表植被破坏。

页岩气开发多采用丛式水平井群，一个井场可以向不同方向钻多口水平井，大大减少了井场数量，较好地解决了占地多和地表植被破坏多的问题。

②压裂液循环利用减少用水量。

页岩气压裂用水量比生产同等能量的煤和燃料乙醇要少得多。且出于成本考虑，页岩气压裂液须多口井循环重复利用，客观上节约大量用水。

③严格钻完井规程杜绝污染地下水。

页岩气井钻井液为人工合成的油基泥浆，短时间内可自然降解；压裂液主要成分是水和砂，不足0.5%的添加剂体系中绝大部分都是日常生活中常见的无毒无害物质。另外，页岩气层比地下饮用水层深很多，且中间夹有多层不可渗透岩层，压裂液污染地下水的可能性很小。如严格执行钻完井操作规程，保证套管和固井质量，可彻底杜绝水层污染。目前，全球尚未发生过开采页岩气导致重大地下水污染的事件，但值得关注。

④加强环保监测实现压裂液无污染排放。

压裂开采石油天然气已有60年历史，压裂液成分和排放标准均有严格法规要求。通过加强日常生产中的环保监测检查，保证压裂液无害排放，防止发生土壤和地表水污染。

8.4 页岩气产业政策(摘要)(国家能源局2013-10-22发布)

国家能源局于2013年发布了我国首个《页岩气产业政策》，其中明确将页岩气开发纳入国家战略性新兴产业，国家将加大对页岩气勘探开发等的财政扶持力度，同时鼓励各种投资主体进入页岩气销售市场，对页岩气出厂价格实行市场定价。

《产业政策》表示国家将按页岩气开发利用量，对页岩气生产企业直接进行补贴。国家还鼓励地方财政根据情况对页岩气生产企业进行补贴，补贴额度由地方财政自行确定。页岩

气开采企业还可享有减免矿产资源补偿费、矿权使用费等政策。

《产业政策》鼓励各种投资主体进入页岩气销售市场，以期逐步形成页岩气开采企业、销售企业及城镇燃气经营企业等多种主体并存的市场格局。

页岩气产业政策包括 8 个部分。即：

①总则；

②产业监管；

③示范区建设；

④产业技术政策；

⑤市场与运输；

⑥节约利用与环境保护；

⑦支持政策；

⑧附则。

8.4.1　总　则

(1)页岩气是指赋存于富有机质泥页岩及其夹层中，以吸附或游离状态为主要存在方式的非常规天然气。

(2)页岩气勘探开发利用按照统一规划、合理布局、示范先行、综合利用的原则。依靠科技进步，走资源利用率高、经济效益好、环境污染少的可持续发展道路，为全面建设小康社会提供清洁能源保障。

(3)通过规划引导，逐步形成与环境保护、储运、销售和利用等外部条件相适应、与区域经济发展相协调的页岩气开发布局。

(4)加快页岩气勘探开发利用，鼓励包括民营企业在内的多元投资主体投资页岩气勘探开发，通过规范产业准入和监管，确保页岩气勘探开发健康发展。

(5)加强页岩气关键技术自主研发，立足实际，结合国情，形成具有自主知识产权的关键技术体系，促进页岩气发展。

(6)依靠科技进步，推进井场集约化建设和无水、少水储层改造及水资源循环使用，实现安全、高效、清洁生产，建设资源节约、环境友好、协调发展的页岩气资源勘探开发利用体系。

8.4.2　产业监管

(1)从事页岩气勘探开发的企业应具备与项目勘探开发相适应的投资能力，具有良好的财务状况和健全的财务会计制度，能够独立承担民事责任。页岩气勘探开发企业应配齐地质勘查、钻探开采等专业技术人员。从事页岩气建设项目勘查、设计、施工、监理、安全评价等业务，应具备相应资质。

(2)建立健全监管机制，加强页岩气开发生产过程监管。页岩气勘探开发生产活动必须符合现行页岩气相关技术标准和规范；如无专门针对页岩气的相关管理标准和规范，参照石油天然气行业管理规范执行。

(3)鼓励从事页岩气勘探开发的企业与国外拥有先进页岩气技术的机构、企业开展技术合作或勘探开发区内的合作，引进页岩气勘探开发技术和生产经营管理经验。

(4)鼓励页岩气资源地所属地方企业以合资、合作等方式，参与页岩气勘探开发。

8.4.3 示范区建设

(1)鼓励建立页岩气示范区。示范区应具有一定的规模和代表性，示范的理论、方法和技术应具有推广应用前景。鼓励页岩气生产企业多家联合进行示范区建设。做好示范区经验总结推广工作。

(2)支持在国家级页岩气示范区内优先开展页岩气勘探开发技术集成应用，探索工厂化作业模式，完善页岩气勘探开发利用的理论和技术体系，推动页岩气低成本规模开发，为新技术推广应用奠定基础。

(3)加快示范区用地审批，支持示范区其他相关配套设施建设。

(4)加强对示范区页岩气勘探开发一体化管理，实现安全生产和资源高效有序开发。

8.4.4 产业技术政策

(1)鼓励页岩气勘探开发企业应用国际成熟的高新、适用技术提高页岩气勘探成功率、开发利用率和经济效益，包括页岩气分析测试技术、水平井钻完井技术、水平井分段压裂技术、增产改造技术、微地震监测技术、开发环境影响控制技术等关键技术。

(2)鼓励页岩气勘探开发技术自主化，加快页岩气关键装备研制，形成适合我国国情的轻量化、车载化、易移运、低污染、低成本、智能化的页岩气装备体系，促进油气装备制造业转型升级。

(3)发展以企业为主体、产学研用相结合的页岩气技术创新机制。加强国家能源页岩气研发(实验)中心和其他研发平台的建设，推进页岩气勘探开发理论与技术攻关。

(4)加强国家页岩气专业教学、基地建设和人才培养。鼓励企业开展全方位、多层次的职工安全、技术教育培训。

(5)为促进页岩气资源有序开发，国家能源主管部门负责制定页岩气勘探开发技术的行业标准和规范。

8.4.5 市场与运输

(1)鼓励各种投资主体进入页岩气销售市场，逐步形成以页岩气开采企业、销售企业及城镇燃气经营企业等多种主体并存的市场格局。

(2)页岩气出厂价格实行市场定价。制定公平交易规则，鼓励供、运、需三方建立合作关系，引导合理生产、运输和消费。

(3)鼓励页岩气就近利用和接入管网。鼓励企业在基础设施缺乏地区投资建设天然气输送管道、压缩天然气(CNG)与小型液化天然气(LNG)等基础设施。基础设施对页岩气生产销售企业实行非歧视性准入。

8.4.6 节约利用与环境保护

(1)加强节能和能效管理。页岩气勘探开发利用项目必须按照节能设计规范和标准建设，推广使用符合国家能效标准、经过认证的节能产品。引进技术、设备等应达到国际先进水平。

(2)坚持页岩气勘探开发与生态保护并重的原则。钻井、压裂等作业过程和地面工程建设要减少占地面积、及时恢复植被、节约利用水资源，落实各类废弃物处置措施，保护生态环境。

(3)钻井液、压裂液等应做到循环利用。采取节水措施，减少耗水量。鼓励采用先进的工艺、设备，开采过程逸散气体禁止直接排放。

(4)加强对地下水和土壤的保护。钻井、压裂、气体集输处理等作业过程必须采取各项对地下水和土壤的保护措施，防止页岩气开发对地下水和土壤的污染。

(5)页岩气勘探开发利用必须依法开展环境影响评价，环保设施与主体工程要严格实行项目建设“三同时”制度。

(6)加强页岩气勘探开发环境监管。页岩气开发过程排放的污染物必须符合相关排放标准，钻井、井下作业产生的各类固体废物必须得到有效处置，防止二次污染。

(7)国家对页岩气勘探开发利用开展战略环境影响评价或规划影响评价，从资源环境效率、生态环境承载力及环境风险水平等多方面，优化页岩气勘探开发的时空布局。禁止在自然保护区、风景名胜区、饮用水源保护区和地质灾害危险区等禁采区内开采页岩气。

8.4.7　支持政策

(1)页岩气开发纳入国家战略性新兴产业，加大对页岩气勘探开发等的财政扶持力度。

(2)依据《页岩气开发利用补贴政策》，按页岩气开发利用量，对页岩气生产企业直接进行补贴。对申请国家财政补贴的页岩气生产企业年度报告实行审核制度和公示制度。对于存在弄虚作假行为的企业，国家将收回补贴并依法予以处置。

(3)鼓励地方财政根据情况对页岩气生产企业进行补贴，补贴额度由地方财政自行确定。

(4)对页岩气开采企业减免矿产资源补偿费、矿权使用费，研究出台资源税、增值税、所得税等税收激励政策。

(5)页岩气勘探开发等鼓励类项目项下进口的国内不能生产的自用设备(包括随设备进口的技术)，按现行有关规定免征关税。

8.5　财政补贴标准、天然气基础设施建设与运营管理办法及对民营企业采取进一步开放政策

8.5.1　财政补贴标准(摘要)

财政部、国家能源局发布《关于出台页岩气开发利用补贴政策的通知》(财建[2012]847号)中表示，2012 ~ 2015 年中央财政对页岩气开采企业给予补贴，补贴资金将按企业页岩气开发利用量以及补贴标准决定，2012 ~ 2015 年的国家补贴标准为 0.4 元(0.06 美元)/m^3，具体标准今后将根据页岩气产业发展情况予以调整。此外，财政部还规定地方财政可根据当地情况给予适当补贴，具体标准和补贴办法由地方确定。

页岩气界定标准及补贴条件。

具体界定标准为：

(1)赋存于烃源岩内。具有较高的有机质含量(TOC > 1.0%)，吸附气含量大于 20%。

(2)夹层及厚度。夹层粒度为粉砂岩以下(包括粉砂岩)或碳酸盐岩，单层厚度不超过 1m。

(3)夹层比例。气井目的层夹层总厚度不超过气井目的层的 20%。

(4)财政部规定企业需具备以下条件才能够获得补贴：

一是已开发利用的页岩气；

二是企业已安装可以准确计量页岩气开发利用的计量设备，并能准确提供页岩气开发利用量。

8.5.2 天然气基础设施建设与运营管理办法(摘要)

国家发改委2014年公布了《天然气基础设施建设与运营管理办法》(国家发改委2014.03.28发布)，明确鼓励、支持各类资本参与投资建设纳入统一规划的天然气基础设施。

《办法》明确所称天然气应包括天然气、煤层气、页岩气和煤制气等，且规定通过天然气基础设施进行天然气交易的双方，应当遵守价格主管部门有关天然气价格管理规定。天然气可实行居民用气阶梯价格、季节性差价、可中断气价等差别性价格政策。

《办法》规定天然气销售企业应当建立天然气储备，到2020年拥有不低于其年合同销售量10%的工作气量，以满足所供应市场的季节调峰以及发生天然气供应中断等应急状况时的用气需求。城镇天然气经营企业应当承担所供应市场的小时调峰供气责任。

《办法》规定，国家鼓励、支持各类资本参与投资建设纳入统一规划的天然气基础设施。国家能源局和县级以上地方人民政府天然气主管部门应当加强对天然气销售企业、天然气基础设施运营企业和天然气用户履行本办法规定义务情况的监督管理。

国家能源局2014年的重要工作之一是鼓励和引导民资进一步扩大能源领域投资，继续清理和修订能源领域阻碍民间投资的法规文件。

8.5.3 我国页岩气开发将对民营资本采取进一步开放的政策

页岩气是一种清洁高效的能源，但中国目前页岩气产量几乎为零。“十二五”规划要求期间实现探明页岩气地质储量6000亿m^3，可采储量2000亿m^3。2015年页岩气产量65亿m^3，力争在2020年使中国的页岩气产量达到600亿~1000亿m^3。在此背景下，国家出台了多项优惠财税政策支持页岩气开发，这一新兴领域还将对民营资本开放。

目前，中国页岩气开发主要由国有大石油公司承担，但国家鼓励多元化资本参与页岩气产业开发。与以往能源开发不同，国家将创新页岩气产业开发体制机制，鼓励多元化资本参与开发，有关政策本章在前面已经进行了较系统的阐述。

附录 页岩气乙烷海运物流信息

一、背景介绍

乙烯是世界上产量最大的有机化学产品之一，是石油化工产业的核心。目前，中国已成为世界上仅次于美国的第二大乙烯生产国。当前乙烯工业发展的核心问题是原料优化，主要方向是轻质化，北美、中东等国家已将乙烯原料逐渐由石脑油向乙烷转变，但我国乙烯工业主要还是以石脑油为原料，用乙烷裂解制乙烯的装置很少，因此中国乙烯生产成本远高于北美、中东水平，甚至高于煤制甲醇 MTO 所得到的乙烯成本，缺乏应有的竞争力。

IHS 咨询公司《2014 年世界乙烯分析》报告指出，在乙烯裂解资源方面，美国页岩气生产得到的廉价乙烷导致北美出现乙烷资源过剩，从而推动了乙烯生产商投资改造和新建乙烷裂解装置。从乙烷裂解制得的乙烯成本仅为石脑油原料的 30% ~40%，且乙烯裂解收率高达 82%，预计 2017 ~2025 年美国乙烷裂解乙烯的生产现金成本将为 810 美元/t，同期预测东南亚国家石脑油裂解乙烯的生产现金成本为 1281 美元/t，充分说明了以乙烷为原料的乙烯装置有良好的现金成本优势。表 1 是在不同的裂解原料价格下乙烯生产的现金成本比较。中国用石脑油原料裂解的乙烯现金成本为 1086 美元/t，而如果用进口乙烷乙烯现金成本则为 689.6 美元/t(使用进口美国乙烷，预测到中国的运费为 135 美元/t)。后者仅相当前者的 63.5%，说明如果能使用进口美国乙烷有较好的经济效益。

表 1　乙烯生产的现金成本比较表(2012 年上半年)　　美元/t 产品

生产地点	裂解原料价格/(美元/t)	原料净成本	公用工程	固定成本	总现金成本/比例
加拿大西部地区	乙烷/108.6	71	34	47	152/32.7%
美国墨西哥湾岸	乙烷/359.5①	381	36	48	465/100%
巴西	乙烷/575.7	559	138	60	757/162.8%
巴西	石脑油/978.2	602	92	95	789/169.8%
印度	乙烷/392.0	269	211	37	517/111.2%
印度	石脑油/931.0	900	125	59	1085/233.3%
中国	乙烷/395.7②	200	287	34	521/112.0%
中国	进口乙烷/530.7③	368.6	287	34	689.6/148.3%
中国	石脑油/959.7	871	161	54	1086/233.6%

①以美国墨西哥湾岸乙烯生产(乙烷作原料)总现金成本的相对比例为 100%。
②如果从美国进口乙烷应另外计入海上运输 + 贴水费用。
③使用美国进口乙烷，运费 135 美元/t(美国东部墨西哥湾 - 中国华东，好望角航线)。

从2007年开始，北美石化企业一方面将封存的乙烯装置恢复生产，同时加快扩建和新建乙烷裂解装置，目前美国90%的乙烯产自于自产的轻质原料，其中60%以上是乙烷。世界上主要乙烷生产国有美国、加拿大、中东等。过去世界乙烷供应相对不足，主要生产国还是以国内消费为主，出口量有限。不过随着美国页岩气开发热潮，乙烷作为伴生气产量大增，价格降低，同时亚洲和欧洲地区对乙烷的需求明显增加，进而带来了大量乙烷运输要求。

当今欧洲为了提高化学工业的竞争力，一个方向就是寻找能提供有竞争力的原料。由于美国国内乙烷等需求疲软，北美以外的生产商已开始拓展乙烷海外市场，如马塞勒斯的乙烷生产商已将乙烷销售到加拿大和英国、欧洲一些乙烯生产商，瑞士的英力士公司(Ineos)、意大利Versalish公司、奥地利Borealis公司都已经引进或考虑采用美国乙烷作为裂解原料。

这样，美国乙烷等轻烃出口课题已经引起广泛注意，这是国际石化业的一个很重要的动向。2014年6月在休斯敦召开的Benposium大会上Bentek能源公司表达了这样的预测信息，美国包括乙烷、丙烷和丁烷在内的天然气液体出口量将从当前的48万桶/d增加至2019年时的近150万桶/d。未来五年内美国乙烷的价格仍将保持较低价格，预计2019年前将维持在低于50美分/加仑水平。实际上目前美国乙烷已经严重过剩，30%都要回注，因此未来三年内美国乙烷过剩量预计将会从目前的1500万t扩大到6500万t，唯一的途径可能就是出口。

据美国能源安全分析公司最新研究报告显示，受页岩气产量快速增加的影响，美国新建天然气凝析液(NGL)分馏产能得到大幅增加，2013年美国NGL分馏能力将增加至260万桶/d，比2012年增加57.5万桶/d。2013年美国乙烷剩余产能达6万桶/d。该报告称，即便对现有美国本土乙烯装置进行改造后能加工更多的乙烷原料，美国乙烷供应过剩的局面也要比现在更加严峻。供应过剩将令美国乙烷价格继续疲软，从而对石化工业形成利好局面。同时，美国分馏能力和输送至墨西哥湾沿岸的NGL管线输送能力的大幅提升，将令美国生产和出口更多的乙烷产品。因此从资源角度分析，美国乙烷出口是有资源条件的。

近年来，美国丙烷一直都在出口，出口丙烷前期投入比较小。但如果出口乙烷前期投入很大，估计需要新建基础设施7.1亿美元，是丙烷的2倍。同时要新造专用冷冻运输船(单船高达1.2亿美元)。由于美国丙烷过去几年出口量大幅增长了接近3倍，其价格和全球逐步接轨，导致乙烷与丙烷价格比从2012年初的75%下降至目前的仅为30%。相比之下目前乙烷出口套利空间预计是丙烷的5倍以上，有望将成为美国未来轻烃出口的主力军。美国乙烷出口的第一步可能将是欧洲。和油头路线相比，欧洲乙烯装置用美国乙烷作原料的生产成本可以下降363美元/t，因此进口乙烷作为乙烯裂解原料有良好的经济效益。2013年英力士公司(Ineos)已经从美国进口了100万t乙烷，2014年欧洲已有4套装置改造成乙烷进料，预计总计可以消耗乙烷400万t/a。如果欧洲全部另外21个沿海的石化厂都改造成乙烷进料，则预测总计乙烷需求可以达到1000万t/a。据了解全球第一份美国乙烷出口合同——英力士公司进口美国的页岩气，用于其位于英国格兰杰默斯(Grangemouth)的石化厂和位于挪威拉夫内斯(Rafnes)的乙烷原料裂解装置。具体运输方案是从丹麦气体运输商Evergas租赁了6艘2.75万m^3 LNG船，这将有利于英力士公司长期以优势价格从美国采购乙烷。据此，Evergas公司将原与总部设在上海的“太平洋海洋工程公司”合同订造的3艘该型新船，现在已相应增至6艘(此外，我国上海江南长兴重工也能制造大型LPG/LNG运输船)。这说明了我国上海已经能够制造全球最大型、最先进的多用途气体运输船，可同时运输液化天然气(LNG)、液化石油气(LPG)、乙烯、乙烷等石油化工气体。这批船只订单即将在上海太平洋海工开始建造，未来将为英力士公司的乙烷运输提供更具灵活性的解决方案。这批双燃料船将在“Tier III

型”主机上使用 LNG 燃料，符合未来低排放和低耗能的国际标准，先进的设计使该型气体运输船兼具高效性、高灵活性，继续保持长久的市场竞争力。据悉，Evergas 即将从上海太平洋海工接收 1.2 万 m^3 的气体运输船“JS Greenstone 轮”，该船有 3 艘兄弟船，目前正按计划建造中。

对于从美国向亚洲出口轻烃问题，日本实际上已在规划之中，一般多用途气体运输船，可同时运输液化天然气（LNG）和乙烯。预计美国 LNG 有可能从 2017 年前后开始出口到日本，从目前价格看，美国产的 LNG 当地价格为 4 美元/10^6Btu 左右（1Btu ＝1055J，1kgLNG 热值 50.24MJ，1t LNG 热值相当于 47.62×10^6Btu），加上液化和运输增加 6 美元/10^6Btu 成本，预计未来日本从美国进口的 LNG 价格为 10 美元/10^6Btu，2012 年日本进口天然气的平均价格 17 美元/10^6Btu（日本能源经济研究所调查数据），从美国进口 LNG 价格可降低 4 成，这对石油化工界来讲是一个很重要的信息。

当然，美国原油出口采取审批制已有 40 年历史，是不允许出口的。目前已有美国企业出口只经过简单处理的超轻质油（即经处理凝析油），以此来规避美国立法禁止的原油出口法律。这一状态在美国可能很快成为常态，今后对亚洲的乙烷出口应该属于同样的情况。

对于 LNG 和丙烷等物料的进口我国已经处于很成熟的状态。有关 LNG 进口在本书第 5 章中已有一定的讨论。我国也一直从中东等国家和地区进口丙烷用于 LPG 的组分，2013 年中国进口丙烷 200 万 t 左右，国内丙烷供应量 182 万 t，同比增加 3.7%。除了作为能源外，最近引进建设了 9 套丙烷脱氢（PDH）装置用于丙烯生产，后者主要集中在一些地方石化企业。2015 年有 5 套 PDH 装置投产（浙江绍兴三圆石化 PDH 装置，产能 45 万 t/a；浙江卫星能源 PDH 装置，产能 45 万 t/a；浙江宁波海越新材料 PDH 装置，产能 60 万 t/a；江苏扬子江石化 PDH 装置，产能 60 万 t/a 及山东烟台万华 PDH 装置，产能 75 万 t/a），新增丙烯产能 285 万 t/a。因此对于 LNG、丙烷、丁烷及 LPG 海运，我国是有成熟经验和配套设备的。同时在东南沿海的一些大型石化厂也有运输乙烯的经验和配套设备（乙烯运输包括有上海石化、扬子石化、茂名石化、镇海石化等）。

2013 年起，欧洲已经开始大量用美国页岩气乙烷作为乙烯裂解原料，中国石化业应该怎么办？我国乙烯工业原料石脑油等主要来自于国外，利用自产乙烷的现实性很小，进口页岩气乙烷作为乙烯裂解原料应该属于一个可选择的方案。

二、美国及北美轻烃海运港口情况

美国主要装货港主要分布在东部、西部、墨西哥湾三个区域。东部主要有 Sunoco 公司在新泽西的 Marcus 港（巴尔迪摩区域 Delaware 河道），设有 LPG 出口管线和冷冻设备；西部有华盛顿州（WA）的塔克玛港（Tacoma），服务对象以电器元器件为主，化工为辅；墨西哥湾有两大主要港口：Freeport 和 Ship Channel，其中 Freeport 为新建造的，1 天 24 小时工作，Ship Channel 为原有的，一天 8 小时工作时间。

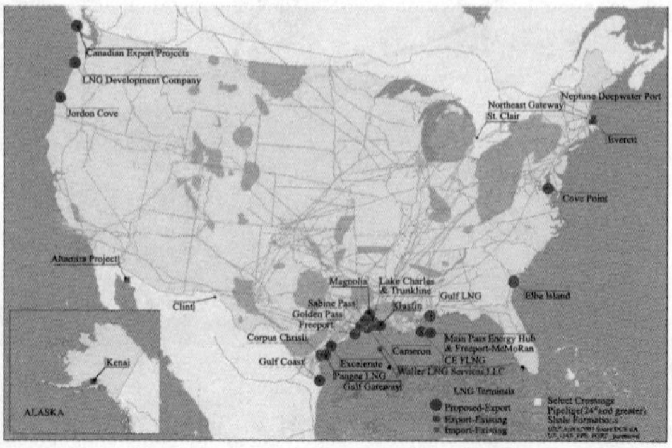

图 1　美国装货港码头分布

北美目前共计 15 个码头，过去主要作为 NGL 进口码头服务全北美，已经在运作的出口码头均属于三巨头——Targa，Enterprises 和 Sunoco 公司。随着页岩气的开发，给美国带来了新的能源革命，至 2017 年计划将其中的 8 个改为出口码头。图 1 是美国装货港码头分布。

三、航线分析

目前从美国将乙烷/LNG 输送至东亚(日本/中国华东)主要有三大主流航线。

1. 西部港口出发航线

从美国西部港口出发，经过太平洋，最终到达日本，单程约两周。航线如图 2 中左上角的路线所示。

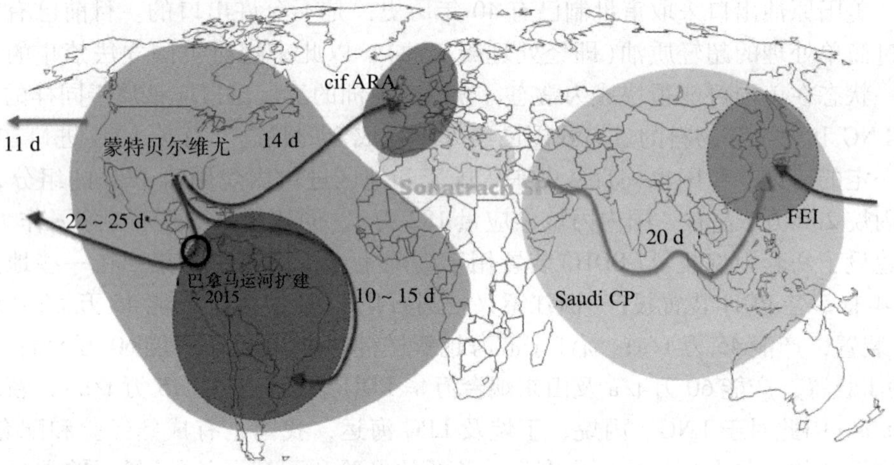

图 2 西部港口出发航线

2. 南部/东部港口出发航线(经巴拿马运河)

从美国南部/东部出发，经过巴拿马运河、太平洋，最终到达日本，单程约 4 周，如图 2 中左侧的红线所示。图 3 是从美国海湾(US Gulf)到日本的航线，航程 9200 海里，往返航程天数 65d，4.2 船/Mt LPG。

图 3 南部/东部港口出发航线(经巴拿马运河)

3. 南部/东部港口出发航线(经好望角)

从美国南部/东部出发，经过好望角，到达日本，单程约6周。美国海湾(US Gulf)到日本经好望角的航线如图4所示，航程15600海里，往返航程天数100d，6.4船/Mt LPG。

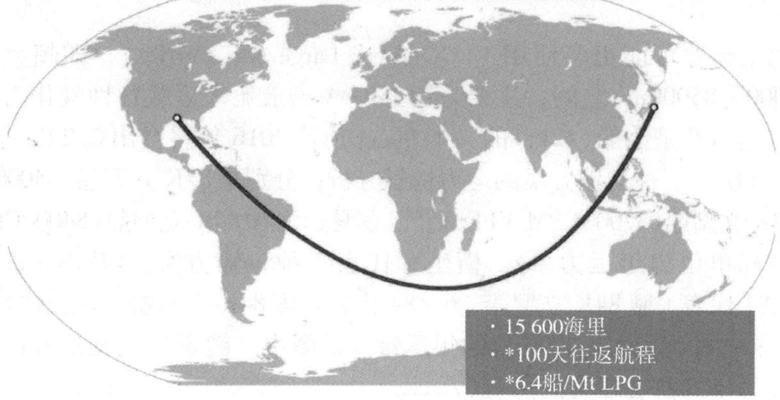

图4　南部/东部港口出发航线(经好望角)

以上三条主要航线中，航线2(经巴拿马运河)为目前的主要航线，比较成熟；航线1(西部港口出发)为次要航线，航次尚未大量开发；航线3(经好望角)为备选航线，经济型、灵活性较差。

另附由中东到日本航线供参照，单程约3周，如图5所示，航程6600海里，往返航程天数46.5d，3船/Mt LPG。

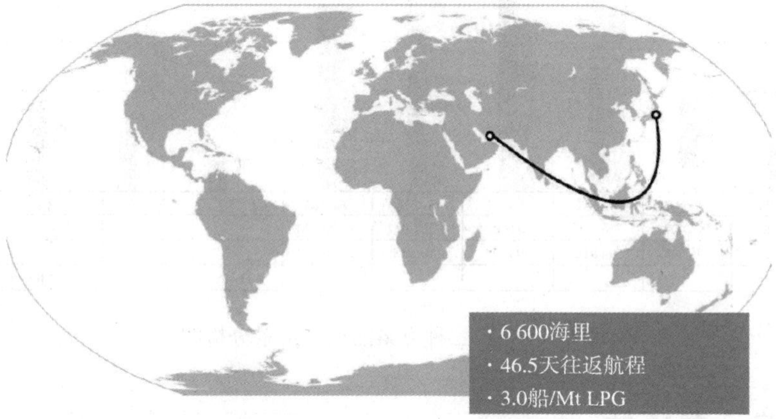

图5　中东到日本航线

实际从美国墨西哥湾到远东的海轮航线一般有两条航线可走，走非洲好望角风险小，但比较远，航程增加70%，运费高。还有一条走巴拿马运河，是比较有希望的一条航线。100年来，巴拿马运河为全球能源经济和贸易做出了重要贡献。巴拿马运河的存在，使得从亚洲到美国东部的海上航运更加便利，每年由美国东部港口如休斯敦、纽约、诺福克、波士顿等地出发，经由巴拿马运河开往中国的船只至少达到500多艘。当前，美国凝析油对日本等地的出口运输中，日本载重7.6万t的油轮BWZambesi号货船由新奥尔良港口装船，借道巴拿马运河，将凝析油输往日本国。巴拿马运河拓宽工程完工后，装载百万桶原油的油轮将可以通过巴拿马运河，使得来自非洲西部的石油和其他矿产资源可以直接运往中国。对中国而言，制成品从中国运到美国东海岸的成本将降低约30%，如果运输乙烷作为裂解原料时间上能够赶上。

四、乙烷船运批量－运力情景分析

今后乙烷海上运输可能更多使用 VLGC(Very Large Gas Carrier)，即超大型液化气运输船，容积在 78000～85000m^3 之间，主要采用 IMO A 型液舱来运载各种液化天然气 LNG、乙烷等轻烃能源。其运费是小船(12kt)的一半左右(预计 2016 年将会出现 22kt 小船)。

图 6 给出了 VLGC 三种运输方案的运力情景分析，分别是 84K 立型船(84000CBM VLEs)经巴拿马运河、37K 立型船(37000CBM VLEs)经巴拿马运河和 84K 立型船(84000CBM VLEs)经好望角。图中纵坐标单位为年运力(t)。横坐标代表三种运输方案：84kPamana、84k Capa 和 37kPamana，1×84 代表 1 艘 84K 立型船，6×84 代表 6 艘 84K 立型船，左边柱状代表走巴拿马运河的年运量，右边柱状代表走好望角的年运量。以图中三艘 84K 立型船经巴拿马航线从北美到华东为例，每年的乙烷运力约为 80 万 t。

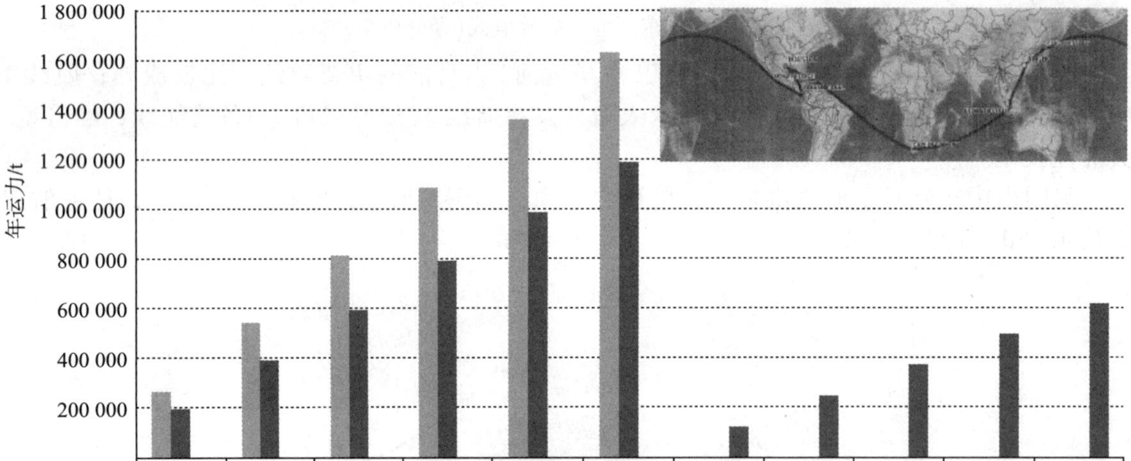

	1×84	2×84	3×84	4×84	5×84	6×84	1×37	2×37	3×37	4×37	5×37
84k立巴拿马	272 203	544 407	816 610	1 088 814	1 361 017	1 633 220					
84k立奸望角	198 272	396 543	594 815	793 086	991 358	1 189 630					
37k立巴拿马							123 729	247 458	371 186	494 915	618 644

图 6　VLGC 三种方案的运力情景分析图

五、乙烷运费预估

1. 主要船型造价

全球目前共有 15 条乙烷船订单，其中已经明确的有：

(1)Evergas 公司将于 2015 年交付的 1 条 27500m^3 乙烷船。

Evergas 公司 2014 年宣布与英力士公司(Ineos)签订为期 15 年的租约，将从 2015 年开始从美国“MarinerEast”项目运输乙烷原料至欧洲，成为全球第一份美国乙烷出口合同。

迄今为止 Evergas 是全球唯一专为解决乙烷运输需求订造新船的船东，已制定明确发展策略，今后将进一步扩充船队。

(2)英力士公司已将向 Evergas 下达的订单由 4 条乙烷船增加到 6 条。

(3)2016 年，我国江南造船厂将向 Navigator 公司交付 4 条 35000m^3 乙烷船。

(4)我国台湾地区台塑打算新建 80000m^3 乙烷船。

（5）我国江南造船厂将于2017年9月出厂VLGC。

有关VLGC运输船造价见表2，C型、薄膜型、B型分别代指三种船舱技术，其耐受温度和压力均不同，分别由江南、釜山、HHI（韩国现代重工）三家船厂制造。其下所列数据为各项造船成本的明细——包括：船体，人工，压缩机，燃气系统，船首推进器，液化器以及总价。其中江南C型84K立型船（84000m^3）的船体部分造价为9000万美元/艘，总造价为1.05亿～1.10亿美元/艘。韩国88.5K薄膜型立型船（88500m^3）的船体部分造价为1.05亿美元/艘，总造价为1.20亿～1.25亿美元/艘。韩国HHI B型84K立型船（84000m^3）的船体部分造价为1.05亿美元/艘，总造价为1.20亿～1.25亿美元/艘。上述C亿立型船可用于运输除LNG以外的所有产品，是成本最低的船型，适合用于乙烯运输。另外两种船舱的耐受能力会更强，可运输LNG和乙烷、乙烯等品种，但成本高于C型船。

表2　三种VLGC主要船型造价表　　亿美元

项目	NAV1C型①	NAV2M薄膜型②	NAV3B型③
船体	0.90	1.05	1.05
计划、工程监造、人工费	0.03	0.018	0.018
燃气系统（瓦斯转化和燃烧单元）	0.05	0.05	0.05
瓦斯检测和火灾报警装置	0.05	0.05	0.05
船首推进器	0.01	0.01	0.01
再液化装置改进预留费	0.02	0.03	0.03
总计	1.05～1.10	1.20～1.25	1.20～1.25

①江南SY，84000m^3 C型船，使用“Tier III型”主机。
②韩国，88500m^3薄膜型船，使用“Tier III型”主机。
③HHI，84000m^3 B型船，使用“Tier III型”主机。

2. 长期合作运价

表3列出了VLGC各主要船型的运价。表中第一列分别代指上述三种船型的基本款（C/M/B——C型/薄膜型/B型），以及加强款（C+/M+/B+——C型+/薄膜型+/B型+）。加强款可运输的产品种类与基本款相同，但安全性更高，造价也相对更昂贵。第二列是整船的造价成本。第三列是折合到每天的运费。第四列是船型载重，单位为kt。第五列（HFO－重燃料油）是折合每吨重燃料油的COA租船运费。第六列是折合每吨乙烷的COA运费。以表3数据为前提可以认为从美国墨西哥湾到远东乙烷的运费应在85PMT到125PMT之间，表1使用的从美国进口乙烷运费135美元/t应该是可行的。

表3　VLGC主要船型乙烷/LNG运价表

船型	船价/10^6美元	日运费/10^3美元	载重/kt	COA运费/（美元/t重燃料油）	COA运费/［美元/t乙烷（LNG）］
NAV1 C	105～110	49～51	44	107～110	85～87
NAV2 M	120～125	55～57	46	110～113	89～92
NAV3 B	120～125	55～57	46	115～118	93～96
NAV4 C+	120～125	55～57	44	115～118	93～96
NAV5 M+	135～140	60～62	46	117～120	96～98
NAV6 B+	135～140	60～62	44	123～125	100～113

由我国自行研发、设计、建造的两艘 8.3 万 m^3 超大型全冷式液化石油气运输船（VLGC）2014 年底在上海同时签字交付，标志着我国船舶工业全面跻身世界高端液化气体运输船设计、建造的先进行列，为今后我国船舶工业新一轮结构调整和转型发展拉开了大幕。

3. 巴拿马运河扩建情况

巴拿马运河承担着全世界 5% 的贸易货运量，它的第二大用户就是中国，今后从美国东部向中国运输乙烷极有可能走这条航线。图 7 给出了穿越该运河的航线图。

目前，巴拿马运河船闸只有 304.8m 长、33.53m 宽、12.55m 深，可容纳的最大船只的尺寸是 32.31m 宽，289.56m 长。巴拿马型船在几乎贴着墙壁的情况下通过运河，而超巴拿马型船则必须绕走南美洲的好望角。2006 年，巴拿马运河扩建计划提出，并于 2007 年 9 月开始实施，原本预计在 2014 年运河百年纪念时竣工，现已延期，预计将于 2016 年开始能通过更大的船舶。根据扩建计划，巴拿马将在运河的两端各修建一个三级提升的船闸和配套设施。新建的第三套船闸长 427m、宽 55m、深 18.3m，可容纳 48.77m 宽、365.76m 长的船只，超巴拿马型船和军舰都可轻松通过巴拿马运河。

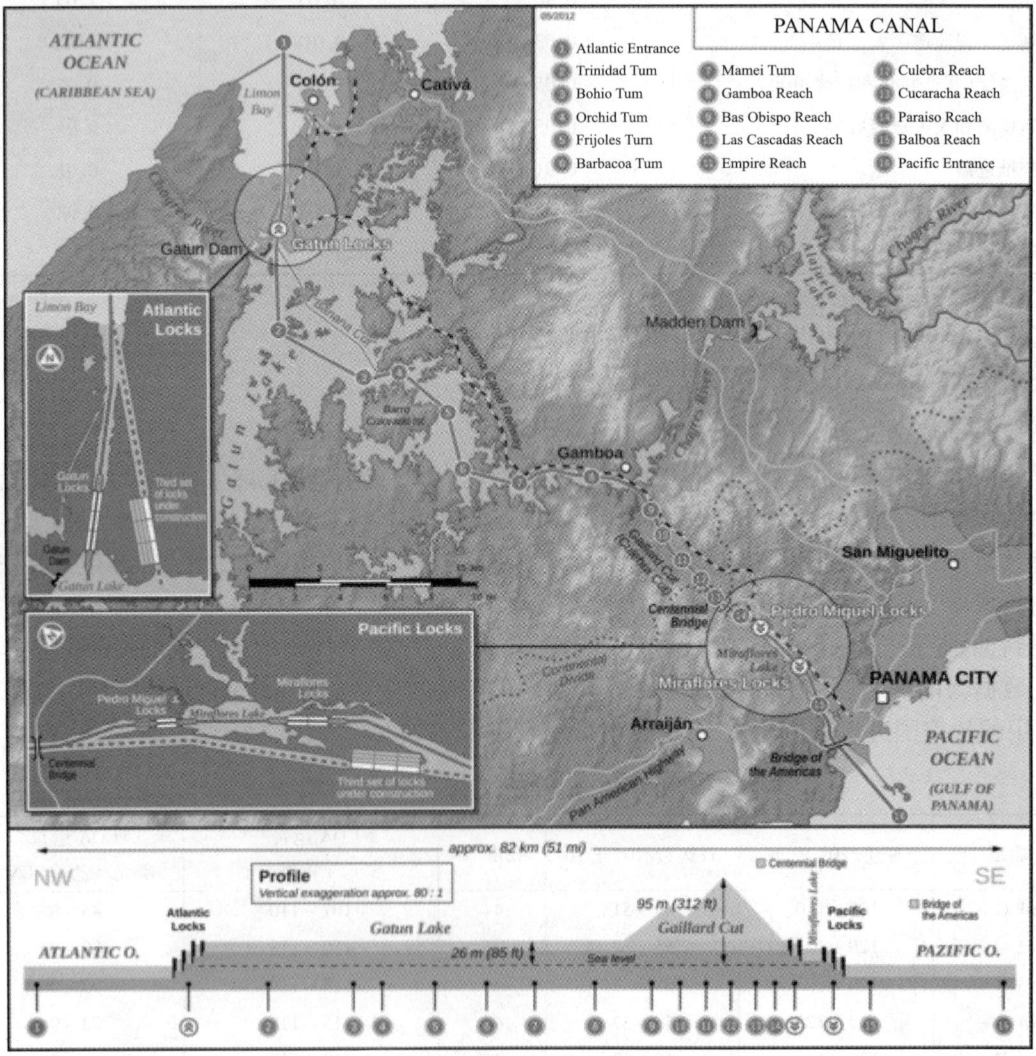

图 7　巴拿马运河航线图

参考文献

[1] 陆家亮，赵素平．中国能源消费结构调整与天然气产业发展前景[J]．天然气工业，2013，33(11)：9－15.

[2] 瞿国华．加速发展天然气产业是我国能源结构调整的核心任务之一[J]．中外能源，2011，16(1)：2－7.

[3] 宣能啸．我国能效问题分析[J]．当代石油石化，2004，12(9)：6.

[4] 中国能源中长期发展战略研究项目组．中国能源中长期(2030、2050)发展战略研究综合卷[M]．北京：科学出版社，2011.

[5] 邱中建，邓松涛．中国非常规天然气的战略地位[J]．天然气工业，2012，32(1)：1－5.

[6] 安林红．页岩气开发现状及对全球天然气和石化市场的影响[J]．当代石油石化，2010，(18)8：12－16.

[7] 齐海鹰．天然气资源与开发利用[M]．北京：中国石化出版社，2014.

[8] 段鹏飞，柳广第，刘成林等．中美页岩气资源评价的现状及启示[J]．当代石油石化，2011(19)11：7－12.

[9] 美国能源信息署(EIA)．世界页岩气资源：美国以外的14个地区这初步评估，2011－04.

[10] US Energy Information Administration (EIA). The world shale gas resources: an initial assessment of 14 regions outside the United States ‖. Published Online, April 2011.

[11] 胡文瑞，鲍敬伟．探索中国式的页岩气发展之路[J]．天然气工业，2013，33(1)：1－7.

[12] Tang Xuan, Zhang Jinchuan, Yu Bingsong, et al. Shale gas characteristics in the southeastern part of the Ordos Basin: Implications for the accumulations condition and potential of continental shale gas. AAPG International Conference & Exhibition, Singapore, Sept 16－19, 2012.

[13] Natural gas for Europe, — How horizontal drilling and hydraulic fracturing work. http://naturalgasforeurope.com/wp－content/uploads/2010/05/How－Horizontal－Drilling－and－Hydralic－Fracturing－Work.gif (accessed 2011).

[14] 王中华．国内页岩气开采技术进展[J]．中外能源，2013，18(2)：23－32.

[15] 王中华．2013年国内页岩气钻采技术综述[J]．中外能源，2014，19(6)：34－41.

[16] 张经明，梁晓菲．页岩气革命对美国和世界的影响[J]．石油化工技术与经济，2013，29(1)：8－14.

[17] 伊原贤．页岩气革命带来了什么[J]．触媒(日)，2013，55(3)：124－129.

[18] 梁晓菲，史林渠：页岩气使全球石化产业中心重新向美国偏移[J]．中外能源，2011，16(12)：1－9.

[19] 瞿国华．乙烯工业原料优化[M]．北京：中国石化出版社，2005.

[20] 李建新，孙宝文，陈伟：甲醇制烯烃技术进展及产业化动态[J]．石油化工技术与经济，2013，29(4)：57－62.

[21] 何琨，张永生，吴德荣．MTO甲醇制烯烃技术进展和产业进程[R]．第十八次全国乙烯年会论文集．吉林，2014：596－608.

[22] 徐尔玲，何琨，李真泽，等．甲醇制丙烯技术工艺研究进展[R]．第十八次全国乙烯年会论文集．吉林，2014：608－610.

[23] 滕加伟，赵国良，任丽萍，等．甲醇制丙烯技术研究进展[R]．第十八次全国乙烯年会论文集．吉林，2014：610－612.

[24] 陈香生．天然气经甲醇或二甲醚制取低碳烯烃的经济分析及工程设计原则[J]．炼油技术与工程，2003，33(4)：43－47.

[25] 康建国．全球天然气市场变化与中国天然气发展策略思考[J]．天然气工业，2012，32(2)：5－10.

[26] 瞿国华．十二五期间我国天然气消费格局的主要特征及发展方向[J]．中外能源，2011，16(2)：1－6.

[27] 华贲．加速开发中国LNG汽车产业链[J]．中外能源，2007，12(1)：13.

[28] 欧翔飞，罗东晓．国内压缩天然气汽车产业发展分析[J]．天然气工业，2007，27(4)：129－132.

[29] 顾安忠．积极推进 LNG 汽车产业的发展[R]．上海机动车与环境论坛：2014 年上海柴油车减排替代技术经济路线研讨会．2014.

[30] 华贲，龚婕．分布式能源与天然气产业在中国协同发展的历史机遇[J]．能源政策研究，2007(5)：14－20.

[31] 周伟国．分布式燃气冷热电三联供技术[OB/EL]．http：//www. doc88. com/p－804578952476. html.

[32] 刘满平．我国天然气分布式能源发展制约因素及对策研究[J]．中外能源，2014，19(1)：3－9.

[33] US Environmental Protection Agency(US EPA)．Oil and natural gas sector：new source performance standards and national emission standards for hazardous air pollutants reviews[R]．Washington DC：Federal Register，2012.

[34] 张大伟．加快中国页岩气勘探开发和利用的主要路径[J]．天然气工业，2011，31(5)：1－5.

[35] 廖永远，罗东坤，袁杰辉，等．促进中国页岩气开发的政策探讨[J]．天然气工业，2012，32(10)：1－5.